2017

宁夏文化蓝皮书
BLUE BOOK OF NINGXIA'S CULTURE

宁夏社会科学院蓝皮书系列

丛书主编 张 廉

2017

宁夏文化蓝皮书

BLUE BOOK OF NINGXIA'S CULTURE

主 编

段庆林 鲁忠慧

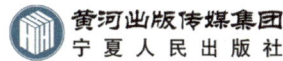

黄河出版传媒集团

宁夏人民出版社

图书在版编目(CIP)数据

2017宁夏文化蓝皮书/段庆林，鲁忠慧主编. —银川：宁夏人民出版社，2016.12

(宁夏社会科学院蓝皮书系列/张廉主编)

ISBN 978-7-227-06597-5

Ⅰ.①2… Ⅱ.①段… ②鲁… Ⅲ.①文化事业—研究报告—宁夏—2017 Ⅳ.①G127.43

中国版本图书馆CIP数据核字(2016)第326498号

宁夏社会科学院蓝皮书系列　　　　　　　　　　张　廉　主编
2017宁夏文化蓝皮书　　　　　　　　段庆林　鲁忠慧　主编

责任编辑　管世献
封面设计　张　宁
责任印制　肖　艳

黄河出版传媒集团
宁夏人民出版社　出版发行

出 版 人　王杨宝
地　　址　宁夏银川市北京东路139号出版大厦(750001)
网　　址　http://www.nxpph.com　　　　http://www.yrpubm.com
网上书店　http://shop126547358.taobao.com　http://www.hh-book.com
电子信箱　nxrmcbs@126.com　　　　renminshe@yrpubm.com
邮购电话　0951-5019391　5052104
经　　销　全国新华书店
印刷装订　宁夏精捷彩色印务有限公司
印刷委托书号　(宁)0003909

开本　720 mm×980 mm　1/16
印张　19.5　字数　300千字
版次　2016年12月第1版
印次　2016年12月第1次印刷
书号　ISBN 978-7-227-06597-5
定价　48.00元

目　录

总报告
ZONGBAOGAO

2016年宁夏文化建设发展报告

鲁忠慧　牛学智

2016年是"十三五"开局之年，也是全面建成小康社会决胜阶段的开局之年，同时也是推进供给侧结构性改革的关键之年，这一年，宁夏文化建设围绕实现"四个宁夏"目标和任务，在国家文化发展宏观层面顶层设计的引领下，文化建设稳步推进、全面发展的同时，各个领域亮点频现。精神文明建设，以不同方式、方法和手段，持续推进社会主义核心价值观建设，营造了良好的文化软环境；公共文化事业以文化惠民工程为抓手，持续推进现代公共文化服务体系建设；文化产业以扶持小微文化企业为切入点，以发展文化产业大项目为突破点，持续推进文化产业体系建设。文化建设以五大发展理念为引领，以确立的"不到长城非好汉"的宁夏精神为不竭动力，为"四个宁夏"建设持续有效地提供着思想保证、精神力量和文化支撑。

一、2016年宁夏精神文化建设发展报告

2016年宁夏精神文化发展风生水起、全面铺开、重点突出，取得了一系列新成果。

作者简介　鲁忠慧，宁夏社会科学院文化研究所所长，研究员；牛学智，宁夏社会科学院文化研究所副所长，副研究员。

（一）全区上下把学习习近平总书记系列重要讲话精神作为重中之重，在政治的高度凝聚了人心

自治区党委印发了《关于加强全区各级党委（党组）中心组学习工作的意见》《关于深入学习贯彻落实习近平总书记视察宁夏重要讲话精神的决定》等系列文件，以习近平总书记来宁夏视察重要讲话精神的学习为契机，单位一把手亲自审定学习议题，亲自做辅导讲课，带头做交流发言，推动中心组学习制度化、规范化、常态化建设有了实质进展。比如在"五大发展理念"的落实上和深化"五个认识"（创新是精神文明建设的不竭源泉，协调是精神文明建设补齐短板的必然选择，绿色是以精神文明建设成就扮靓美丽宁夏的重要标志，开放是精神文明建设打破自我循环、自我封闭的有效途径，共享是精神文明建设的本质属性）上，都有了实实在在的效果。在学习形式的多样化上，也颇多创新，采取专家辅导、理论宣讲、党校培训和专题交流等多种形式，形成了全方位、多层次、宽领域的理论普及工作格局。另外，先后出台的《加强宁夏新型智库建设实施办法》及《关于推进全区理论工作"四大平台"建设的意见》，通过课题化、项目化理论学习机制的建立，避免了应景性、政策性学习的弊端，结合中央和自治区重大决策部署，以新型智库建设为平台，将学习贯彻到具体经济社会工作中，不但深化了讲话的重要精神，而且还构建了学习的长效机制，成为今后宁夏精神文化及其他方方面面工作的指针。既营造了浓厚的精神文化氛围，同时也在政治的高度凝聚了人心。

总之，紧紧围绕学习宣传贯彻习近平总书记系列重要讲话精神这条主线，抓党的十八大和十八届三中、四中、五中、六中全会等重要会议精神的学习贯彻，建立完善党委（党组）中心组学习制度和评价标准，在全国率先启动的部校共建马克思主义学院试点工作等，构成了今年理论学习的热点。

（二）开展法制意识、国家意识、社会责任意识教育，深化拓展节俭养德等成为贯彻社会主义核心价值体系的亮点，主题更加鲜明

推进社会主义核心价值观建设，引领新风尚，是长期以来常抓不懈的基本意识形态工作；强化公民思想道德建设，把培育和践行社会主义核心价值观作为精神文明建设的根本任务，是经济社会发展实践和社会治理的核心指导思想；发挥公益广告润物无声的作用，讲文明树新风，亦是社会主义核心价值体系的终极目的；强化基层组织宣讲团发挥"三农呼叫中心"和宁夏"宣讲网"的作用，推进社会主义核心价值观进宗教场所等"七进"（进企业、进农村、进社区、进机关、进校园、进军营、进宗教场所）活动，切实增强了"四个意识"。

一是大力开展国旗进清真寺、党的方针政策进清真寺、农家书屋和党报党刊进清真寺等社会主义核心价值观进清真寺主题活动，融法制意识、国家意识、社会责任意识于宗教信仰文化中，在意识领域强化了新型城镇化建设所需的现代文化、现代社会、现代公民和现代信仰教育。二是以"我推荐、我评议身边好人"等活动为载体，广泛开展"身边好人""感动宁夏人物""百孝之星""美德少年"等评选表彰活动，成功的本土经验和本土形象，以典型和榜样的力量有效提升了社会各界群众的公德素养。三是要推进诚信建设制度化，完善失信"黑名单"发布制度。推动信用法规建设，制定各行各业诚信守则，构建守信联合激励和失信联合惩戒机制，大大增强了人们诚信守实的法制观念。四是以"民俗重现""历史记忆""经典重温""红色印迹"为文化主题，打造集城市文化、园林景观展示、市民休闲娱乐和核心价值观宣传教育为一体的城市文化主题广场，重塑了宁夏城市市民的家园意识。五是以不同规模的"读书沙龙"为抓手，通过观众朗诵、嘉宾点评、作者参与等给在场获奖读者奖励经典名著的多样化形式，很好地推介了宁夏本地作家作品，吸引了"刷屏族"，驱逐了"手机控"，给城市市民周末精神生活增添了文化内涵，注入了优雅品味，唤醒了人们的乡愁归属感和舍利取义的朴素美德。六是"不到长城非好汉"的宁夏精神的确定和阐发，标志着宁夏已经站在了开始决胜全面小康、实现民族复兴的中国梦的新起点，进入了"四个宁夏"建设的新篇章阶段。2016年7月，自治区党委深入贯彻落实习近平总书记视察宁夏时的重要讲话，把"不到长城非好汉"确定为宁夏精神。宁夏精神的提出，在道德情怀上，反映了宁夏人民的主体意识和集体价值观；在意志气质上，突出了宁夏人民执着坚定、不畏艰难、负重自强、敢争一流的个性；在激励机制上，激励全区各族干部群众坚定信心、不忘初心、继续前进，以坚韧不拔的意志、百折不挠的品格、奋发有为的状态，表达了向实现全面建成小康社会、实现中华民族伟大复兴中国梦的目标迈进的决心。

据普查显示，今年宁夏基层投入时间和精力最多的是精神文明创建，最满意的工作中，精神文明建设位居第二；同时，评选身边好人、道德模范等活动都被认为发挥作用较好。也因此，宁夏农村精神文明建设的"五个紧密结合"受到了中宣部肯定，被总结上升为"宁夏做法"向全国推广。另外，培育和践行社会主义核心价值观"三结合"的宁夏经验，也被《人民日报》宣传推介。特别是吴忠市利通区积极推动社会主义核心价值观进清真寺活动，被中宣部纳入"全国社会主义核心价值观百家经验活动"，其影响面波及全国，很好地宣传了宁夏。

（三）群众性精神文明创建活动不断深入开展，建章立制渐趋完善，常态化特点突出

第一构建了文明城市、文明村镇、文明单位、文明家庭、文明校园五位一体化文明创建基本体系，营造了城乡统筹协调发展、个人与社会齐头并进的精神文明建设格局。在深化文明城市创建中，召开了全区文明城市创建工作推进会，推进了石嘴山、吴忠两个地级市和灵武、永宁两个县级城市的全国文明城市创建工作。在深化文明村镇创建中，深化文化科技卫生"三下乡"活动，推进了美丽乡村文明创建"八个一"项目建设的落实，以"星级文明户""民风建设示范户"等评选活动为抓手，以点带面、以项目带奖励，提升了文明村镇建设的整体水平，在第三季度召开的全区农村精神文明建设工作经验交流会基础上，很好地凝练、归纳并推广了宁夏文明村镇创建经验，实现了实践与理论的结合。在深化文明单位创建中，修订《自治区文明单位测评体系》，推广金凤区北京中路办事处组织辖区文明单位开展联谊活动的做法，金凤区的经验得到了广泛的社会认可。在深化文明家庭创建中，会同自治区妇联拟制印发《关于深化文明家庭创建活动的实施意见》，召开全区深化家庭文明建设工作会议，持续推进"最美家庭"评选，推荐一批受全国全区表彰的文明家庭，并举办了"好家风好家训"分享会，成为了今年家庭文明创建活动中的亮点，有效建立了好家庭评价机制。在深化文明校园创建中，制定测评考评办法，通过组织实施、指标达标监督措施和召开全区文明校园创建工作会议等形式，促进了文明校园创建经验的普遍化，巩固了成绩，提升了经验的理论化和做法的普及化程度。

第二是学雷锋志愿服务活动，更加讲求制度化建设，更加强调社会回馈机制的建立。在志愿者队伍建设上，一方面重视进一步发展壮大志愿者队伍。探索建立农村志愿服务队的措施，以村镇干部、"村嫂"和假期回乡大学生为重点，发挥引领作用；另一方面推动尚未开展志愿服务的领域和行业发展志愿服务组织。通过努力，实现全区注册志愿者突破 60 万的目标。在深化志愿服务活动的层次上和各行业的志愿者动员上，方法多样、领域宽广。以"邻里守望"为线头，深入推动志愿服务进社区，以科技、文体、法律、卫生"四进社区"志愿服务为载体，深入推动志愿服务合民意、贴民心。在完善志愿服务制度上，健全和完善志愿服务嘉许、回馈制度，推进《志愿服务信息系统基本规范》的实施，适时举办信息系统操作员培训班，这就从能力和制度保障两方面为志愿服务迈向专业化路子奠定了基础。

第三是在加强未成年人思想道德建设方面，更加注重具体活动、公益事业和社会环境的建设，体现了未成年人思想道德建设措施的立体化趋势。在"做一个有道德的人"主题活动中，广泛开展了中华经典诵读、网上签名寄语、童心向党歌咏、向国旗敬礼、"中国梦·家乡美"为主题的优秀童谣征集传唱活动等喜闻乐见的内容，格外关照了未成年人的精神养成。在乡村学校少年宫建设上，举办了乡村学校少年宫项目学校骨干和辅导员培训班，积极争取中央彩票公益金的支持，为建好用好一批乡村学校少年宫创造了物质条件，为活动的长效机制提供了保障。在加强少年儿童心理健康辅导，推进中小学校和社区心理健康辅导站点建设上，发挥心理健康教育专家宣讲团的作用，到基层开展宣讲辅导。在净化社会文化环境上，会同新闻出版广电部门深化"扫黄打非"行动，协调文化、工商、公安、通信管理等部门，深入推进文化市场综合治理，进一步加强校园周边环境整治，不留死角的社会环境治理为未成年人的健康成长营造了良好氛围。

二、2016年宁夏文化事业建设发展报告

2016年，自治区以构建中华优秀传统文化的传承体系，保护传承文化遗产，按照标准化、均等化要求，构建现代公共文化服务体系，围绕"中国梦"和弘扬社会主义核心价值观这一主题，创造出更多、更丰富的文化精品为主要内容发展文化事业，以实现让人民的精神生活更丰富为目标发展文化事业。

(一) 持续性推进公共文化惠民工程，切实保障群众享有基本的公共文化权利

公共文化惠民工程是指包括广播电视村村通工程、文化信息资源共享工程、乡镇综合文化站和基层文化阵地建设工程、农家书屋建设工程、农村电影放映工程为主要内容的一系列文化惠民工程的总称。公共文化惠民工程是实现好、维护好、发展好人民群众基本文化权益的主要途径，也是让广大群众享受文化发展成果的重要渠道。2016年，宁夏公共文化惠民工程体现在：一是文艺演出突出"群众演、演群众、演给群众看"的特色，充分发挥"欢乐宁夏"文艺会演、"清凉宁夏"广场文化等品牌活动作用以及演艺团体的资源优势，丰富城乡群众文化生活。全年送戏下乡演出1600场，启动了中西部"送戏下基层"演出活动，完成演出任务600场；开展广场文化演出1500场。二是公共文化设施通过实施延时、错时服务，举办特色活动，设置服务项目，引进专题展览等，免费开放公共图书馆、文化馆、博物馆等公益性文化设施，服务群众100万人次以上。三是农村电影公益放映工程持续发挥文化生活舞台、政策宣传窗口、实用技术学校和人际交往平台等功能。自2009年宁夏将农村电影公益放映列入自治区民生计划以来，连续8年提前超额完成年度放映任务。截至2016年10月，宁夏共放映农村电影632部42802场，其中故事片517部38359场，科教片115部4443场，完成全年4万场任务的107%，观众达530万余人次，场均123人次。四是新建、改建、提升公共文化设施，为群众提供更多更好的公共文化场所。完成固原博物馆、自治区博物馆展览提升工程，实施改造提升宁夏图书馆工程，开工建设宁夏美术馆，新建固原市文化馆、图

书馆、丝路文化展览馆，改扩建大武口区文化馆、图书馆等，建成银川市文化艺术馆、同心县图书馆、原州区图书馆、彭阳县图书馆、泾源县"两馆"（图书馆、文化馆），新建 8 个标准化乡镇综合文化站。五是推动文化资源向农村向基层倾斜。扶持 150 村示范文化室、文化大院、民间文艺团队，其中扶持村级示范文化室 50 个，优秀民间文艺团队 60 个，示范文化大院 40 个。六是继续有效实施节庆文化活动，让全区群众乐享文化盛宴。自治区于 2015 年 12 月中旬至 2016 年 2 月底，以"欢乐宁夏·幸福节日"为主题，组织全区开展音乐、舞蹈、戏剧、曲艺、社火、民俗、展览等 10 大类 237 项丰富多彩的文化系列活动，为群众奉上丰盛的节日文化大餐，让广大群众在浓浓的年味中乐享文化发展成果。

（二）以标准化、均等化建设原则补齐公共文化设施的短板，实现文化的精准扶贫

为进一步加大文化扶贫力度、着力夯实文化阵地，中宣部会同文化部、新闻出版广电总局、体育总局 2015 年 12 月启动实施了贫困地区百县万村综合文化服务中心示范工程。按照整体规划，由贫困地区在每个乡镇按照基本公共文化服务标准——一个文化活动广场、一个文化活动室、一个简易戏台、一个宣传栏、一套文化器材、一套广播器材和一套体育器材，选取 1 个村建设村综合文化服务中心。2016 年，自治区印发了《贯彻落实"十三五"时期贫困地区公共文化服务体系建设规划纲要实施方案》，该《方案》计划实施文化脱贫行动计划，到 2018 年，宁夏中南部 9 县（区）"两馆"和乡镇综合文化站全覆盖，村综合文化服务中心、农民文化大院、民间文艺团队和流动服务设施建设大幅提升，公共文化服务供给更加丰富。到 2020 年，公共文化服务设施网络基本完善，公共文化服务能力和水平明显提高，基本公共文化服务主要指标达到国家指导标准和自治区实施标准。通过文化精准脱贫，使这些地区的文化建设跟上文化小康的发展步伐，最终使宁夏贫困地区在"十三五"末实现文化进小康。2016 年，宁夏在六盘山集中连片特殊困难地区和国家扶贫开发工作重点县，包括原州区等 9 个县区的乡镇建设 110 个村综合文化服务中心、扶持 100 个示范农民文化大院和 10 个示范性民间文艺团队。为加快推进"百县万村"综合文化服务中心示范工程、示范性农民文化大院等重点工作，加快推进贫困地区公共文化服务体系建设，提高贫困地区基层文化队伍业务能力和工作水平，对来自宁夏中南部9个贫困县（区）的文化馆长、图书馆长、文化站长、村综合文化服务中心负责人、农民文化大院文化能人等200余名基层文化骨干进行了培训。

（三）探索建立健全体制机制，推动文化事业发展

一是文化事业单位探索建立法人治理结构。文化事业单位建立法人治理结构，推动公共图书馆、博物馆、文化馆、科技馆等组建理事会，是党的十八届三中全会部署的构建现代公共文化服务体系的重点任务之一。法人治理结构是从西方引入的一个概念，实质上就是关于法人决策机构、执行机构和监督机构3个部分的权利、责任和利益的制度安排。通常情况下，其决策机构的建立常以成立理事会的方式实现。建立和完善文化事业单位法人治理结构，是激发文化事业单位的动力和活力的重要举措，也是衡量文化事业单位改革是否取得成效的重要标识之一。2014年，文化部在全国开展公共文化机构法人治理结构试点工作。在明确不同文化事业单位功能定位基础上，探索公共图书馆、博物馆、文化馆、美术馆等不同类型公益性文化事业单位法人治理结构实现形式，以推进理事会制度建设为重点，探索形成以决策、执行和监督为主要构架的治理结构。2016年，宁夏在银川市图书馆、西夏区文化馆组建理事会试点基础上，扩大组建理事会试点，选择宁夏博物馆为自治区公益性文化单位开展组建理事会的试点。同时，吴忠市文化馆成立了法人理事会；中卫市成立了图书馆理事会和文化馆议事会；石嘴山市文化馆、图书馆组建了理事会。二是加强县级文化馆、图书馆总分馆制建设。推进以县级文化馆、图书馆为中心的总分馆制建设，是构建现代公共文化服务体系的重要任务，对于有效整合公共文化资源、提高公共文化服务效能、促进优质资源向基层倾斜和延伸具有重要的推动作用。推动建设县级文化馆、图书馆总分馆制，是为了发挥总馆在县域公共文化建设中的中枢作用，通过分馆把优质公共文化服务延伸到基层农村，增加公共文化产品和服务供给，更好地满足群众基本的文化需。2016年，中卫市积极探索逐步推广以县（区）图书馆为中心的总分馆制和"馆外图书馆分馆"新模式，在沙坡头区新建 3 家图书馆分馆；吴忠市图书馆依托总馆，探索建立市、县、乡三级总分馆制。三是推进政府向社会力量购买公共文化服务，提升公共文化产品与服务的有效度。2015 年 5 月国家颁布了《关于做好政府向社会力量购买公共文化服务工作意见》，该《意见》提出到 2020 年，在全国基本建立比较完善的政府向社会力量购买公共文化服务的体系。这一决策部署的直接意义是彻底打破了以往公共文化服务由政府大包大揽、公共文化机构包办垄断的旧格局，运用市场机制提高公共文化服务的精准度和有效性，有力推动市场化配置公共文化资源新格局的形成。2016 年初，自治区出台了《关于做好政府向社会力量购买公共文化服务工作的实施意见》，推动实施政府向社会力量购买公共文化服务的机制。通过探索建立政府向社会力量购买公共文化服务的机制，建立"自下而上、以需定供"的互动式、菜单式服务方式。近年来，宁夏以政府购买服务方式，年均安排送戏下乡演出 1600 场以上，组织舞台艺术精品创作并在全区巡演展演，支持"欢乐宁夏"全区群众文艺会演和"清凉宁夏"广场文化演出等群众文化活动，推动文艺院团与剧院相结合，夯实基层文化服务基础，向基层群众提供了多层次、多样化的公共文化服务，取得了明显成效。四是建立农家书屋管理的长效机制。宁夏农家书屋工程从 2007 年实施至 2013 年，共建成农家书屋 2785 家，卫星数字农家书屋 2300 家，率先在全国实现传统书屋与卫星数字书屋在全区行政村的双结合、双覆盖。为了加强和规范农家书屋管理，实现农家书屋可持续发展，2016 年 6 月自治区出台了《关于进一步加强和规范农家书屋管理的意见》，以此《意见》推动建立宁夏农家书屋管理的长效机制。

（四）以更加丰富多样的文艺作品满足群众的文化生活需求

2016 年，自治区文艺界主旋律更加响亮，正能量更加强劲，为群众提供了丰富的精神食粮，展示了宁夏文化的魅力，文艺作品显现出新气象新面貌。创排了舞剧《西夏轶事》、话剧《回乡税官》《闽宁镇之歌》、儿童剧《天鹅梦》、秦腔《过草地》等剧目；举办了《颂歌献给党》大型演唱会、中美旅游高层会议旅游演出《千寻宁夏》、庆祝古尔邦节文艺晚会《和谐宁夏》；话剧《回民干娘》在全国巡演 12 省 26 市，演出 29 场；回族舞蹈诗《九州花儿美》、历史话剧《丝路天歌》参加第五届全国少数民族文艺会演并荣获最佳表演奖；扶持了秦腔《卧虎令》、京剧《白蛇传》等经典复排；以"讴歌西部腾飞，追寻丝路文脉"为主题，举办了"丝路飞歌·中国西部民歌（花儿）歌会"。

（五）以创建全国公共文化服务体系建设示范区推动公共文化服务的转型升级

国家公共文化服务体系示范区是指结合当地实际，坚持公益性、基本性、均等性、便利性，在满足群众基本文化需求的基础上，积极探索如何形成网络健全、结构合理、发展均衡、运行有效、惠及全民的公共文化服务体系，进一步推动公共文化服务广覆盖、高效能，为构建基本完善的公共文化服务体系提供实践示范和制度建设经验的地区。2011年，文化部、财政部共同开展国家公共文化服务体系示范区（项目）创建工作，计划自2011年开始，每两年一个周期，共创建三批示范区（项目）。银川市是第一批创建示范区的城市，石嘴山市是第二批创建示范区的城市。2016年，石嘴山市第二批国家公共文化服务体系示范区、吴忠市国家公共文化服务体系示范项目顺利通过国家验收，吴忠市进入第三批创建国家级公共文化服务体系示范区的行列。通过示范区创建，各示范区普遍建立了党委、政府牵头，各部门参与的公共文化建设工作机制，并把公共文化服务纳入到了各级党委、政府绩效评估之中；通过示范区创建，公共文化投入不断加大，基层设施网络建设得到加强；通过示范区创建，形成了一批行之有效、具有推广价值的制度设计成果，成为公共文化服务的有力保障；通过示范区创建，在示范区创建过程中实施了大量文化惠民项目，较好地满足了人民群众的精神文化需求。因此，通过示范区创建，银川市、石嘴山市的公共文化服务得以转型升级，吴忠市的公共文化服务正在转型升级之中。

（六）加强对外文化宣传、交流，推动文化事业发展

"走出去"是建设开放宁夏的重要内容。2016年，围绕"第十届中美旅游领导高峰会议""中外记者看宁夏""2016年中阿博览会走进埃及""中阿政党对话会"以及"'开放的中国：从宁夏到世界'外交部首次省区市全球推介活动"等重大活动，宁夏宣传文化领域通过多种渠道讲述宁夏故事，传播宁夏声音，推动宁夏文化"走出去"。一是发挥媒体的传播能力。宁夏坚持传统媒体与新兴媒体并举，以报纸、通讯社、电台、电视台等传统媒体为依托，大力运用数字化、网络化技术，着力融通中外的新概念新范畴新表述，对这些活动进行宣传报道，向国内外传播宁夏声音，讲述宁夏故事，加强国际传播能力，增强对外话语的影响力。举办"开放的中国：从宁夏到世界"外交部首次省区市全球推介活动，68家中外媒体的150多名记者现场采访报道，中央媒体共刊发报道30余篇，图片32幅；宁夏新闻网微信《王毅外长向世界推介宁夏！今天，宁夏成为世界焦点！》一文当日点击量突破10万次，微博点击量突破40万次；开展2016中阿博览会走进埃及、人民日报海外版、海外网"中国新发现·宁夏故事"、"塞上江南·神奇宁夏"台湾摄影展等外宣活动；"宁夏卫视高端访谈节目《解码一带一路》让中国故事传向世界"，被中国外文局对外传播杂志社评为全国2016年度对外传播十大案例。二是发挥演艺业的突出优势。在2016中国—阿拉伯国家博览会走进埃及活动中举办"中阿梦·丝路情"综艺展演；在莫斯科举办了文艺展演；在美国开展了"文化中国·丝路梦想"慰侨演出；《金色汤瓶》节目随国家领导人赴埃及、墨西哥出访演出等；在第十届中美旅游领导高峰会议上演出《千寻宁夏》；在中阿政党对话会上演出《中阿情·丝路梦》等，通过这些文艺展演，形象展示了宁夏的回族文化和思路文化等。三是发挥展示展览的作用。在2016中国—阿拉伯国家博览会走进埃及活动中举办了"中国的穆斯林之乡"中国回族文化特展、"一带一路"伊斯兰风情摄影作品展、"民族瑰宝·书苑奇葩"中国穆斯林阿拉伯文书法艺术展和宁夏特色文化产品及非物质文化遗产项目产品展；在莫斯科开展美术展览活动等，以这些传统的文化传播方式，扩大宁夏在海外的知名度。

（七）强化文化遗产、"非遗"的保护与传承，推动文化事业发展

一是以申报世界文化遗产为契机，申遗文化遗产的保护转型升级。为全力争取西夏陵列入2018年申报世界文化遗产项目，2016年完成5、7、8、9号陵保护工程和安防工程，并实施陵区环境整治、博物馆迁建工程；为实现丝绸之路（固原段）申遗成功，2016年重点实施了固原古城、须弥山石窟抢救加固保护、北朝隋唐墓地展示利用工程。二是加强"非遗"的保护传承。非物质文化遗产是指各种以非物质形态存在的与群众生活密切相关、世代相承的传统文化表现形式。非物质文化遗产是以人为本的活态文化遗产，它强调的是以人为核心的技艺、经验、精神，其特点是活态流变。宁夏非物质文化遗产保护工程自 2003 年启动至 2016 年，列入联合国教科文组织人类非物质文化遗产名录 1 项、国家级代表性项目名录 18 项，公布自治区级代表性项目名录 99 项；申报认定国家级代表性传承人 9 名、自治区级代表性传承人 143 名；设立国家级生产性保护示范基地 1 个，自治区级保护传承基地（点）62 个；成立区、市、县"非遗"保护工作机构 26 个，现有保护专干 74 人；普查确认非物质文化遗产资源 2968 项。2016 年成立了宁夏"非遗"发展协会，旨在为宁夏"非遗"的保护传承搭建传播、销售平台，推动宁夏"非遗"繁荣发展。

（八）文化奖项的获得，提升了文化自信力

一是文化艺术类奖项。原创音乐歌曲《走咧走咧去宁夏》获得中国音乐最高奖"金钟奖"。柳萍获第二十六届白玉兰戏剧表演艺术奖。马金莲的小说集《长河》获首届"茅盾文学新人奖"、第十一届全国少数民族文学创作骏马奖。回族舞蹈诗《九州花儿美》、历史话剧《丝路天歌》获第五届全国少数民族文艺会演最佳表演奖。二是出版类奖项。《增补万历朔方新志校注》荣获"全国优秀古籍图书奖二等奖"。《中国民间文化遗产抢救工程档案 2001—2011》荣获第 67 届美国印制大奖优异奖。美国印制大奖（Benny Award）是以曾为美国印刷业技术带来革命性发展的发明家本杰明富兰克林命名的，它是全球印刷行业最权威、最具影响力的印刷产品质量评比赛事，由美国印刷工业协会主办，被誉为印刷业的"奥斯卡"。《红山羊》等 32 种图书分获第十八届北方十五省市优秀文艺图书一、二、三等奖。《中国回药志》《中国粮食问题——宁夏粮食生产能力提升及战略储备》等 15 种图书分获第二十四届中国西部地区优秀科技图书一、二、三等奖。第 4 届中国（武汉）期刊博览会上，《中华奇石》被评为"2016 中国最美期刊"奖，《看天下》《财经天下》当选"2016 期刊数字影响力 100 强（大众类）"奖。三是版权奖。"宁夏盛天彩数字科技股份有限公司"利用网络推广拥有自主知识产权的作品，在第六届中国国际版权博览会上获得由国家版权局和世界知识产权组织（WIPO）共同主办的"中国版权金奖"。这是宁夏首次获得版权领域的最高奖项。"中国版权金奖"是中国版权领域内评选的唯一国际性奖项，也是国内版权领域的最高奖项。

三、2016 年宁夏文化产业建设发展报告

2016 年，宁夏文化产业发展站在"十三五"规划的起点之年，在新的发展理念引领下，在中阿博览会的推动下，文化产业一直在为成为宁夏国民经济支柱性产业努力奋进着，使全区文化产业在新的起点上实现着新的发展。2015 年，全区文化产业增加值占 GDP 的比重为 2.23%，2016 年要实现文化产业增加值占 GDP 比重目标为 2.76%。全区规模以上的文化企业从 2010 年不足 20 家增加到 2016 年的 100 多家，增长近 5 倍，文化企业呈现出数量增加、规模壮大的态势。

（一）引导和扩大文化消费，促进文化产业发展

当前，扩大和引导文化消费是推动文化产业发展的重要路径。文化部与财政部于 2015 年共同开展了"拉动城乡居民文化消费试点项目"，从东、中、西部选择 4 个典型地区，采取不同的促进文化消费的措施进行政策试点，推动建立扩大和引导文化消费的长效机制。2016 年，为了探索适宜的适合宁夏群众文化消费的模式，自治区一是积极争取到文化部支持，将银川市列入了首批 22 个全国扩大和引导文化消费试点城市，并得到了 100 万元的资金支持。以期以试点为契机，因地制宜、探索创新，形成具有本地区特色的促进文化消费的模式，为引导和扩大文化消费提供持续动力。二是推动文化娱乐行业转型升级，扩大文化消费。2016 年，为全面贯彻党中央、国务院的决策部署，扩大文化消费，推动文化娱乐行业转型升级，根据《文化部关于推动文化娱乐行业转型升级的意见》，文化厅印发了《宁夏回族自治区文化娱乐行业转型升级实施方案》，分阶段推进宁夏文化娱乐行业的转型升级。自 20 世纪 90 年代以来，歌舞厅、商务 KTV、练歌房、音乐茶座、量贩式 KTV、电子竞技等各种文化娱乐场所不断涌现，极大地丰富了人民群众的娱乐生活。但是随着互联网时代的到来以及人们生活水平

的提高，整体经济的高速增长托起了文化消费的大盘，2016 年 10 月 30 日，中国人民大学发布的"中国文化消费发展指数（2016）"显示，我国文化消费综合指数持续增长，由 2013 年的 73.7 增至 2016 年的 81.5，平均增长率为 3.4%。人们的娱乐消费的结构和消费模式也随之发生改变，以供给侧结构性改革的理念，对文化娱乐业进行转型升级成为必然。

（二）不断拓宽文化产业融资渠道，有效缓解了制约文化企业发展的资本瓶颈

当前，中国的文化产业发展正处在由初级的经营主体建构和市场能力培育向高级的资本经营和投融资推动的关键性进程中，文化产业发展资金就成为推动产业发展的关键因素。文化企业特别是小微文化企业一直处于"轻资产"融资难的困境中。2016 年，宁夏拓展多元化的文化产业资本渠道，特别是项目融资上取得了一定突破，暂时缓解了这一困境。一是项目类基金资本收获颇丰。艺术类获得 18 个项目的国家艺术基金的资助，远超前年和去年的总和；贺兰县广播电视台和中宁县广播电视台分获 2015—2016 年度广播电视公益广告扶持项目传播机构类二类、三类奖项，获得扶持资金 25 万元；获得中央文化产业发展专项资金 650 万元，支持 801 文化创意产业园金融扶持等 4 个项目；出版类获得国家新闻出版改革发展项目、文化产业发展专项资助项目、国家少数民族文字专项出版资助项目、国家出版基金项目、自治区文化产业专项资金项目等资助资金共计 1150 万元，同时"中国回族民间音乐富媒体出版工程"和"丝路书香中国—阿拉伯国家文化交流巡回展系列活动"入选 2016 年度新闻出版改革发展项目库，《马兰花开》（阿语版）等 5 种图书成功入选 2016 年丝路书香工程重点翻译资助项目；宁夏银川图书城自动化仓储物流项目、宁夏融合媒体服务云平台项目、建设中国—阿拉伯国家动漫影视平台项目、六集纪录片《贺兰山》拍摄及制作项目、中阿版权贸易合作推广交易平台建设 6 个文化产业项目获国家新闻出版广电总局专项资金 2150 万元，占中央对宁夏文化产业投资总额（2800 万）的 76.79%。二是自治区财政拨付 195 万元资金奖励了 5 家第七批自治区级文化产业示范基地、19 家第二批自治区级文化产业示范户；安排自治区文化产业专项资金 1460 万元，对 25 家文化企业进行扶持。三是支持宁夏盛天彩文化旅游科技股份有限公司通过资本市场增发融资 2100 万元。四是举办路演活动，通过政府搭台，让文化企业对接金融。2016 年，在文化部文化产业司、深圳证券交易所共同支持下，由各省文化厅主办开展了多次中小文化企业投融资路演活动。10 月 27 日，宁夏举办了路演活动宁夏站，宁夏 2800 家文化企业中的 7 家中小文化企业站上了路演舞台。此活动可以增进文化企业和投资机构相互了解，促进双方项目对接与合作，打造文化企业新的融资平台，对宁夏中小文化企业发展具有重要的现实意义。五是宁夏文投公司 2016 年"种子基金"累计实现贷款担保和委托贷款逾 15 亿元，支持了中华回乡文化园、华夏河图等重点项目和新科动漫、众億传媒等 50 余家企业的发展，为 21 家文化旅游企业融资 3.35 亿元；"文投基金"对数家企业的股权投资累计达 1.87 亿元。六是电竞产业助力银川文化产业融资。自 2014 年银川市政府主办 WCA 赛事以来，在 WCA 赛事的带动下，银川的游戏产业集群效应在业界崭露头角，"电竞之都"也成为银川新的城市名片。虽然电竞只是游戏产业消费端的一环，但 2015 年中国电竞用户已达 1.24 亿，总产值达 269.1 亿元。乐视、腾讯、网易、完美、暴雪等纷纷把电竞赛事提上日程，电竞俨然已成为吸引资本追逐的一大产业。2014 年，WCA 获银川市财政投资 6000 万元，2015 年 WCA 奖金达到 1 亿元，2016 年总奖金达 2 亿元，远超国内同类赛事，历届 WCA 赛事通过 30 家直播平台的合作，观看人次已达到 2.8 亿。七是盛天彩、网虫两家动漫游戏企业在新三板市场成功上市。

（三）大力推动文化产业园区建设，促进文化产业持续向集约化、集聚化方向发展

集约化、集聚化是产业发展壮大的重要途径。为了加速培育壮大文化产业集群，坚持把产业集群作为推动文化产业发展升级的重要抓手，2016 年，自治区以产业园区为载体，坚持市场主导和政府引导相结合、规划引领和创新驱动相结合、重点突破和整体提升相结合，突出规划引领、龙头带动、产业延伸、功能配套、环境优化，实施建设重点文化产业园区，加速推进文化产业集约化、集聚化发展进程。一是推进中阿文化园建设。中阿文化园建设列入自治区"十三五"规划和 2016 年重点项目。2016 年对宁夏华夏河图文化旅游运营管理有限公司、中华回乡实业有限公司承担的中阿文化园重点项目分别给予955万元和1045万元专项资金补助。二是推进海原回族文化产业园等市县特色文化产业示范区建设。以剪纸、刺绣等"非遗"项目为突破口,培育地方特色文化创意企业。三是全力推进"西夏文化创意创业产业园"项目建设。四是持续推进新闻文化传播园的建设。五是按照文化部《关于进一步完善国家级文化产业示范园区创建工作的通知》要求,申报银川iBi育成中心争创国家文化产业示范园区。

(四) 结合文化产业发展实际,创新建立规模以下文化及相关产业统计监测机制

依据宁夏中小微文化企业居多的实际情况,为切实反映宁夏文化产业发展现状,将规下文化企业纳入到衡量文化产业发展的统计指标内,2016年,自治区文化厅会同自治区统计局,推进此机制的建立和推行。这一机制的建立,将有助于自治区文化产业统计数据全面科观地反映出每年的文化产业发展状况,为自治区党委、政府决策提供更加可靠翔实的统计数据,具有非常重要的实践意义。

(五) 以"文化+"融合发展理念,推动文化产业发展

文化具有强渗透、强关联的效应。"十三五"时期文化产业融合发展成必然趋势。"文化+"就是文化要素与经济社会各领域更广范围、更深程度、更高层次的融合,推动业态裂变,实现结构优化,提升产业发展的内生动力。在产业之间大融合的发展背景下,自治区文化产业正在迈向"升级版"的融合发展新阶段。一是"文化+枸杞"的融合发展路径。中宁县坚持以枸杞为媒、文化为魂,融入农耕、边塞、游牧、地域民俗文化,催生出一大批优秀的杞乡原创文化作品,涉及音乐、歌舞、影视剧、小品等多个艺术门类。通过征集展示红枸杞原创音乐、排演影视舞剧等形式,彰显丰富的枸杞文化内涵和地域文化特色,塑造中宁枸杞文化品牌新形象;以枸杞为源,发展文化创意企业11家,培育枸杞文化产业示范户、文化产业示范基地,争创全区文化产业示范园。二是"文化+葡萄+旅游"的融合发展路径。按照《贺兰山东麓葡萄产业文化长廊总体发展规划》,通过政府引导,市场运作,以发展葡萄产业为主线,以带动文化、旅游产业为纽带,有效地将葡萄、文化、旅游产业紧密地结合起来。到 2020 年将建成"一心三城十镇百庄",即 1 个葡萄文化中心、3 个葡萄酒生态文化城、10 个特色葡萄主题小镇和 100 家以上列级酒庄,力争使贺兰山东麓成为世界一流葡萄酒产区和独具特色的文化旅游长廊。地处世界酿酒葡萄种植"黄金"地带上的贺兰山东麓,通过贺兰山东麓葡萄文化旅游长廊建设,现已成为国内葡萄酒明星产区。三是"演艺+旅游"的融合发展路径。创排文化旅游实景剧《千寻宁夏》《梦回·一千零一夜》《西夏盛典》等文艺作品进景区演出。四是"文化产业+文化事业"的融合发展路径。通过文化惠民工程建设,以鼓励、引导甚至补贴型文化消费,让居民更加便利、更加优惠享受到高质量文化产品与文化服务,大大提升本地文化市场的活跃度。2016 年年初,自治区出台了《关于做好政府向社会力量购买公共文化服务工作的实施意见》,就是文化产业与文化事业融合发展的现实实践,以市场化的运作,促进文化事业发展;宁夏小微文化企业多属于"非遗"类,要保护传承这些非遗资源,自治区以文化产业示范基地或示范户的形式给予支持和保护;2015 年 5 月,国务院发布的《关于推动文化文物单位文化创意产品开发的若干意见》,意在盘活现有文化文物事业单位馆藏文化资源,为弘扬优秀传统文化、稳增长促消费做贡献。《意见》的发布对今后宁夏博物馆、美术馆、图书馆等文化文物单位来说具有较强的指导性,可以说,由此打破了长期以来对文化文物单位盘活资产的束缚。五是"文化+全域旅游"的融合发展路径。《宁夏全域旅游发展三年行动方案》中提出构建宁夏全域旅游"一核、两带、三廊、七板块"的全域空间布局中,其中"两带、三廊、七板块"将宁夏地域文化作为发展旅游的核心支点,进一步深化了文化与旅游的融合度。

(六) 顺应大众文化消费习惯,大力推进影视业发展

近年来,影视业是文化产业发展最快,对资本吸引力最强的产业,同时也是文化传播力极强的产业,其传导效应巨大,在提升文化软实力的过程中往往发挥着重要作用。2016 年,一是宁夏在产业资本的推动下,影视业出现了较大动静,一改原有的沉闷状态。具有地方文化特色的电视连续剧《灵与肉》、大型纪录片《贺兰山》拍摄完成;宁夏电影集团大手笔策划的大型魔幻 3D 电影巨制《阿修罗》2016 年 7 月开机拍摄，计划 2018 年暑期档隆重上映。宁夏电影集团再度携手真鉴影业、阿里影业、大地影业、吉泰影业、金马基金、北京华视昆图影视公司等影视机构，投资 7 亿元，全力打造电影《阿修罗》。为营造真实场景，宁夏电影集团投资 2000 余万元，在宁夏西吉县火石寨大石城搭建外景地。《阿修罗》的拍摄，对于宣传宁夏，展示宁夏自然风光、人文景观，促进宁夏本土电影产业升级，提升宁夏影视作品的知名度和影响力具有重大意义；投资 3 亿元的电影《阿拉伯——一千零一夜》、投资 8000 万元的电视剧《八百里路云和月》已进入筹备阶段，2017 年将全面启动；宁夏广电传媒集团有限公司选送的微电影《黄土地脊梁》荣获中国农民艺术节暨第八届新农村电视艺术节"优秀对农电视作品"一等奖；微电影《吴忠有个王兰花》获第四届亚洲微电影艺术节二等奖；动画电影《西夏王陵之神秘的权杖》入选文化部"弘扬社会主义核心价值观动漫扶持计划"创意类项目。二是院线业发展迅猛。据"全国电影票务综合信息系统"数据显示，2016 年上半年，宁夏电影总票房为 9376 万元，同比增长 11.48%，正常营业的 42 家影城共放映电影 15.63 万场，观影总人次 277 万余人次。其中，猴年春节档（2 月 7 日—2 月 13 日），宁夏 42 家影院票房收入达到 1111.97 万元，同比 2015 年增幅为 46.85%；观影人次 30400 人，同比增长 59.12%；放映 15 部电影共 6662 场，同比增长 33.27%。其中网络售票占比达到 69%。今年春节档，宁夏影院电影票网上交易额 758 万元，接近 2015 年上半年全区总票房，预计今年全年网络售票将突破亿元。三是著名影视公司北京麒麟影业在宁夏注册成立麒宁影视文化发展有限公司，作为麒麟影业的全资子公司，麒宁影视文化发展有限公司将借助麒麟影业的商业运作模式，旨在发展宁夏影视文化产业、提升宁夏影视产品附加值为出发点，提升宁夏影视品牌的知名度和影响力。

（七）借助中阿博览会平台，奋力推动对外文化贸易发展

近年来，随着改革开放的推进，宁夏对外文化贸易不断拓展、特色更加明显，但对外文化贸易占对外贸易总额的比重还很低，有待进一步加强。自治区利用中阿博览会这一重要平台，以中阿文化贸易为主攻方向，着力

培育各类文化企业从事对外文化贸易业务，开拓境外市场，推动提升对外文化贸易额在对外贸易总额中的比重。2016年，宁夏骨干文化企业以及民营文化企业，在对文化贸易领域都有一定突破。一是影视类对外文化贸易。宁夏卫视节目通过迪拜中阿卫视实现在阿拉伯国家的落地传输。中阿卫视是一家中阿双语卫视电视台，节目信号覆盖22个阿拉伯国家，覆盖人口4.5亿。2016年7月起，中阿卫视在黄金时间开辟《美丽中国》专栏，陆续播出宁夏卫视提供的《解码一带一路》《美丽中国·宁夏故事》；宁夏电视台正在将《神秘的西夏》翻译成阿语版，面向阿拉伯国家播放，该片也在台湾旺旺集团所属四家电视台相继播出；设立宁夏广播电视台中东（迪拜）记者站；启动拍摄纪录片《清真的味道》（宁夏季）和《天下回商》《这里是宁夏》《周末旅行家》等进行阿拉伯语译制工作和重新配音，由项目方2016年内适时安排播出；宁夏广播电视台2016年年内完成拍摄《清真的味道》（全国季）《丝路印象》《穿越腾格里》《文化印记——贺兰石》等四部纪录片，2017年译制后由项目合作方陆续安排播出。二是出版类对外文化贸易。积极落实"2015年中阿出版合作论坛"各出版单位与外方出版社签署的版权输出（引进）协议，《中国伊斯兰建筑艺术》版权输出至马来西亚，实现了黄河出版传媒集团图书除阿拉伯语和越南语外的又一语种输出；黄河出版传媒集团所辖宁夏人民出版社等10家子（分）公司获图书实物输出（进口）资质。三是宁夏智慧宫文化传媒公司与埃及马阿里夫集团等多家机构签订了文化项目。

（八）媒体文化企业融合发展从"相加"到"相融"的转变，进一步发挥媒体的优势

现阶段，传媒业正在向数字化、网络化转型，目前，中国网站总数将近400万个、网民人数近7亿，这是实现传播能力跨越式提升的良好机遇，为了在新一轮传播能力竞争中赢得主动，宁夏进一步加快了媒体融合发展的步伐。一是出台《关于推进传统媒体和新兴媒体融合发展的实施意见》，助推媒体融合发展从"相加"到"相融"的转变，组建新媒体行业协会，整合社会资源，着力构建为我所用的传播新平台。二是宁夏日报报业集团实施"宁夏融合媒体服务云平台""宁报集团融媒体智能传播服务平台"

21

"宁报集团新闻客户端"三项媒体融合发展重点工程。三是宁夏广电传媒集团有限公司充分利用现有的 DVB+OTT 电视平台，整合新媒体、大数据、互联网等技术，设计开发了宁夏融合媒体服务云平台，为百姓提供全方位的跨界融合服务，目前已实现了宁夏日报、新消息报等 7 家报纸在电视上的阅读；开发上线了"睛彩宁夏"手机客户端，完成了全区所有市县区新闻的对接、汇集，实现了手机屏、电脑屏、PAD 屏等终端的共享互动功能。

"十三五"时期的发展主线是供给侧结构性改革，2017 年是供给侧结构性改革的深化之年，宁夏的文化建设要继续将五大发展理念更加深入地融入到推动精神文化、文化事业和文化产业的发展进程中，以认识文化建设新常态为基点，适应文化建设新常态、引领新常态，要将供给侧结构性改革理念贯彻到文化建设的各个方面，以落实落细，提升社会主义核心价值观培育和实践的有效性，以机制的创新完善，提升公共文化产品和服务的有效度，以文化企业主体实力和竞争力的迅速增强，提升文化产业对国民经济发展的贡献率，在稳中求进中推动宁夏文化建设发展。

说明：2016 年精神文化建设发展报告由牛学智撰写，其余部分由鲁忠慧撰写。

领域篇
LINGYUPIAN

宁夏精神的重大意义及其价值

张进海

精、气、神本是古典哲学中的概念，是指形成宇宙万物的原始物质，含有元素的意思，即"精"为物质，"气"为动力，"神"为功能。精神即为人的精、气、神的总称，主要指生命个体所表现出的一种状态。我们通常所说的精神就是一种强大的力量，或为一种召唤和指引，是人们最基本的价值追求、最核心的思想观念和最强烈的生活态度的总和。

一、精神与地域精神概述

（一）精神的功能

1.支撑功能

支撑功能就是顶住压力使东西不变形、不倒塌。一个国家要强盛、一个民族要振兴、一个社会要进步，这些都不可能离开精神支撑。在我国五千多年的文明发展历史长河中，支撑、促进中华民族历经风险磨难，饱尝艰辛困苦而生生不息，不断发展壮大的强大力量和不竭源泉就是伟大的中华民族精神。从世界历史的发展看，许多强国的崛起，许多国家战胜巨大灾难，使整个民族转危为安，往往都有一种精神在起支撑作用。比如苏联的卫国战争，越南的抵抗美国入侵的战争。

作者简介 张进海，宁夏社会科学院党组书记，教授。

2. 凝聚功能

凝聚功能是指群体成员之间为实现群体活动目标而实施团结协作的力量整合。在一个国家中，不同社会力量往往是分散存在的，要把分散的社会力量、分散的社会组织以及不同的思想观点、价值观及取向的人群、组织进行价值整合，取得基本一致或服从于同一目标的思想融合的力量，往往是通过精神凝聚力来完成。面对改革发展稳定的艰巨任务，面对人们思想活动的独立性、选择性、多样性、差异性的不断增强，面对世界范围各种思想文化的交流、交融、交锋和相互激荡，更加需要发挥精神凝聚力在社会力量整合的独特作用。

3. 导向功能

精神作为一种无形的力量渗透到人们的心里和思想观念之中，就会成为行动的指南。社会要进步，事业要发展，总要有崇高精神为导向。任何一个处于前进发展中的民族，其精神都是不断总结新的实践、创造出新的精神、与时俱进，朝着民族的共同目标前进。

4. 教育功能

精神作为民族文化价值体系的模式，具有生活教科书和精神教科书的作用。因为理想、信念、精神能成为强大的驱动力，能成为伟大事业的凝聚力，能成为各种行为的约束力，也是一个人、一个国家、一个民族品格形成的巨大塑造力。

5. 激励功能

精神不仅具有明确的价值取向，而且具有强烈的激励等情绪感染力。所谓激励就是感召力、推动力。崇高的精神力量可以激励人们为着崇高的目标而奋斗、拼搏。

（二）我国地域精神的概况和特点

地域精神是指居住在同一地域的人们，在共同的历史条件下，形成的心理素质、价值取向和思维方式，是一个地域特有的文化品格和精神风貌的反映。它是一个地域的形象、气质、理念的综合表达，是一个地域文明程度的集中体现，是一个地域发展进步的动力之源。正是因为地域精神对地域发展具有重大作用。所以，在世纪之交，为适应发展和社会变革的需要，为了实现西部大开发、东北振兴、中部崛起和东部率先发展，我国绝大部分省（区、市）结合自身的发展实践，提炼出了本地鲜明而独特的地域精神。这些地域精神集中反映了这些地区文化的特质和灵魂，是中国精神在新时期的纵向延伸和扩展，是中国精神的有机组成部分。

1. 体现城市人聪慧包容的特点

如"爱国、创新、包容、厚德"的北京精神，"公正、包容、诚信、责任"的上海精神，"爱国诚信、务实创新、开放包容"的天津精神，"敢为人先，追求卓越"的武汉精神等。

2. 体现沿海人精明开放的特点

如"务实、守信、崇学、向善"的浙江精神，"爱国爱乡、海纳百川、乐善好施、敢拼会赢"的福建精神，"敢为人先、务实进取、开放兼容、敬业奉献"的广东精神，"改革创新、开放包容、忠诚守信、务实拼搏、敢为人先"的山东精神，"开拓创新、诚信守法、务实高效、团结奉献"的深圳精神等。

3. 体现大山人淳朴厚重的特点

如"登高涉远、负重自强"的重庆精神，"信义、坚韧、创新、图强"的山西精神，"不怕困难、艰苦奋斗、攻坚克难、永不退缩"的贵州精神。

4. 体现草原人豪爽奔放的特点

如"活力、人文、和谐"的内蒙古精神，"自信、开放、创新"的青海精神等。

5. 体现西部人勤劳吃苦的特点

如"爱国守信、勤劳质朴、宽厚包容、尚德重礼、务实进取"的陕西精神，"人一之、我十之，人十之、我百之"的甘肃精神，"高远、开放、坚定、担当、务实"的云南精神，"爱国爱疆、团结奉献、勤劳互助、开放进取"的新疆精神，"特别能吃苦、特别能战斗、特别能忍耐、特别能团结、特别能奉献"的西藏精神等。还有许多行业、企业事业单位的精神等。

历史的经验证明，伟大的精神推动伟大的事业。一个前进的时代，总有一种奋发向上的精神。一个发展的民族，总有一种积极进取的意志。区域精神具有维系一个地区的团结、稳定和发展的社会整合功能、明确的价值取向和强烈的感召力量，能激发人们工作的热情和创造力，引导人们协调一致，和谐相处。在新的历史条件下，确定地域精神，就是要重视对当地区域性特征的反映，充分依赖并有效利用地域人文因素的特质，在对本地地情客观全面分析的基础上，找出本地最为显著的文化特征和精神实质。以毛泽东诗词名句"不到长城非好汉"作为宁夏地域精神，彰显了宁夏人民自强不息、艰苦奋斗、追求卓越的精神面貌和不达目的誓不罢休的豪情壮志，反映了宁夏人民敢于争先、敢于创新、不屈不挠、奋发图强的个性品格，在众多的中国地域精神中特色鲜明、独树一帜。

二、宁夏精神的形成过程、内涵及其意义

（一）历代宁夏地域精神是宁夏精神产生的土壤和条件

精神是存在于历史发展的客观现实，并在历史发展中孕育积淀和发展的。

宁夏在历史发展的进程中，由于东西方文化的积聚与沉淀、本土文明与异质文明的浸润与滋养，使这片神奇的土地独特而厚重，使"生于斯，长于斯"的人民形成了既勇敢刚健又敦睦淳朴的性格品质，这种长期传承下来的精神基因，不仅与特殊的地理位置有关，也融合了当地特殊的人文因素。

宁夏自古以来具有"南北交汇、贯通中西"的地理位置，邻近河西走廊与关中经济区，是丝绸之路上的重要通道，也是中国版图的几何中心。正是在这一特殊的地理环境，宁夏这块土地成为各民族征战迁徙的通道、农牧文化相互渗透的走廊、中外文明交流对话的舞台。黄河是中华民族的母亲河，她在宁夏境内塑造了沃野千里、浑然天成的"塞上江南"，这就为宁夏各民族间的和谐相处奠定了牢固的物质基础。

宁夏是历史上主要的移民区之一，人口流动频仍，这其中既有中原王朝派驻宁夏的戍边军队，有出于"移民实边"政策需要而迁到此地的内地普通民众，也有从北方或西域源源不断迁入的异族居民。早在西周时期，中原王朝的势力就已伸展到宁夏南部，《诗经》中就有"迁戎于大原"的记载。秦汉之际，伴随着大一统国家的兴盛与繁荣，中央政府加强了对北

28

部边地的管控与开发，宁夏被誉为"新秦中"。南北朝时期，北魏和北周政府曾将山东及江浙一带的数十万民众迁到了宁夏平原，以充实当地的人口与经济实力。唐朝初期，"天下富庶无出陇右"，也包括宁夏在内。由唐太宗李世民主持的"灵州会百王"，是各民族空前团结的大聚会，促进了中华民族大融合的进程。盛唐时期的宁夏隶属于朔方节度使管辖，唐朝政府出于巩固边防的需要在这里屯驻重兵，时人称"灵州兵食完备，士马全盛"，所谓"天下劲兵在朔方"，唐肃宗李亨也正是借助于朔方的军事力量才平定了安史之乱。唐末五代时，游牧于北方地区的党项族部落迅速壮大，到北宋中期其首领李元昊在今银川建立了与宋、辽、金相对峙的大夏割据政权，雄踞西北长达两个世纪，创造出了独具特色的西夏文明。元朝重新将宁夏纳入到了中央政权的管辖范围，此后的元、明、清三朝都十分重视宁夏地区的开发建设，大量内地的汉族居民或为戍边，或为生活所迫，纷纷举家带口迁入今宁夏各地，为这片神奇的土地增添了新的生机与活力。民国时期，更多的外地民众因战乱而避迁宁夏，使当地的人口规模得到了进一步扩大。新中国成立以来，为了支援国家的"三线建设"，一大批各民族的工程技术人员、教师、医生、文艺工作者和知识青年来到宁夏，与当地各族人民一起和谐相处，共同开发建设宁夏山川，为宁夏经济社会事业发展奠定了雄厚的基础。特殊的地理环境，促使宁夏人民能够在保持自身独立的价值取向的同时，又能够以海纳百川的胸襟来吸纳外部文化和新生事物，从而使宽容和谐的精神长久地根植于宁夏人民的心田。同时，也成就了宁夏人筚路蓝缕、艰苦创业的精神基因。

在历史长河的浸润之下，宁夏大地吸收和累积了丰富的文化营养，形成了特色鲜明且多元包容的地域人文环境。由于地处不同文化板块的结合部，宁夏得以有条件去吸收不同文化的精髓去发展自身，中原文化、草原文化和西域文化共同铸就了今日宁夏的文化特征，而"爱国、奋进、开放、包容"便是这种文化的实质与内核，它超越了历史时空与人生代际的鸿沟而传承至今，并永远扎根在每个宁夏人的灵魂深处。不管是岁月流逝，还是沧海沉浮，对伟大祖国的忠诚与热爱永远是宁夏人民最真挚的情感，对异源思潮的吸收与借鉴永远是宁夏人民最显著的优势，对八方宾客的宽容与关怀永远是宁夏人最高尚的品德。从这个意义上来说，自古而今宁夏地域文化的孕生与演进之路，是与本地区民众的繁衍生息历程一脉相承的，其所蓄积的民族精神经过不同历史时期的检验和洗涤，逐渐形成了独有的宁夏地域精神，为宁夏精神的产生提供了土壤和条件。

（二）当代富有特色的宁夏地域精神为宁夏精神的形成奠定了基础

宁夏精神不是凭空产生的，而是有着深厚的社会基础和群众基础。

改革开放以来，宁夏各市县、各行业、企事业单位、干部队伍都展开了对于地域精神、城市精神和行业精神的培育和实践，表现出对地方、行业和企业价值与形象的高度认同，对地方经济社会发展发挥了重要的凝聚和推动作用。

1. 反映地方特点的精神

如"不到长城非好汉"的六盘山精神，即固原精神，"贺兰岿然，长河不息"的银川精神，"五湖四海、群策群力，艰苦奋斗、开创新业，自强不息、顽强拼搏，激扬文化、激流勇进"的石嘴山精神，"爱国、包容、和谐、奋进"的吴忠精神，以"三苦"精神和"五个干事"为核心内容的中卫精神，"勇于探索、团结务实、锲而不舍、艰苦创业"的彭阳精神，"真抓兴县、实干富县、苦战强县、从严治县"的平罗精神等。

2. 反映行业特点的精神

如"特别能吃苦、特别能奉献、特别能战斗"的"三特别"地矿行业精神，宁夏公路行业的"铺路石"精神、干事创业的"愚公移山"精神和敢于攻坚克难的"硬骨头"精神，"创业、严实、高效、开拓"的宁化精神，"艰苦奋斗、开拓务实、追求卓越"的宁煤精神等。

3. 反映军队和科研院所的精神

如"志在国防、艰苦创业，牢记职能、自觉奉献，求真务实、锐意进取，军民团结、共谋发展"的贺兰山精神，一说"四特别"的贺兰山精神；宁夏大学"尚德勤学，求是创新"的校训，宁夏社会科学院"大道直行，自强担当"的院训，宁夏医科大学"笃学精术，修德济人"的校训等。

上述反映地方、行业、企业、院校的各种精神，都从不同侧面、不同领域体现和丰富了宁夏精神的内涵和本质，为概括和提炼宁夏精神奠定了广泛而深刻的群众基础和社会基础。在这样的形势下，如何准确定位宁夏精神已成为人们关注的焦点，提炼和概括一个具有广泛认知度的宁夏精神，用统一的精神统领宁夏人民的意志，对提升宁夏人民的精气神，使宁夏670万人民能够始终保持昂扬向上、奋发有为的精神状态，夺取全面建成小康社会的全面胜利具有重要意义。

（三）宁夏精神的最早提出及内涵

宁夏精神的提出不是拍脑袋决定的，而是一个逐步形成和完善的过程。

任何一种地域精神都需要一个循序渐进的形成、提炼和升华过程，宁夏精神也不例外。1993年，自治区党委组织开展了思想解放大讨论活动，全区各级党组织、广大党员和人民群众重新认识、把握和审视区情，查找制约和影响宁夏改革发展的各种思想观念障碍和羁绊，探讨摆脱落后、促进发展的对策和出路，提出了大量富有创造性、建设性的意见和建议。

1998年，在自治区第八次党代会上，自治区党委原书记毛如柏同志将宁夏精神概括为"负重拼搏、务实苦干、团结协作、开拓创新"四句话十六个字。就一个自治区的范围来说，完整明确地提出"宁夏精神"应当说具有重大的现实意义，为宁夏的改革发展提供了强大的精神动力，其精神内涵主要体现在以下五个方面：

1. 正视差距、不满现状的忧患意识

改革开放以来，如何正视差距、面对落后，在困境中求发展求进步，已经内化成了宁夏人民的一种深刻的忧患意识。有了忧患，才会有压力，才能负重拼搏，才能有持久而理性的愿望和热情。忧患是宁夏的希望所在，是发展进步的原动力，是宁夏精神的基础和重要前提。

2. 励精图治、苦干而不苦熬的拼搏精神

如何面对困境，面对落后，摆在所有宁夏人民面前只有两种可供选择的态度：是安于现状，还是图强求变；是四平八稳慢半拍，还是奋起直追；是知难而退，还是迎难而上；是稍进即安，还是锲而不舍。一句话，是苦熬还是苦干？苦干而不苦熬，迎难而上而不知难而退，拼搏而不退缩，成为暂处劣势、暂处困境、经济和社会发展相对滞后地区的民族品格，是宁夏精神的重要内容。

3. 依靠自己自力更生的创业精神

一个地方要发展、要进步，关键靠自己，艰苦创业，在困难中奋进，在逆境中争先，在创新中发展。艰苦创业，关键是要有敢拼争先、小省也要办大事的精神。在宁夏的历史上，曾经有过许多第一，有过辉煌，有过骄傲。这都来自于自力更生，来自于勤劳和奋斗。

4. 苦苦探寻、孜孜以求的探索精神

长期以来，为了求生存、求发展、求幸福，宁夏人民进行了不懈的探索和实践。改革开放以来，宁夏人民在谋求自身发展和出路方面，进行了许多新的探索。这种探索，首先是如何认识自己的过程，是对区情的认识和把握的过程，是对宁夏经济和社会发展规律的认识和把握过程。历届自治区党委和政府，都是在尊重群众首创精神、集中群众智慧、体现群众意愿的基础上，解放思想，大胆探索，结合宁夏实际，创造性地贯彻中央的指示、方针、政策，确定宁夏的发展战略、思路和具体政策措施，走出了一条比较好的发展路子。

5. 各民族共同奋斗、共建美好家园的团结协作精神

团结协作是我们各项事业成功的前提与基础，也是几十年来宁夏改革发展取得丰硕成果的重要保证。面对新的更为艰巨的发展任务，面对前进道路上的各种矛盾和困难，发扬团结协作特别是民族团结尤为重要。

(四) "不到长城非好汉"宁夏精神的研究、讨论和实践情况

1998年自治区第八次党代会提出的"宁夏精神"，在世纪之交曾为推动全区经济社会的全面发展产生了重大影响，发挥了重要作用。但是"负重拼搏，务实苦干，团结协作，开拓创新"的表述用语对宁夏的地理环境、历史积淀、人文素养、时代特点等因素的把握和概括有所欠缺，也与全国各省（区、市）的地域精神表述语有所雷同，缺乏时代新意与创业豪情，宁夏自身的个性特征也不够鲜明、不够突出。之后一段时间，对宁夏精神的表述被渐渐搁置。但社会上一些有识之士从未停止对宁夏精神的研究，对其表述语进行了多方面的、深层次的探讨，提出了许多建议和意见，绝大多数人认为在宁夏真正能喊得出、唱得响、传得开的地域精神的表述用语，最有特色、最响亮、最适合、最容易接受的就是毛泽东诗词《清平乐·

六盘山》中的"不到长城非好汉"这句泣鬼神、惊天地，豪情万丈又寓意丰富的千古名句。

社会有识之士的呼吁，也引起自治区领导层对"不到长城非好汉"作为宁夏精神的深思，自治区党委原书记陈建国在深入分析、研究宁夏区情后，提出了宁夏跨越式发展的战略和工作思路，认为处于社会主义初级阶段的较低层次和发展不足是宁夏最大的区情。"爬坡追赶"是宁夏发展阶段的基本特征，要求全区上下以"小省区要有大作为"的雄心壮志，以"跳起来摘桃子"的勇气和魄力，把中央的精神和宁夏的实际紧密结合起来，创造性地开展工作，争创发展的新优势。他虽然没有以"不到长城非好汉"的用语直接表达宁夏精神，但其中蕴含的精神实质和发展理念与"不到长城非好汉"的精神是一致的、相通的。

2005年，宁夏师范学院大力弘扬"不到长城非好汉"的校训和办学精神，实现了升本、更名、搬迁的目标。

2009年，宁夏社会科学院组织全区广大专家学者就新世纪弘扬"不到长城非好汉"的精神进行专题研究，从宁夏的历史文化积淀、革命斗争精神、艰苦创业历程，以及改革开放以来的生动实践，多个层面分析提炼了宁夏精神的内涵，形成了一大批研究成果。但最终研究成果表明，以"不到长城非好汉"作为宁夏精神的表述语，是宁夏最具深层次、最具永久价值的文字符号，是宁夏人民在一定时期集体表现出来的思维模式、价值取向、行为规范等要素在内的主导性精神风貌和地域精神。之后，宁夏社会科学院于2010年、2012年、2013年先后多次向自治区党委提出把"不到长城非好汉"作为宁夏精神的建议。

2011年，固原市在全市开展了城市精神大讨论，提出要大力弘扬"六盘山精神"，六盘山精神的核心就是"不到长城非好汉"。

2012年，自治区党委原书记张毅同志曾指出要以"不到长城非好汉"的精神，使固原摆脱贫困，走向富裕。之后在一些会议和报告中，张毅书记多次围绕改革突破、攻坚克难这个主题，直接或间接提出要发扬"不到长城非好汉"的宁夏精神。

2013年，自治区党委宣传部在全区广泛开展了为期半年的"宁夏精神"征集活动。从当年 8 月初至 12 月中旬的 6 个多月里，全区 5 万多名干部群众积极参与，公开征集到 4200 多个条目，从中摘选出 1000 件作品，通过媒体向社会公布，接受公众评选，最终从 100 条中选择了 5 条宁夏精神表述用语，第一条也是建议最多的就是 "不到长城非好汉"。宣传部多次组织社会各界人士召开座谈会、研讨会，进行了广泛论证，可以说这是一次集中民智、汇聚民意的过程，也是广泛发动群众、走群众路线的生动实践，为把"不到长城非好汉"作为宁夏精神表述用语的最终形成奠定了更为广泛的群众社会基础。

（五）"不到长城非好汉"宁夏精神正式确立、内涵及其意义

2016 年 7 月 18 日至 20 日，中共中央总书记、国家主席、中央军委主席习近平在宁夏视察时强调，宁夏要大力弘扬"不到长城非好汉"的精神，走好新的长征路。为宁夏各项事业发展提供了强大动力和基本遵循，使宁夏发展的方向更明、思路更清、信心更足。7 月 27 日，在自治区第十一届委员会第八次全体会议上，李建华书记宣布：要大力弘扬"不到长城非好汉"的宁夏精神，切实抓好全会各项任务落实，咬定目标不放松，奋勇争先创一流，凝心聚力抓落实，推动习近平总书记重要讲话精神落地生根。至此，最终把"不到长城非好汉"作为宁夏精神郑重地确立了下来，也终于把宁夏人民内心积蓄已久的对于精神渴求、冲动与坚守释放了出来。李建华书记自信而庄严地宣告，要大力弘扬"不到长城非好汉"的宁夏精神。这种自信来自于宁夏人民在长期的奋斗抗争中，包括近代以来中国革命、社会主义建设和改革开放的历史积淀与实践；这种自信来自于深刻挖掘、提升和集中了宁夏人民的智慧和共同意志；这种自信来自于宁夏未来发展和人民生活的美好向往和期许。这种自信是对中国特色社会主义理论自信、道路自信、制度自信和文化自信的集中表现。

"不到长城非好汉"是 1935 年 10 月毛泽东同志率领中央红军长征翻越宁夏境内的六盘山时，酝酿形成的豪迈诗句，标志着中国革命开始走向胜利的新起点；1961 年 9 月，毛泽东同志又将《清平乐·六盘山》一词的亲笔手书赠予成立不久的宁夏回族自治区，标志着宁夏在社会主义建设的道路上开始从胜利走向胜利的新起点；2016 年 7 月，自治区党委深入贯彻落

实习近平总书记视察宁夏时的重要讲话，把"不到长城非好汉"确定为宁夏精神，标志着宁夏开始决胜全面小康、实现民族复兴的中国梦的新起点。

宁夏精神的提出，不仅集中了民智民愿，反映了宁夏人民的主体意识和集体价值观，是宁夏发展进步的强大精神动力，而且为宁夏发展进步注入了无形资产和无形资本，为宁夏地方树立了独特而鲜明的地区品牌，而这种无形资产和品牌是持久的、有生命力的。提出和弘扬宁夏精神，是为宁夏立心，为宁夏立命，为宁夏立功，为宁夏铸魂的伟大事业，是一项为益之大而收功之远的神圣事业，必将对建设"四个宁夏"和宁夏的发展进步产生深刻而深远的影响。

"不到长城非好汉"的宁夏精神，核心是"执着坚定、不畏艰难、负重自强、敢争一流"，体现了宁夏人民的自强自立的个性；本质是"咬定目标不放松，敢于创造、敢于创新、敢于胜利，让全区发展得更好、让群众生活得更好"，体现了宁夏人民的进取精神和自治区党委、政府的为民情怀；目的是"激励全区各族干部群众坚定信心、不忘初心、继续前进，以坚韧不拔的意志、百折不挠的品格、奋发有为的状态，向实现全面建成小康社会、实现中华民族伟大复兴中国梦的目标迈进"，体现了宁夏人民勇往直前、开创未来的必胜信念。

"不到长城非好汉"既是宁夏精神的精髓和灵魂，又是宁夏精神的深刻内涵，既是中华民族精神在一个特定地域的集中反映和具体展现，又与宁夏特有的历史、地理、文化特质息息相关；既展示了宁夏人民的大无畏英雄气概，又体现了正确的世界观、人生观和价值观；既弘扬了中华民族的优秀传统文化，又彰显了当今时代宁夏人民的理想、信念和追求。它是宁夏人民在顺应自然、改造自然和革命、建设、改革、发展实践中孕育、形成、完善起来的，是党的意志和宁夏人民共同心声的统一与共鸣。

三、"不到长城非好汉"精神的人类价值

（一）"不到长城非好汉"精神的中国表达

"不到长城非好汉"的精神，具有深厚的民族性、鲜明的时代性，所蕴含的理想、信念、情操、价值等，是中华民族源远流长的优秀文化传统的

体现和升华。

"不到长城非好汉"是中华民族精神的灵魂，源远流长，博大精深。历史上，"黄沙百战穿金甲，不破楼兰终不还""老骥伏枥，志在千里""宁为百夫长，胜作一书生""愿将腰下剑，直为斩楼兰""人生自古谁无死，留取丹心照汗青""苟利国家生死以，岂因祸福趋避之"都体现出了中华民族锲而不舍、不达目的不罢休的英雄气概。从岳飞的"精忠报国"到文天祥的血染大都；从戚继光抗击倭寇到郑成功收复台湾……这些是中华民族抵御外侵、抗击外侮的伟大的爱国精神的生动写照；"天行健，君子以自强不息""穷则变，变则通，通则久"是几千年来中华民族的气节和道德情操；"先天下之忧而忧，后天下之乐而乐""天下兴亡，匹夫有责"等是以天下为己任的忧患意识和旷世情怀。在这些不同时代的民族精神中，无一不饱含着"不到长城非好汉"的意蕴和烙印，都是"不到长城非好汉"精神在不同历史时期的体现。

"不到长城非好汉"精神，与近当代形成的敢当先锋的北伐精神，开天辟地的红船精神，敢创新路的井冈山精神，不怕牺牲、勇往直前的长征精神，万众一心、共赴国难的抗战精神，敢于斗争、敢于胜利的西柏坡精神，不畏强暴、英勇斗争的抗美援朝精神，忘我拼搏、艰苦奋斗的铁人精神，无私奉献、勇于攀登的"两弹一星"精神，万众一心、众志成城的抗洪精神，自强不息、共克时艰的抗震精神，顽强拼搏、永不言弃的女排精神等，共同筑建起了中国精神的"金字塔"，而"不到长城非好汉"正处于这座塔的顶端，是所有精神的制高点，具有"会当凌绝顶，一览众山小"的气概和气派。

"不到长城非好汉"精神是根据社会发展要求，不断丰富和发展的民族精神，具有巨大的历史震撼力和时空穿透力，同社会主义核心价值观具有高度契合的同源性、同质性和同向性。不仅是对百折不挠、自强不息民族精神的继承和发扬，更是面向未来、推动事业发展的巨大精神动力，适合于所有时代。历史悠久，作用极大。

"不到长城非好汉"精神是历史性与时代性的有机结合，是贯穿古往今来中华民族的基本精神，从来都是动员和鼓舞中华儿女艰苦奋斗的光辉旗帜，是打牢各族人民团结进取的思想基础。始终激励无数仁人志士、英雄豪杰为中华民族生存发展前仆后继，自强不息，是中华民族生存、延续和发展的精神支柱，已深深扎根于中华民族的意识之中，对于实现中华民族伟大复兴的中国梦，具有重要的现实意义。

（二）"不到长城非好汉"精神的世界表达

"不到长城非好汉"精神，是对包含宁夏精神在内的中国精神的生动表达，并成为突破时空和国界的伟大精神，在全世界广泛传播，产生了广泛的国际影响。

1. 外国政治家评论

共产国际执委书记曼努意斯基赞扬说，长征"证明了红军具有中国任何军阀所不能击破的高度觉悟性，超人的坚韧性和战斗精神"。德国共产主义政治家威廉·皮克指出，"中国红军的英勇斗争，成了整个殖民地世界劳动人民的榜样"。国际知名战略学家布热津斯基认为长征是伟大的史诗，"绝不只是一部无可匹敌的英雄主义的史诗，它的意义要深刻得多。它是国家统一精神的提示，也是克服落后东西的必要因素"。意大利共产党领导人巴叶塔也曾向世人表示，中国红军的长征一直鼓舞着意大利共产党人的反法西斯斗争，"使我们的抵抗意志变得更加坚强了"。

2. 国际友人评论

英国籍瑞士传教士薄复礼，原名鲁道夫·勃沙特，他从贵州黄平跟随萧克、王震率领的红六军团长征达 16 个月之久，把在红军队伍的经历口述给他的朋友利德尔等热心人士，整理出了一部回忆录《神灵之手》在英国和瑞士出版，成为西方最早介绍红军长征故事的图书。后来薄复礼和妻子露茜辗转美国、加拿大、日本，再次返回贵州传教。他曾十分真诚地对教友说："别的外国传教士都怕共产党，我就不怕。因为我了解他们，只要共产党是我见到过的红军，就不用害怕。他们是讲友谊的，是信得过的朋友。" 2002 年 10 月，英国历史学博士李爱德与朋友马普安从江西出发，经过 300 多天的跋涉，徒步走完了红一方面军当年的长征路线，引起世界的关注。后来他们合著了《两个人的长征》和编著了红色之旅的画册，出版后即受到全世界读者的热捧。美国学者安东尼·加拉文特撰文说："长征仍然是一个没有讲完的故事。"英国学者迪克·威尔逊在《一九三五年长征：中国共产主义幸存者的史诗》一书中说："长征已经在各大洲成为一种象征：人类只要有决心和毅力，就能达到自己的目的。"

3. 外国作家著述

美国著名作家哈里森·索尔兹伯里专程来到中国，沿着当年红军长征的路线实地采访后，编著出版了《长征——前所未闻的故事》一书，以实际行动完成了斯诺的未竟事业和意愿。索尔兹伯里在这本书的序言中写道："本世纪中没有什么比长征更令人神往和更为深远地影响世界前途的事件了。"他还预言，中国改革开放以来进行的新长征，"与几十年前的长征同样艰巨，它很可能成为当代伟大的社会和政治试验"。英国籍华裔女作家韩素音在《早晨的洪流——毛泽东与中国革命》一书中记述中国红军及工农大众的"坚韧不拔、英勇和不屈不挠的信心，长征成了一首英雄诗，成了惊天动地的功勋"。还有美国人埃德蒙兹的《毛泽东的长征：人类大无畏精神的诗史》，英国人迪克·威尔逊《1935 年长征：中国共产主义斗争生存的史诗》和杭尔德《向自由的长征》，法国人迪皮伊《毛泽东领导的长征》，日本人宾户宽《中国红军——困难与险峻的二万五千里》，苏联尤里耶夫的《中国人民历史上的英勇篇章》，以及由美、英、法、意等十几个国家摄影家出版的大型画册《中国——长征》等。韩国为了纪念中国人民抗日战争胜利 60 周年和韩中建交 14 周年，将中国的 24 集电视剧《长征》译名为《毛泽东的大长征》在中华电视台播放，引起强烈反响。

4. 外国记者报道

最早完整叙述红军长征的外国记者是埃德加·斯诺，他是世界上第一个进入陕甘宁边区采访红军的外国记者。斯诺 1936 年 6 月冲破种种封锁，进入陕甘宁边区，搜集了关于红军二万五千里长征的第一手资料，为英美报刊采写了许多篇轰动一时的通讯报道，向世界全面介绍了中国工农红军长征的经过。1937 年 10 月，斯诺在英国出版了根据自己在陕甘宁边区采访红军的手记汇集而成的《红星照耀中国》，尤其在海外华人集中的地方，出版了无数重印本和翻印本，后来又被翻译成俄、德、法、意、日、西班牙、葡萄牙、塞尔维亚等多种文字，风靡全球。美国历史学家里奥·胡柏曼说：

"长征是《红星照耀中国》一书的高潮，我们一直在反复阅读斯诺的有关记述。"中美关系史学者迈克尔·沙勒说："第一个公布长征真相的西方人是与毛泽东谈话的年青美国记者埃德加·斯诺，他在《红星照耀中国》里的经典叙述，至今仍是有关长征资料的一个重要来源。"美国著名女记者艾格尼丝·史沫特莱在她著的《伟大的道路》中说："事实、数字和一路上千山万水的名称，都不足以说明红军长征的历史意义，更不能描绘出不屈不挠的奋斗精神，以及他们所受的苦难。""长征是革命战争史上伟大的史诗，而且不仅于此"，她满怀信心地预言，"长征已经完成，红军正在继续创造历史"。意大利著名记者恩佐·比阿季在以当年中国工农红军长征为引线，拍摄的大型电视片《长征》，集中展示长征不仅是震撼世界的历史事件，而目前中国正在进行着以经济建设为中心的"第二次长征"。"中国的两次长征都极大地改变了中国人的生活，但在外国，从长征这个角度，通过电视镜头介绍过去和现在的中国，都是前所未有的。"新的长征将给中国带来什么呢？比阿季的回答是："经济更发达，人民生活更美好。"

5. 外国军人评论

美国军事史学家塞缪尔·格里非斯将军在他的《中国人民解放军》一书中写道："中国共产党人，以他们反复经受的考验证明，他们能够忍耐难以言状的艰难困苦；能够战胜途中大自然好像决意要阻挠他们前进而向他们提出的一切挑战；能够击败下定决心要消灭他们的敌人而达到自己的目的。"以色列国防军退役军官武大卫于2005年来中国重走长征路之后说："这次长征之行，让我知道了什么样的军人才是真正的军人，才是能够打胜仗的军队，才是代表人民利益的军队……中国红军表现出来的精神是全世界的珍贵财富，值得世界各国军人景仰和学习。"西班牙青年曾以中国工农红军的长征来激励自己："我们曾经从中国红军的长征中学习了英勇的行为，今天，我们也随着中国人民的榜样洒着我们的鲜血，来保卫我们的领土完整、国家的独立，来保护自由和国际和平。"

（三）"不到长城非好汉"精神的普遍意义

"不到长城非好汉"精神的魅力和生命力在于它能随时而变，随时而适，与时俱进，具有非常强大的亲和力和适应性。不同地域、不同人群，不同行业和单位，甚至不同国籍、不同肤色的人，都能从中找到自己的精神和价值内容，而且是那样的切合、那样的接地气、那样的水乳交融。从不会因为历史的变迁而失去光辉，是具有不以个人意志为转移的永恒魅力。

民族精神是一个民族生命力、创造力和凝聚力的源泉，没有了精神，民族团结与发展就等于"无本之木，无源之水"，一个失去灵魂的民族，就不可能有自尊、自立、自强。"不到长城非好汉"精神具有强大的社会凝聚力与向心力，是任何一个民族团结和进步的精神纽带，是任何一个国家稳定和发展的精神基础。失去这一精神基础，民族就会丧失活力，就不能立身于世界民族之林；国家失去这一精神基础，也就不可能在激烈竞争中立于不败之地。当今世界，面对政治、经济、文化相互交融，综合国力竞争日益激烈的情况下，是否具有新认同的民族精神，便成为制约一个国家综合国力强弱的重要因素。弘扬"不到长城非好汉"精神，对于树立民族自信、自立和自强意识，尤为重要和紧迫。

在人类历史发展的长河中，有两样东西是人类在生产生活过程中相互依存但又处于不同空间的要素：一是物质，二是精神。前者易逝，后者永恒；前者脆弱，后者坚实；前者杂芜，后者纯净。提升生命质量最可靠的力量不是物质而是精神，小到决定一个人的人格优劣、道德高低，大到决定一个民族和国家文明的兴衰。"不到长城非好汉"从本质上看，体现了人类征服和改造自然、追求美好生活的思想灵魂和精神动力，具有超越时空、超越地域限制的价值内涵，是人类社会所共有的宝贵财富和文明积淀。从这个意义上说，"不到长城非好汉"的宁夏精神，不仅是宁夏的，也是全国的；不仅是中华民族的，也是人类的。它是中华民族在世界上赢得话语权，占领人类道义制高点，讲好中国故事，传播中国声音的重要内容和议题。

四、弘扬"不到长城非好汉"精神，走好新的长征路

（一）弘扬"不到长城非好汉"精神，是实现中国梦的强大动力

习近平总书记指出，长征永远在路上，当年的长征是我们党带领人民夺取政权的长征，今天是实现"两个一百年"奋斗目标的新长征。我们这一代人要做好我们这一代人的事情，走好我们这一代人的长征路。如果把

近百年中国人民从"站起来"到"富起来"、再到"强起来"三个阶段当作一次长征去看待，我们已经走过了前两个阶段，正在向新的阶段前进，正在进行新的长征。

中国革命使中国人民获得解放并从此站起来了，社会主义建设和改革开放使中国人民从此富起来了。这两个阶段的长征，在中国共产党的领导下，中国人民坚定而勇敢地走过来了，并在取得了重大胜利和成就的基础上，走向新的长征路。习近平总书记指出，要不忘初心，走好新的长征路。新长征就是实现"两个一百年"奋斗目标，实现中华民族伟大复兴的中国梦。而实现民族振兴、国家富强、人民幸福的中国梦，就必须大力弘扬中国精神。党的十八大以来，我国进入全面深化改革、全面建成小康社会的关键时期，面临诸多挑战和困难。在这个过程中，如何在多元中立主导，在多样中谋共识，面对艰巨繁重的改革任务，如何以更大智慧与勇气啃硬骨头、涉险滩、过难关，如何贯彻落实创新、协调、绿色、开放、共享五大发展理念，避免走平庸之路、失衡之路、透支之路、封闭之路、分化之路，克服精神懈怠、暮气日长、锐气渐消的危险，越是这样的时候，越需要我们进一步弘扬"不到长城非好汉"的精神，不断增强万众一心、共克时艰的进取精神，持续激发改革发展的强大精神动力，持续培育并激发包括"不到长城非好汉"在内的中国精神。

中国精神的制高点是共产主义远大理想。只有不忘初心，才能走好新长征。习总书记指出，中国共产党之所以叫共产党，就是因为从成立之日起我们党就把共产主义确立为远大理想。我们党之所以能够经受一次次挫折而又一次次奋起，归根到底是因为我们党有远大理想和崇高追求。中国精神不同于其他国家精神的根本点，在于中国精神是中国共产党带领中国人民在向共产主义崇高理想奋斗的伟大实践中孕育并丰富发展而成的。我们只有不忘初心，牢牢掌控推动人类社会进步、实现人类美好理想的道义制高点，围绕实现"两个一百年"奋斗目标和中华民族伟大复兴的中国梦而不懈奋斗，我们的事业才能不断开创新局面。正如习近平总书记指出："革命理想高于天，不怕牺牲，排除万难，克敌制胜，这是长征精神的内涵。有了这样的精神，没有什么克服不了的困难。我们完全有信心、有决心、有恒心实现中华民族伟大复兴的中国梦。"

（二）弘扬"不到长城非好汉"的宁夏精神，是建设"四个宁夏"的强大动力

在决胜全面小康、实现民族复兴的新长征途中，虽然再没有雪山和草地，但道路同样曲折而漫长，同样面临着历史和时代的挑战，面临着更为严峻的考验。当前，宁夏经济下行压力持续加大，面临的困难和问题不断增多，宁夏经济增长的动力和支撑还比较弱，民生水平相对较低，脱贫攻坚任务艰巨等问题仍然突出。在这种形势下，需要大力弘扬"不到长城非好汉"的宁夏精神，坚定理念信念，增强忧患意识，树立长远眼光，激发奋进力量，在新的长征路上攻坚克难、闯关夺隘、奋勇前行。

大力弘扬"不到长城非好汉"的宁夏精神，要认真落实党的十八大以来党中央的各项决策部署，坚持以习近平总书记来宁视察重要讲话精神为指引，贯彻落实自治区党委十一届八次全会的各项要求，按照"五位一体"总体布局和"四个全面"战略布局要求，贯彻新发展理念，主动服务和融入国家发展战略，立足自身优势，加快"四个宁夏"建设，确保实现全面建成小康社会。

大力弘扬"不到长城非好汉"的宁夏精神，要执着坚定、不畏艰难、负重自强、敢争一流，敢于创新、敢于胜利，不忘初心、继续前进。要心往一处想、劲往一处使，在新长征路上以坚韧不拔的意志、百折不挠的品格、奋发有为的状态，求真务实、奋勇拼搏、密切配合、通力协作，推动总书记重要讲话精神在宁夏落地生根。

大力弘扬"不到长城非好汉"的宁夏精神，要咬定青山不放松，奋勇争先创一流，不甘落后、创先争优，小省区也要办大事，小省区的干部也要有大视野、大作为，对标国内乃至世界一流，抓产业就要抓高端的产业，办企业就要办有市场竞争力的企业，搞创新就要瞄准国内外技术最前沿，全力推进"四个宁夏"建设。

（三）弘扬"不到长城非好汉"的宁夏精神，实现"弯道超车"

1. "弯道超车"的概念

"弯道超车"本是赛车运动中的一个常见术语，意思是利用弯道超越对方。现在这一用语已被赋予新的内涵，广泛用于政治、经济和社会生活的各个领域，其中"弯道"被理解为经济社会发展进程中的某些关键点。对地方发展来说，要寻找新的思路，从经济发展的角度来说就是"弯道超车"。改革开放30多年来，从东部率先发展到中部崛起，再到"一带一路"战略，我国实现了东中西部梯次发展，当前迎来了西部欠发达地区后发赶超、实现"弯道超车"的发展良机。

2. 宁夏实施"弯道超车"战略的时代背景

习近平总书记在宁夏视察时指出，"要有信心和定力，看大势、看趋势，下大气力解决制约经济发展的深层次问题，多做强基础、谋长远的事情，从根本上提高经济发展质量、效益、竞争力。新发展理念各项要求相互贯通，构成一个完整的体系，要切实把新发展理念贯穿于经济社会发展全过程、落实到全面建成小康社会各方面"。实现"弯道超车"。当前，全球经济下滑尚未见底，世界经济总体复苏困难，我国经济由高速发展进入中高速发展，增长速度换挡，发展方式转变，发展动力转换，在这个背景下宁夏要审时度势，抓住机遇、因势利导，创新突破，使宁夏一些具有优势的领域走在全国前列或实现西部争先，走出一条具有宁夏特色的科学发展之路。

3. 宁夏实施"弯道超车"战略的优势条件

宁夏宗教和顺、民族团结、社会和谐。宁夏沿黄经济区发展条件较好，具有后发赶超的巨大潜力和优势。国家战略支持宁夏先试先行，建设内陆开放型经济试验区。国家支持宁夏面向阿拉伯国家和世界各地全方位开放，将大大提升宁夏在国家开放格局中的战略地位，为宁夏经济社会发展提供了广阔舞台。国家进一步强化对民族地区发展支持，实行差别化的区域政策，优化转移支付和对口支援体制机制，为宁夏的发展带来了更多机会和动力。国家不断优化空间发展布局，推进"一带一路"建设，互联互通，基础设施重点向中西部倾斜，为我们更好地融入全国、全球大市场创造了条件。扶贫攻坚战略的深入开展实施，将从根本上改变宁夏的经济社会面貌。"弯道超车"有前例可循，浙江、湖南等地曾实施"弯道超车"战略，率先突破，发展速度和质量大幅提升。贵州的后发赶超战略、安徽"冲击第一方阵"的赶超战略正在成为我们学习的榜样。在经济发展新常态下，我国经济总体向好的基本面没有变，发展的战略机遇期没有变。宁夏发展不足的区情没有变，后发赶超的潜能和希望也没有变，只要我们充分认识新常态，主动适应新常态，积极引领新常态，不甘平庸，后发赶超，绝地突破，就一定能够抓住新机遇，施展新作为，实现"弯道超车"。

4. 宁夏实施"弯道超车"战略的具体措施

一是要坚持创新发展。大力推进观念创新、科技创新、体制机制创新和人才创新，在一些关键领域走在全国前列或实现西部争先，解决好发展动能问题。二是实施改革突破。宁夏与全国一样，改革进入了深水区，也存在着落后地区推进改革难的问题。越是这样，我们越要以更大的担当和决心推进改革，真改实改。要坚定不移地推进行政审批、农村改革、财税体制、投融资体制、党的建设等改革；要坚定不移地推进空间战略规划、司法体制、综合医改等改革试点；要坚定不移地推进供给侧结构性改革，坚持不懈找短板补短板。三是深入推进开放。坚持全方位、多层次、宽领域的对内对外开放，用好中阿博览会和内陆开放型经济试验区两块金字招牌，内外联动，主动融入"一带一路"建设，把巩固宁夏"向东开放"为基础和提高"向西开放"水平有机结合起来，着力推进以向西开放为重点的全方位开放。四是深入推进实干兴宁。要牢记习总书记"社会主义是干出来的"响亮号召，实干苦干巧干，全力打好脱贫攻坚战，全力推进产业结构优化升级，全力推进对外开放、中阿合作以及部区合作、兄弟省区合作、央企合作等工作，全力推进宁夏经济社会发展，实现"弯道超车"。

5. 宁夏实施"弯道超车"战略的主要领域

一是生态文明。良好的生态环境是经济社会持续发展的基础，也是建设美丽宁夏的基础，要牢固树立"让优美的生态环境成为宁夏最大优势"的理念，要以科学规划为引领，一手抓节能降耗、污染治理，一手抓生态建设，努力建设绿色家园、宜居家园、精神家园。二是对外开放。打造国家向西开放的战略高地，加快宁夏"向西开放"步伐，是国家战略、宁夏使命，要建设好内陆开放型经济试验区，办好中阿博览会，利用好"先行先试"的政策优势，将宁夏建设为丝绸之路经济带的战略支点，全力打造国家"向西开放"战略高地。三是城乡建设。率先在全国推进城乡一体化，宁夏地域小、人口少、沿黄经济带基础条件好，按照把宁夏作为一个城市规划建设的发展思路，统筹宁夏城乡发展，要实施规划先导战略，不断完善城乡空间布局，明确空间布局和功能区定位，在推进城乡发展一体化方面走在全国前列。四是社会保障。宁夏率先在全国实现了省级城乡居民社会养老保险全覆盖，要进一步完善社会保险制度体系建设，加快社会保险"五险合一"征缴力度，全面推开城乡居民大病保险工作，建立城乡居民普惠性健康体检制度，完善全区就医转院和跨区域就医结算医疗保险管理服务体系，对全区城乡居民医保基金实行统收统支，积极探索征地农民养老保险、社会救助、社会养老、保障性住房建设等新机制新办法，编牢社会保障"网底"，使宁夏社会保障走在全国前列。五是医疗卫生。医疗卫生体制改革走在全国前列，宁夏的医疗事业在内蒙古、甘肃、陕西等西部地区享有较好的声誉，曾在全国首创以省为单位，政府主导、市场引导的药品"三统一"改革，为国家医改建立基本药物制度提供了成功模式，创新支付制度改革试点得到了中央领导的高度评价，加快推进公立医院改革，大力推进优质医疗资源下沉，探索完善医疗联合体建设，探索建立分级诊疗办法，实现医疗资源的最佳布局和最优配置。六是职业教育。打造西部职业教育高地和现代职业教育基地，整合资源，加强精品专业、特色专业建设，大力推进办学体制改革，建立职业学校与企业合作办学机制，支持民办职业教育，搭建职业教育的直通车和立交桥，加强区内外院校间的交流合作，建设一批国家级职业教育示范院校。七是创新驱动。推动科技创新在西部争先，大力实施创新驱动战略，强化企业技术创新的主体地位，突破一些重点领域、重点产业的共性技术和核心技术，引进一批国际一流的技术工艺，建设一批高层次人才培养基地、培育一批科技创新团队、培养一批科技创新领军人才，提高宁夏产业技术层次。八是优势产业。积极打造特色优势产业，在特色农业领域打造出若干个在全国乃至世界上叫得响的农产品，将枸杞打造成全国及全世界知名品牌，建设世界优质葡萄酒基地；在工业领域积极推行绿色制造技术，引导数控机床、机器人、铸件铸造、仪器仪表、矿山机械、轴承、电工电气、新能源装备、能源化工等领域快速发展；在信息技术领域积极推进银川大数据中心和中卫云基地建设走在西部前列，在文化旅游产业中积极打造全域的国际旅游目的地。

6. 宁夏实现"弯道超车"战略的精神动力

实现"弯道超车"，思路和措施更重要的是担当、是精神。习近平总书记指出，"中华民族积蓄的能量太久了，要爆发出来去实现中华民族伟大复兴的中国梦。"这一振聋发聩的话语，是新时代的宣言。弘扬"不到长城非好汉"的宁夏精神，就是要释放宁夏人民积蓄已久的能量，不甘落后，不愿落后，争先恐后，争创一流，小省区也要有大作为。我们有理由相信，一旦"不到长城非好汉"的宁夏精神深入人心，成为宁夏人民共同的行动和实践，我们就一定能万众一心，排除万难，一定能实现"弯道超车"，与全国同步建成全面小康社会。

宁夏精神凝练确立历程以及对建设"四个宁夏"的现实意义

郑彦卿

一、宁夏精神形成的基础

(一) 宁夏的历史发展、文化积淀，孕育了宁夏精神

由于特殊的地理位置，宁夏地区一直是众多民族交往、流动的大舞台。在漫长的历史发展过程中，农耕文化、牧猎文化在这里碰撞交流，融合互补。春秋战国时期，羌、戎和匈奴等民族在宁夏地区集居；秦汉时期，中央政府在宁夏地区移民屯边，兴修水利，农业经济获得了巨大发展，成为与关中媲美的"新秦中"；唐开始到宋、元、明、清，穆斯林大量迁入宁夏地区并生息繁衍；新中国成立后，党中央、国务院批准成立宁夏回族自治区，逐步形成了以回族为主的多民族共同生存发展的局面。另一方面，宁夏也是历史上的军事重地，今固原地区就有"据八郡之肩背，绾三镇之要膂"之说。秦始皇统一中国后，宁夏地区成为历代中原王朝西北部的军事重镇和重要粮仓，奠定了宁夏边塞军旅文化的底蕴。同时，古代宁夏地区又是丝绸之路东段北道必经之地，是中国东西交通贸易的重要通道之一。中亚文化、西亚文化、伊斯兰文化、草原游牧文化在这里交融聚会，形成别具特色的丝绸之路文化。

作者简介　郑彦卿，宁夏社会科学院国史研究所所长，编审。

一方水土养一方人。在历史的长河中，在宁夏这块热土上，各民族人民用自己的智慧和汗水创造了光辉灿烂的历史和文化，形成了互相尊重、互相理解、互相借鉴的开放、开明心态，塑造了宁夏人仁爱包容、与人为善的性情和崇尚文明、追求先进的秉性，更重要的是形成了富有地域特征的精神魂魄。

（二）宁夏人民长期的革命斗争塑造了宁夏精神

宁夏各族人民具有反封建政权统治和革命斗争的光荣传统。东汉羌族大起义、北魏高平胡琛起义、隋末灵州牧奴白瑜娑起义、明朝满四石城起义，以及清同治年间，金积堡马化龙领导宁夏及周边地区穆斯林群众的反清斗争，都沉重打击了封建王朝的统治；辛亥革命爆发，宁夏同盟会支部发动回汉人民率先起义，相继成立了革命军政府，受到宁夏各族人民的拥护和支持。1926年秋，爱国将领冯玉祥率国民联军由绥远进入宁夏，在冯部工作的刘伯坚等共产党人便在宁夏各阶层人民中传播革命真理。随后，中共在宁夏建立的第一个地方组织——中共宁夏特别支部在银川诞生。1936年，中国工农红军挥戈西征，解放了盐池、同心、固原、海原的广大地区，创建了陕甘宁省豫海县回民自治政府，成为回族人民解放的先声，也开启了我国民族区域自治的先河。1939年初至1941年6月，宁夏海固回族人民发动了三次大规模的回族农民武装暴动，给予国民党反动派的腐朽统治以沉重打击。1949年秋，中国人民解放军在宁夏回汉人民的拥护和配合下，摧毁国民党军阀在宁夏的统治，建立了人民当家做主的新宁夏。

正是长期的革命斗争，锻炼和塑造了宁夏人不怕困难，不怕流血牺牲，一直积极进取，不断追求真理的秉性。这种精神，彰显了宁夏人民不畏艰险、艰苦奋斗、发愤图强、追求卓越精神面貌和不达目的决不罢休的壮志豪情。

（三）宁夏人民自力更生艰苦创业，凝练丰富了宁夏精神

宁夏深处西北内陆，生态环境十分脆弱，人与环境的矛盾尖锐突出。宁夏是我国土地沙化最为严重的省区之一，全区有13个县共40个乡镇600多个村庄直接遭受沙化危害。宁夏南部山区缺水干旱，生态环境恶劣，历史上以"苦瘠甲天下"而闻名，被联合国列为"世界最不适宜人居住、最贫困的地方"……但宁夏人民并没有被困难压倒，而是团结一心、迎难而上，自强不息、奋力拼搏，努力改变贫困落后面貌，并取得了辉煌成就。新中国成立 60 多年来，尤其是改革开放 30 多年来，自治区党委、政府始终坚持把民族区域自治制度作为促进民族团结的根本保证，颁布实施了 150 多件法规、条例，切实保障人民群众在政治、经济、文化等方面的各项权益，打牢"三个离不开"的思想根基，使民族团结进步事业向纵深发展、向基层深入。宁夏率先在西部地区基本普及高中阶段教育，建成西部最大的职业教育园区，营养改善计划"宁夏模式"在全国得到推广。城乡医疗卫生服务体系不断完善，城乡居民基本医疗保险参保率达到 96%。政府坚持实施民生计划，每年为民办 30 件实事，地方财政用于民生领域的支出比重达到 70%以上。实施中南部城乡饮水安全工程，解决了 139 万人口饮水安全问题，实施各类保障性安居工程 43.24 万套，搬迁安置生态移民 32.9 万人。率先在全国实现城乡居民基本养老省级统筹，城乡居民大病医疗保险经验在全国推广。截至"十二五"末，地区生产总值达到 2911.8 亿元，年均增长 9.9%，内陆开放型经济试验区建设稳步推进，银川综合保税区建成运营，宁东成为全国最大的煤制烯烃生产基地，中阿博览会的国际影响力不断提升。城乡市场繁荣兴旺，人民物质文化生活水平不断提高；科技教育成绩喜人，各项社会事业蓬勃；社会主义民主与法制建设全面展开，精神文明建设进一步加强，一个欣欣向荣、生机勃勃、蒸蒸日上的宁夏，正以"开放宁夏、和谐宁夏、富裕宁夏、美丽宁夏"崭新的姿态展现在世人面前。

取得成就靠什么？战胜困难靠什么？靠的就是在宁夏这片热土上孕育和形成的自力更生、艰苦奋斗、自立自强、顽强不屈和不达到目标誓不罢休的"不到长城非好汉"的宁夏精神。这种精神激发和鼓励宁夏人民创造了一个又一个奇迹，竖起了一座又一座值得骄傲与自豪的精神丰碑。

二、宁夏精神的探讨与提炼

（一）地方精神的讨论

近年来，关于经济增长与文化推动的关系，关于地区精神、城市精神的讨论成为人们进行文化反思的新起点，各地对于地区精神、城市精神大都赋予精辟而内涵深刻的表述，例如，上海市将城市精神表述为"老实守信、尊老爱幼、艰苦创业、敢为人先、海纳百川、崇尚科学"，深圳精神表述为"开拓创新、诚信守法、务实高效、团结奉献"，山东青岛市确立以"诚信、博大、和谐、卓越"为核心理念的城市精神，辽宁省大连市的城市精神为"创造、创业、创世"，湖北省荆州市的城市精神为"筚路蓝缕、和衷共济、励精图治、发愤图强"，重庆精神表述为"登高涉远，负重自强"，内蒙古自治区提出"活力、人文、和谐"的内蒙古精神表述语……如此种种，据网络统计，全国已有70余个城市提出并正式确定了城市精神的表述用语。

（二）宁夏精神的讨论与提炼

早在20世纪90年代，石嘴山市就率先展开城市人文精神的讨论，提出了"五湖四海"的石嘴山精神，形成了巨大的影响，产生了积极的效益。近年来，银川市提出"贺兰岿然，长河不息"的银川精神，并诠释这一定义透射出银川人包容豁达、开放开明的精神气质。固原市提出"不到长城非好汉"的六盘山精神，彰显了固原人民激昂的斗志。中卫市提出了"三苦精神"（领导苦抓、干部苦帮、群众苦干）和"两情精神"（激情创业、热情干事）。吴忠市凝练了"爱国、包容、和谐、奋进"的吴忠精神。1998年自治区第八次党代会上，自治区党委也曾提出"负重拼搏，务实苦干，团结协作，开拓创新"的宁夏精神表述语，这在世纪之交曾为推动全区经济社会的全面发展提供了强大的精神动力。

（三）宁夏精神的表述用语

那么，什么是宁夏精神呢？新中国成立60多年来，特别是改革开放30多年来，宁夏人民在各级党委、政府的大力支持和社会各界的关心帮助下，更加以主人翁的姿态和高昂的斗志，以实事求是的科学态度，不断发挥后发优势，解放思想、开拓进取，勤于探索、团结务实，锲而不舍、顽强拼搏，攻坚克难、创新创业，敢为人先、勇创一流，使全区的经济建设和社会各项事业都取得了新的成绩。正是由于自然环境的磨炼和淘洗，由于人们主观上的不懈努力和奋斗，使这里的人民表现得更加充满自信、更加自强不息、更加坚韧不拔、更加顽强刚毅、更加艰苦奋斗。六十年风雨历程，六十年成就辉煌。这种长期积淀下来的精神，是宁夏精神中最具气势恢弘的乐章，激励着宁夏人的激情与豪情，磨炼着宁夏人积极进取、永不懈怠、追求卓越的执着品质，激发着宁夏人勇于突破一切艰难险阻、敢于冲破一切束缚禁锢的豪迈气概，这正是"不到长城非好汉"宁夏精神鲜明的时代主旋律。

新世纪，时代的发展又赋予宁夏精神以新的内涵。为能更准确地总结表述新世纪宁夏精神，2009年宁夏社会科学院组织有关专家，就新世纪宁夏精神的表述用语及内涵进行研究论述，向全区进行征文，经过半年的工作，征集论文近200篇，经过专家讨论，形成了比较一致的看法。大家认为，在宁夏真正能喊得出、唱得响、容易接受、便于流传的宁夏精神的表述用语，哪一句都不如毛泽东同志《清平乐·六盘山》中"不到长城非好汉"的词句豪迈。无论现实写照，还是精神凝练，这句词都非常符合当代宁夏人民。

三、宁夏精神的内涵

目前和未来的竞争，不仅仅是物质层面的竞争，更主要的是精神层面的竞争，是知识、信息、信誉、品牌等无形资产的竞争。一个地区，一项产业，一种商品，从起步发展到壮大，最后的落脚点就是体现其是否能培育出一种自己的精神，是否能孕育出自己的文化。"不到长城非好汉"的长征精神是中华民族源远流长的优秀文化的积淀，是红军长征精神的真实写照，更是宁夏精神的集中概括和体现。

2013年，自治区党委宣传部组织自下而上的大讨论。全区上下，各地区、各行各业干部群众群策群力、建言献策，提出了5万多条表述用语，最后筛选出来100条，广泛征求意见，大家普遍认可接受的是"不到长城非好汉"。2016年，自治区党委书记李建华在自治区党委十一届八次全会上说，"不到长城非好汉"的精神核心是执着坚定、不畏艰难、负重自强、敢争一流；本质是咬定目标不放松，敢于创造、敢于创新、敢于胜利，让全区发展得更好、让群众生活得更好；目的是激励全区各族干部群众坚定信心、不忘初心、继续前进，以坚韧不拔的意志、百折不挠的品格、奋发有为的状态，向实现全面建成小康社会、实现中华民族伟大复兴中国梦的目标迈进。

黑格尔在《历史哲学》中写道："时间的长度是某种相对的东西，而精神的力量却闪耀着永恒的光亮。"历史的经验告诉我们：伟大的精神是一个民族的灵魂，是一个时代的旗帜，是干事创业的支柱，越是困难面前，越是危急关头，精神的力量往往会放射出耀眼的光芒。伟大的事业需要并产生崇高的精神，崇高的精神支撑和推动着伟大的事业。"不到长城非好汉"的宁夏精神是宁夏最具深层次、最具永久价值的文字符号，是宁夏人民在一定历史时期集体表现出来的思维模式、价值取向、行为模式等要素在内的主导性精神风貌。"不到长城非好汉"是宁夏精神的升华，是宁夏人民在经济社会长期发战中积累的一笔可利用的、无价无形的宝贵财富，是宁夏经济和社会发展的内在表现形式和价值趋向。这种伟大精神正在发挥着激荡人心的强大精神力量，为我们在新时期实现"两个一百年"奋斗目标，实现中华民族伟大复兴的中国梦，实现建设"四个宁夏"与全国同步全面建成小康社会，增强了无穷的继续开拓前进的勇气和力量。

四、弘扬"不到长城非好汉"长征精神，继续新的长征

习近平总书记指出，实现中国梦必须弘扬中国精神。这就是以爱国主义为核心的民族精神，以改革创新为核心的时代精神。"不到长城非好汉"，其精神核心包括"执着坚定、不畏艰难、艰苦奋斗、团结一心、负重自强，咬定目标不放松，敢于创新、敢于胜利、敢争一流"。其中既有井冈山精神、红军长征精神、抗战精神和西柏坡精神的历史传承，也有社会主义建设和改革开放的时代经验，与铁人精神、"两弹一星"精神、"九八抗洪"精神、载人航天精神、抗震精神、女排精神等伟大精神具有内在一致性，与中华民族的传统美德和社会主义核心价值观具有内在的一致性，是中国精神的组成部分。

中国梦是中华民族和中国人民走向世界、走向现代化、走向未来的伟大梦想。党的十八大以来，我国进入全面深化改革、全面建成小康社会的

关键时期，面临诸多挑战和困难，时代精神力量的作用愈加凸显。面对艰巨繁重的改革任务，如何以更大智慧与勇气啃硬骨头、涉险滩？越是这样的时候，越需要我们不断发扬中国精神，不断增强团结一心的精神纽带，持续激发改革发展的强大精神动力。中国精神文化是马克思主义与中国优秀传统文化的融合，积淀着中华民族最深层的精神追求，代表着中华民族独特的精神标志。"欲信人者，必先自信。"在社会主义文化强国的路上，坚持文化自信，有助于增强中国人民屹立于世界民族之林的信心，有助于增添中国傲立于国际社会的底气，有助于提升用中国理论解决中国问题的豪气。

要不忘初心，坚持共产主义的崇高理想，占据中国精神的制高点。习总书记指出，中国共产党之所以叫共产党，就是因为从成立之日起我们党就把共产主义确立为远大理想。我们党之所以能够经受一次次挫折而又一次次奋起，归根到底是因为我们党有远大理想和崇高追求。中国精神不同于美国精神，不同于日本精神，不同于其他国家精神的根本点在于，中国精神是中国共产党带领中国人民在向共产主义崇高理想奋斗的伟大实践中孕育并丰富发展而成的。我们的事业之所以能够经受一次次挫折而又一次次奋起，并在实践中产生包括"不到长城非好汉"在内的伟大的中国精神，归根到底是因为我们党有远大理想和崇高追求。我们只有不忘初心，牢牢占据推动人类社会进步、实现人类美好理想的道义制高点，围绕实现"两个一百年"奋斗目标和中华民族伟大复兴的中国梦而不懈奋斗，我们的事业才能不断开创新局面。

五、大力弘扬"不到长城非好汉"的宁夏精神，为实现"四个宁夏"而奋斗

自宁夏回族自治区成立以来，在党中央的关怀下，在全国人民的支持下，在宁夏人民持续弘扬"不到长城非好汉"精神的努力实践下，经济社会实现了跨越式的发展。随着改革开放的深入，在我国经济发展进入新常态的背景下，宁夏要加快"四个宁夏"建设，实现与全国同步全面建成小康社会，任重而道远。特别是破解当前的区域发展不平衡、精准扶贫等问

题，还有许多硬骨头要啃、硬仗要打。习总书记2016年7月来宁视察时强调，宁夏要大力弘扬"不到长城非好汉"的宁夏精神，随后，李建华书记在自治区党委十一届八次全会上指出，要大力弘扬"不到长城非好汉"的宁夏精神，切实抓好全会各项任务落实。小省区要办大事，就必须要有小不自弱的气魄。"不到长城非好汉"的精神内涵十分丰富，不仅是中国精神的内涵要素，也是人类精神财富的内涵要素。总书记的讲话精神和自治区党委全会的决议为我们走好新的长征路树立了奋进的明灯，注入了强大的精神指引。宁夏精神的正式确立，正当其时、正逢其时，它如劳动的号子、冲锋的号角，凝聚人心，鼓舞士气，不忘初心，继续长征，创造新的辉煌。

2016年宁夏精神文明建设重点工作综述

吴颖云

2016年，全区精神文明建设坚持以中国特色社会主义理论为指导，认真贯彻党的十八大和十八届三中、四中、五中、六中全会精神，深入学习贯彻习近平总书记系列重要讲话精神，特别是来宁视察时的重要讲话精神，贯彻落实自治区党委十一届八次全体会议精神，牢固树立政治意识、大局意识、核心意识和看齐意识，紧紧围绕"四个全面"战略布局，坚持创新、协调、绿色、开放、共享的发展理念，以推进社会主义核心价值观建设为主线，扎实推进公民思想道德建设和群众性精神文明创建活动，深入推进志愿服务制度化、诚信建设制度化和文明旅游工作，公民思想道德素质和社会文明程度进一步提升，为建设开放、富裕、和谐、美丽宁夏提供了精神动力和道德滋养。

一、社会主义核心价值观建设持续推进

深入贯彻落实中央和自治区《关于培育和践行社会主义核心价值观的意见》和《培育和践行社会主义核心价值观行动方案》及任务分工，结合道德模范选树和学习宣传、学雷锋志愿服务活动等，推动核心价值观落地生根。扎实推进社会主义核心价值观宣传普及。坚持用"讲文明 树新风"

作者简介 吴颖云，自治区党委宣传部城市处副处长。

公益广告叫响核心价值观，大力弘扬"不到长城非好汉"的宁夏精神，贯彻落实《公益广告促进和管理办法》，联合自治区工商局、住建厅、交通厅等8家单位印发《关于学习宣传贯彻〈公益广告促进和管理暂行办法〉的通知》，建立"讲文明 树新风"公益广告刊播季报制度。组织开展2016公益广告大赛，扩大覆盖面和影响力。推广社会主义核心价值观主题公园、主题广场等经验做法，结合文明城市创建，突出思想道德内涵，加大车站、机场、街道、广场、公园等公共场所和公交、出租车等交通工具的公益广告宣传，扩大核心价值观的受众面。扎实推进社会主义核心价值观"六进"活动，结合"美丽宁夏"建设主题，制定《关于宣传思想文化工作服务美丽宁夏建设的实施意见》，组织开展社会主义核心价值观建设专题调研和如何将社会主义核心价值观要求融入精神文明"五大创建"活动调研。加大督促检查，组织对各地贯彻落实中共中央宣传部、中央文明办《培育和践行社会主义核心价值观行动方案》具体举措进行专项督查。推动社会主义核心价值观实践养成。以争做"文明有礼的宁夏人"为重点，持续推进"讲文明 树新风"活动。以"珍爱生命·文明出行"为主题，深入推进文明交通"六进"活动，加大"车窗抛物"等现象治理力度。深入实施《节俭养德全民节约行动方案》，深化"文明餐桌"行动，引导人们追求健康文明生活方式。贯彻落实中央文明办《关于加强网络精神文明建设的意见》，会同自治区网信办开展网络文明行为引导行动，以遍布文明单位的网络文明传播小组为骨干，运用"两微一端"等网上平台，开展"道德模范网上行"、网络公益活动等，吸引网民广泛参与，发展健康向上的网络文化。

二、公民思想道德建设工程扎实有效

坚持用好道德模范和"身边好人"这一精神富矿，深化道德实践活动，引导人们追求讲道德、遵道德、守道德的生活，推动形成崇德向善的社会风尚。以深化"我推荐我评议身边好人"为重点，制定《关于深化"宁夏好人"推荐评选活动的实施方案》，进一步规范推荐程序，拓宽推荐领域。广泛开展道德模范和"身边好人"推荐选树活动，做好"中国好人榜"好人推选工作，宁夏11人入选"中国好人榜"。组织开展第二届自治区"百孝之星"评选表彰活动，40人被评为全区"百孝之星"。开展第十一届"感动宁夏人物"推荐评选活动，刘在环、姚敏等10人被评为"感动宁夏·2015年度人物"。深入推进道德模范和"身边好人"学习宣传。组织开展"道德模范在身边"宣传活动，深入宣传道德模范和"身边好人"先进事迹。指导吴忠市承办"中国好人榜三月入选名单发布仪式暨全国道德模范与身边好人现场交流会"，扩大宁夏学习宣传活动在全国的影响。举办第五届宁夏公民道德论坛，表彰了一批全区学雷锋活动示范岗和岗位学雷锋标兵。持续推进"道德讲堂"建设，评选表彰了全区"50佳道德讲堂"。召开"关爱帮扶道德模范座谈会"，落实文明委成员单位联系道德模范制度，帮助道德模范解决生活困难和实际问题，树立好人好报的价值取向。

三、群众性精神文明创建活动蓬勃开展

适应新形势新任务新要求，深化和推进"五大创建"活动，打造群众性精神文明创建品牌。深化文明城市创建。持续推进文明城市"三级联创"，提升市民文明素质和城市文明程度。指导银川市巩固提升全国文明城市创建成果，配合中央文明办对银川市创建进行动态管理；指导石嘴山市、吴忠市和永宁县、灵武市做好全国文明城市创建工作，依照测评体系和负面清单进行对标创建；指导固原市自治区文明城市创建工作，对其自治区文明城市进行考核测评。组织对到届的"自治区文明县城"隆德县进行复查验收；对石嘴山、吴忠市等6家自治区文明城市（县城、城区）进行复查考核。深化文明单位（文明行业）创建。积极引导农垦系统和非公有制企业参与文明创建活动，扩展创建覆盖面。做好第十七批自治区文明单位和到届重新申报自治区文明单位、文明行业、文明城市检查考核工作。组织对自治区12家文明行业进行调研，指导自治区水利厅、住建厅做好自治区文明行业创建工作。深化文明单位与贫困村结对共建，会同自治区党委农办、扶贫办印发《关于组织自治区以上文明单位与贫困村深入开展"结对帮扶、文明共建"活动的实施意见》，指导各级文明单位与自治区确定的800个重点贫困村结对共建，助力精准扶贫工作。深化文明村镇创建。贯彻落实全国农村精神文明建设经验交流会精神，以美丽乡村建设为主题，

以民风建设和环境整治为重点，在盐池县召开全区农村精神文明建设经验交流会。围绕自治区脱贫攻坚任务，结合唱响农村精神文明建设的"宁夏做法"，推进以城带乡、结对共建活动。深化文明家庭创建。组织开展第一届全国和自治区文明家庭推荐评选工作，5个家庭被评选为第一届全国文明家庭候选家庭，30个家庭被评选为首届自治区文明家庭候选家庭。会同自治区妇联在全区开展寻找"最美家庭"暨传扬好家风好家训活动；会同自治区纪委开展"廉洁齐家好故事"征集活动，推动全社会形成"注重家庭、注重家教、注重家风"的良好风尚。深化文明校园创建。贯彻教育部、中央文明办《关于深入开展文明校园创建活动的实施意见》，会同自治区教育厅印发《关于深入开展文明校园创建活动的通知》，推动文明校园创建工作。发挥教育部门主体作用，以师风师德建设、学生文明素养和校园文化建设为重点，推动核心价值观进课堂、进教材、进学生头脑。

四、推进诚信建设制度化取得新的进展

贯彻中央文明委《关于建设和完善守信联合激励和失信联合惩戒制度加快推进社会诚信建设的指导意见》，协调自治区发改委等单位健全完善诚信法规制度，建立联合激励和处罚工作机制。持续开展诚信宣传教育，利用"3·15"消费者权益日、"诚信兴商宣传月"、"全国质量月"等重要时间节点，开展诚信美德宣传，形成诚信光荣、失信可耻的良好舆论氛围。在宁夏文明网设立失信黑名单曝光台，通过给高院、公安厅、质监局、旅游局、工商局等9家单位发函，共享违法失信行为黑名单，打造不敢失信、不能失信和守信光荣的良好社会环境。

五、推进志愿服务制度化取得积极进展

加强志愿者队伍建设。以党政机关、城乡社区、高等院校等为重点，以广大党团员和社会爱心人士等为骨干，依托文明城市、文明单位和各类公益组织，进一步发展壮大志愿者队伍；探索建立农村志愿服务队，以村居干部和假期回乡大学生为重点，发挥示范引领作用。深化学雷锋志愿服务活动。组织召开自治区志愿服务协调小组第四次会议，审议通过并印发

《全区志愿服务协调小组各成员单位重点任务分工》和《推广应用志愿服务信息系统基本规范的通知》，推动志愿服务项目化运作、专业化支撑，保持活动经常有效开展。深化"党员志愿服务"，结合脱贫攻坚任务，开展党员干部带头到乡村社区开展志愿服务活动。会同自治区民政厅、团委召开志愿服务信息规范化建设协调会，督促各单位落实志愿服务信息化建设标准，加快信息对接共享。转发中宣部等八部委《关于支持和发展志愿服务组织的意见》的通知，组织做好《意见》的宣传贯彻落实工作。联合宁夏义工联合会，下发2016雷锋饺子活动通知，指导五市落实好人员筛选、进村入户和物品发放，共为1万户生活困难的道德模范、孤寡老人、残疾人、留守儿童和优秀教师等家庭送去价值200万元的慰问物品。举办第二届宁夏志愿服务交流会暨学雷锋志愿服务现场推进会，表彰2016中美旅游高层对话优秀志愿者和第三届宁夏志愿服务项目大赛获奖项目，集中交流展示全区志愿服务成果经验和优秀项目。

六、文明旅游工作持续稳步推进

组织召开2016年自治区第一次文明旅游工作联席会议，部署2016年文明旅游工作，制定印发《2016年自治区文明旅游联系会议单位任务分解》。会同自治区旅游局举办全区导游大赛、全区饭店技能大赛。组织开展"弘扬长征精神 传承红色旅游"活动。在全区开展"美丽宁夏 文明旅游"系列宣传活动。举办巡演宣传进景区进社区系列活动，在沙坡头、水洞沟、黄河大峡谷等9个4A级以上景区以小品、相声、快板等形式宣传文明旅游；在社区以"做文明有礼宁夏人"为主题，倡导文明旅游，宣传旅游文明。组织举办"文明旅游百题竞答"活动，在"宁夏发布""文明宁夏""宁夏旅游""宁夏新闻广播"等微信平台，公布"文明旅游知识100题"，吸引网民点击问答。此项活动被中宣部旅游专报刊发，人民日报、宁夏日报、人民网、新华网、光明网等各大主流网站对活动进行了跟踪报道。

七、未成年人思想道德建设不断深化

持续深化"我的中国梦"主题教育实践活动。组织开展清明节祭英烈

活动。开展"美德少年"评选活动,向中央文明办报送美德少年2名,并在中国文明网展示宣传。组织指导各地开展童心向党歌咏活动,从各市选报的32个优秀视频节目中选出14个优秀视频节目上报中央文明办,并在宁夏文明网上进行展播。组织开展"向国旗敬礼"活动,国庆节期间,在组织网上签名寄语活动的同时,指导各市围绕建党95周年、长征胜利80周年开展丰富多彩的活动。举办"中国梦 宁夏美"童谣征集评选活动,从征集的3000多首童谣中评选出获奖童谣50首进行表彰。编辑出版《中国梦·宁夏美——优秀童谣》口袋书。建好用好乡村学校少年宫。完成2015年乡村学校少年宫图书招标、图书配送工作。联合自治区财政厅、教育厅,对全区部分乡村学校少年宫建设管理使用情况进行检查调研。举办中央彩票公益金支持建设的乡村学校少年宫项目学校推进会暨业务骨干和辅导员培训班。编辑出版宁夏乡村学校少年宫成果展示图册。加强未成年人心理健康辅导站(点)建设,组织心理教育专家深入学校、社区开展心理健康教育巡讲20场。净化社会文化环境,加强对校园周边环境的综合整治,创造有利于未成年人健康成长的社会环境。

八、基层群众文化生活丰富多彩

结合文化惠民工程,广泛开展"文化进万家""送戏下乡"和"清凉宁夏"广场文艺演出、"结对子、种文化"等群众文化活动。深入推进农村广播"村村响"工程,推进文化信息资源共享、农村电影放映、数字农家书屋等文化惠民工程。深入开展全民阅读、全民健身等活动,持续推进文化、科技、卫生"三下乡"和科教、文体、法律、卫生"四进社区"活动,发展健康向上的乡村和社区文化。深化"我们的节日"主题活动。制定印发《关于推荐评选"我们的节日"主题活动示范项目的通知》,组织开展"我们的节日"主题活动示范项目评选,发挥示范引领作用。制定印发《关于在春节、元宵节等重大节日深化"我们的节日"主题活动的通知》,推动全区各地以培育和践行社会主义核心价值观为根本,广泛开展"我们的节日"主题活动,营造欢乐、祥和、文明的节日氛围。积极培育新乡贤文化,运用优秀传统文化影响和感化群众,使社会主义核心价值观家喻户晓、入脑入心。

新时期宁夏党员干部理想信念的调查研究

狄国忠

党员干部的理想信念就是对马克思主义的信仰，对社会主义和共产主义的信念。理想信念是党员干部的崇高追求，是共产党员保持先进性和纯洁性的思想基础。习近平指出，一个党员干部是否合格，首先要看其理想信念是否坚定。党员干部要站在党和国家利益层面上坚定理想信念。从调查的情况看，在新的历史条件下，宁夏党员干部的理想信念的主流是积极、健康、向上的，但也存在一些问题。要正确看待、有针对性地解决这些问题，以坚定党员干部的理想信念，为实现中华民族的伟大复兴夯实思想基础。

一、新时期党员领导干部理想信念的现状

从整体上看，宁夏大部分党员领导干部理想信念坚定。第一，现阶段，大部分党员领导干部理想信念的主流是积极、健康、向上的。问卷调查显示，有78.41%被调查者认为，现阶段宁夏大多数党员干部理想信念的主流是积极、健康、向上的。第二，面对新任务、新环境，大部分党员领导干部能够坚定马克思主义理想信念，对社会主义道路充满信心。问卷调查显示，有76.14%的被调查者认为，大多数党员干部能够坚定马克思主义理想

作者简介　狄国忠，中共宁夏区委党校社会与文化教研部主任，教授。

信念，对社会主义道路充满信心。第三，大部分党员领导干部能够积极投身于社会主义伟大事业之中。问卷调查显示，有81.82％的被调查者认为，大多数党员干部能够积极投身于社会主义伟大事业，为民族复兴努力奋斗。

新时期，宁夏党员领导干部坚定理想信念的思想水平普遍有了一定的提高，党员干部队伍的综合素质不断提高。首先，大多数党员领导干部文化知识层次和整体素质不断提高，活力增强。问卷调查显示，有72.73％被调查者认为，党员干部队伍文化知识层次和整体素质在不断提高，活力增强。其次，大多数党员干部接受过专业的教育和培训。问卷调查显示，有60.23％被调查者认为，大多数党员领导干部接受过专业的教育和培训。再次，多数党员领导干部善于把握各种新理念、新思路。问卷调查显示，有51.70％被调查者认为，大多数党员干部善于把握各种新理念、新思路。一些党员干部熟悉现代管理方式和国际规则，大部分单位或部门党员干部的考核标准更加注重"以人为本"的原则，注重公平，任人唯贤，管理制度和利益表达机制都有明显的提高和改善。

二、新时期党员干部理想信念方面存在的突出问题

"理想信念动摇是最危险的动摇，理想信念滑坡是最危险的滑坡"。当前，部分党员干部对理想信念存在认识错误和困惑，他们的价值判断出现了错误，错误的价值观导致了他们的理想信念出现了问题，随之在他们的思想和行为上有着不同程度的体现，导致他们出现涉嫌严重违纪违法的问题。

思想道德滑坡。第一，随着市场经济的发展，人与人之间的关系商品化，人们的逐利心态日益明显，中华民族的传统美德受到巨大挑战。问卷调查显示，有45.45％被调查者认为，随着市场经济的发展，部分党员干部的逐利心态日益明显。第二，部分官员的违法犯纪及其他社会问题，使部分党员干部对理想信念产生了一种距离感。问卷调查显示，有27.27％被调查者认为，由于部分官员的违法犯纪、网络欺诈层出不穷等现象，一些党员干部对理想信念产生了一种距离感，认为崇高的美德和高尚的思想修养已经远离了现实社会。部分党员干部的理想信念也受此影响出现问题。

宗旨意识淡薄。第一，部分党员干部官本位思想严重。问卷调查显示，有 30.68% 被调查者认为，大多数党员干部官本位思想严重。部分党员干部的官本位思想，影响了党和群众的关系，把自己放在了群众的对立面上。第二，少部分党员干部想问题、办事情从利己角度出发。问卷调查显示，有 13.64% 被调查者认为，大多数党员干部想问题、办事情从利己角度出发。有 11.93% 被调查者认为，有近一半党员干部想问题、办事情从利己角度出发。他们对人民群众的苦难不关心、不热心。第三，部分党员干部利用手中的权力为自己谋取不正当的利益。问卷调查显示，有 6.82% 被调查者认为，大多数党员干部利用手中的权力为自己谋取不正当的利益。从中可以看出，尽管利用手中的权力为自己谋取不正当的利益的党员干部是极小部分，但这些党员干部为人民服务的宗旨意识淡薄，极大地影响着党员干部在群众中的形象，面临着脱离群众的危险。

对建设中国特色社会主义信心不足。改革开放以来，我国人民群众的物质文化生活水平有了很大提高，但各个地区和行业之间仍然存在较大差距。第一，地区和行业之间仍然存在的较大差距问题，使得部分党员干部心理失衡。问卷调查显示，有 38.64% 被调查者认为，随着党员队伍来源的多元化，来自不同地区和行业的党员生活水平和社会地位呈现较大的不同，这使得部分党员干部心理失衡，削弱了他们对建设中国特色社会主义的信心。第二，党员干部对实现"共同富裕"产生怀疑。问卷调查显示，有 15.91% 被调查者认为，大多数党员干部对实现"共同富裕"产生怀疑。

三、新时期坚定党员干部理想信念的有效途径

新时期，党员干部必须发挥主体能动性，内外兼修，保持思想纯洁。加强理论学习，继承和创新中华优秀传统文化，加强道德养成教育，并通过实际工作强化并坚定理想信念，把坚持理想信念与脚踏实地努力工作结合起来，积极参加实践活动，进一步强化党员干部的理想信念。

深入研读马克思主义经典著作，提高哲学素养，把握共产党员理想信念的科学来源。首先，通过培训和自学的方式，学习马克思主义经典著作。问卷调查显示，有 86.93% 被调查者认为，党员干部应该深入研读马克思主

义经典著作。比如，《共产党宣言》《关于费尔巴哈的提纲》《德意志意识形态》《自然辩证法》《唯物主义和经验批判主义》等，是马克思主义哲学的本源和基础。其次，在学习马克思主义经典著作的基础上提升马克思主义哲学素养。问卷调查显示，有92.61%被调查者认为，党员干部应该提高自己的哲学素养。习近平指出："我们一些同志之所以理想渺茫、信仰动摇，根本的就是历史唯物主义观点不牢固。"理想信念要达到"虔诚而执着、至信而深厚"，非有深厚的马克思主义哲学理论功底不可。认真学习研究哲学、自觉以马克思主义哲学为指导，以解决党员干部的理想信念问题。再次，在提升马克思主义哲学素养的过程中，树立正确的世界观、人生观、价值观，把握人类社会发展规律、社会主义发展规律和共产党执政规律。问卷调查显示，有97.73%被调查者认为，党员干部应该树立正确的世界观、人生观、价值观；有96.02%被调查者认为，党员干部应该把握人类社会发展规律、社会主义发展规律和共产党执政规律。实际生活中，积极倡导党员尤其是领导干部学习哲学、研究哲学，树立正确的世界观、人生观、价值观、事业观、权力观、利益观，以"引导干部把理想信念建立在对科学理论的理性认同上、对历史规律的正确认识上、对基本国情的准确把握上"。

学习研究中国特色社会主义理论体系以及习近平总书记系列讲话精神，坚定"四个自信"，牢固共产党员理想信念的信仰基石。首先，把学习中国特色社会主义理论体系以及习近平总书记系列讲话精神作为各级党委（党组）中心组理论学习的重要内容，作为走基层宣讲的重要内容，作为理论研究和阐释的重要内容。问卷调查显示，有96.59%被调查者认为，党员干部应该学习中国特色社会主义理论体系以及习近平总书记系列讲话精神。面向基层党组织和广大党员，搭建自主学习、互动交流的平台，特别是用好党员移动学习平台，用好"两微一端"，构建形象直观、丰富多样的学习载体，不断扩大学习教育覆盖面。其次，通过研读中国特色社会主义理论体系以及习近平总书记系列讲话精神，坚定"四个自信"。问卷调查显示，有98.30%被调查者认为，党员干部应该坚定"四个自信"。一是坚定道路自信。中国特色社会主义道路，是被实践反复证明了的适合中国国情的唯一正确道路。改革开放 30 多年来的辉煌成就，中国科学发展的实践，是中国共产党人坚定道路自信的最强有力的现实支撑。二是坚定理论自信。中国特色社会主义理论体系，是马克思主义中国化的最新成果，在实践中迸发出巨大能量和勃勃生机，展示了其无可置疑的科学性。三是坚定制度自信。中国特色社会主义制度是人类制度文明发展的伟大成果，是当代中国发展进步的根本制度保障，集中体现了中国特色社会主义的特点和优势。四是坚定文化自信。文化自信是国家兴旺发达的深层支撑。习近平在庆祝中国共产党成立 95 周年大会讲话中指出，5000 多年文明发展中孕育的中华优秀传统文化，在党和人民伟大斗争中孕育的革命文化和社会主义先进文化，积淀着中华民族最深层的精神追求，代表着中华民族独特的精神标识。因此，文化自信，是更基础、更广泛、更深厚的自信。

继承和创新中华优秀传统文化，筑牢共产党员理想信念的文化基因。问卷调查显示，有 97.16% 被调查者认为，党员干部应该汲取中华优秀传统文化中正确的思想价值营养。首先，通过中华优秀文化的培训学习，汲取中华优秀传统文化中正确的世界观、人生观、价值观营养。习近平指出，中国传统文化博大精深，学习和掌握其中的各种思想精华，对树立正确的世界观、人生观、价值观很有益处。中国传统文化所包含的儒家文化、道家文化和佛教文化，都蕴含世界观、人生观、价值观的各种思想精华，如儒家强调"仁义"，道家强调"天人合一"，佛教强调"诸恶莫作，诸善奉行"等。这些思想至今仍然闪烁着智慧的光芒，都应该而且可以成为当今时代共产党人世界观、人生观、价值观的重要内容，成为共产主义理想信念的十分重要的文化基础。其次，通过继承和创新中华优秀传统文化，把握共产党人理想信念的"根"和"魂"。2012 年 12 月，习近平总书记说，我们决不可抛弃中华民族的优秀文化传统，恰恰相反，我们要很好传承和弘扬，因为这是我们民族的"根"和"魂"，丢了这个"根"和"魂"，就没有根基了。中华民族的优秀文化传统源远流长，是中华民族的"根"和"魂"，是中华民族立于世界民族之林的重要基础，也是当今时代中国共产党人精神生活包括理想信念的重要内容，丢掉了中华民族优秀传统文化，就会失魂落魄，这也是当今时代精神滑坡的惨痛教训。

严格遵守党章党规，构建共产党员理想信念的约束机制。首先，把遵守党章党规作为党员与党员领导干部严格遵守的行为规范。问卷调查显示，有97.73%被调查者认为，党员干部应该把遵守党章党规作为党员与党员领导干部严格遵守的行为规范。习近平指出，党章是我们立党、治党、管党的总章程，是全党最基本、最重要、最全面的行为规范。对我们这个拥有8800多万党员的大党来说，把全党同志的思想统一到党章上来，自觉按党章行动，具有十分重大的意义。要把党章党规细化为共产党员的工作生活准则，规范和引导共产党员，始终以党的工作为第一职责，时刻以党的利益为重，勇敢担负起爱党、忧党、兴党、护党之责，尽心尽力、尽职尽责地完成党交给的各项任务，在重大困难挑战面前挺身而出、勇挑重担。其次，坚决维护中央权威，遵守党的纪律，维护党的形象。问卷调查显示，有97.73%被调查者认为，党员干部应该坚决维护中央权威，遵守党的纪律，维护党的形象。党章规定，党员个人服从组织，少数服从多数，下级服从上级，全党服从中央。这"四个服从"中，最重要的就是全党服从中央。每一名党员一定要始终与党同心同德、同向同行，更加自觉地在思想上、政治上、行动上同党中央保持高度一致。严格遵守党的纪律。党员领导干部要自觉做好表率，既以身作则、率先垂范，模范遵守纪律，又坚持原则、敢抓敢管，坚决同一切违反纪律的行为做斗争，维护纪律的严肃性和权威性。自觉维护党的形象。每一名党员干部要通过树立自身良好形象，维护党的形象。要始终保持共产党人的蓬勃朝气和浩然正气，以个人的实际行动，自觉为党的形象增光添彩，决不给党的形象抹黑涂脏。

提高道德水平，打好共产党员理想信念的伦理基础。首先，党员干部要自觉加强政治道德、社会公德、职业道德、家庭美德和个人品德修养，用自己的高尚人格和模范品行感召人民群众，引领社会风尚。引导共产党员秉承为人民服务的核心道德原则，坚持大公无私、诚实守信、团结遵纪。有98.30%被调查者认为，党员干部应该自觉加强政治道德、社会公德、职业道德、家庭美德和个人品德修养。其次，做到慎独、慎微、慎交友。有97.16%被调查者认为，党员干部应该做到慎独、慎微、慎交友。共产党员特别是党员领导干部净化生活圈、人际圈、娱乐圈，把握做人、处事、用权、交友的底线，守住党和人民交给自己的政治责任，守住自己的政治生命线，守住正确的人生价值。再次，要树立正确的世界观、人生观、价值观，正确处理国家、集体、个人三者的关系。共产党员特别是党员领导干部要做到局部利益服从整体利益、个人利益服从国家利益，要始终做到自警、自励、自省，敬畏法律，珍惜岗位，守住底线，老老实实做人，清清白白做事。

宁夏党员领导干部道德品行
状况的调查研究

狄国忠

提升党员领导干部道德修养是我们党的事业发展的基础性工程。为比较全面真实地把握当前宁夏党员领导干部道德品行的状况，我们以宁夏党校 2016 年秋季学期培训学习的党员领导干部为调查对象，通过问卷调查、个别访谈等形式进行了调查，分析了党员领导干部道德建设中存在的问题，提出了增强党员领导干部道德建设的措施。

一、宁夏党员领导干部道德品行的现状

从整体上看，宁夏党员领导干部道德品行的状况良好。问卷调查显示，绝大部分被调查者对党员领导干部道德状况是比较满意的，在对"您如何评价当前党员领导干部总体道德状况"的调查中，有 13.14 % 的党员干部表示满意，有 64.57 % 的党员干部表示基本满意，还有 18.86 % 的党员干部表示一般，仅有 3.43% 的表示不满意。但是，有些党员领导干部的道德状况不容乐观，必须高度重视。

（一）绝大部分党员领导干部道德状况良好，但也存在部分党员领导干部作风不正的现象

第一，生活情趣庸俗、贪污腐化是反响最强烈的突出问题。在问及当

作者简介　狄国忠，中共宁夏区委党校社会与文化教研部主任，教授。

前党员干部道德方面存在哪些突出问题时，78%的认为是"作风不正，特别是在生活情趣、伦理观念等方面存在严重问题"；有21.14%的认为是"贪污腐化、严重损害党和人民的利益"；有10.29%的认为是少数党员领导干部自觉不自觉地沾染了"黄、赌、毒"恶习，有29.14%的认为是"不能正确履行自己的职责，'四风'问题严重"，还有39.43%的认为是"个人思想涣散，宗旨观念淡化，部门组织纪律松散"。可以看出，党员领导干部在日常生活中的问题值得注意。第二，加强道德建设是广大党员领导干部的共同心声、强烈愿望。在对"您是否认为当前必须加强党员道德教育"的调查中，有99.43%选择了"是当务之急，事关党的生死存亡"，或者选择了"非常必要，事关党的形象"。当然，也有0.57%的认为"无所谓，党员也是人，不能要求太高"。这虽然是少数现象，但也应该引起重视。事实上，正是个别党员认识上不到位，放松了党性修养，最终败坏了党的整体形象。

（二）肯定绝大部分党员领导干部具有较高的道德自觉，但也存在着部分党员领导干部面临道德困惑的现象

第一，坚持为人民服务的宗旨，发扬艰苦朴素、勤俭节约等优良传统和作风，是党员道德品行的内在要求。问卷调查中，分别有48.57%和38.86%党员领导干部认为，自己在工作中很好地和较好地实践着为人民服务的宗旨。从中可以看出，党员领导干部对此认同度较高。但在个别访谈调查中，他们认为，尽管自己很好地实践了为人民服务的宗旨，但在新形势下党员领导干部仍然面临着"知行不一"的道德困惑。第二，"坚持党和人民的利益高于一切，个人利益服从党和人民的利益"，是党章对党员干部的基本要求，在这方面的调查中，有88.57%的认为"这是应该做到的"，同时也有10.29%的认为"现实中很难做到"，有0.57%的认为"这是与市场经济公平竞争原则相违背的"。特别是问及"当个人利益与党和人民利益发生矛盾时，您应该如何做"时，有81.71%的党员领导干部回答"坚决服从党和人民利益"，有9.14%的党员领导干部认为"先公后私"，有0.57%的党员领导干部认为"大公无私"，有7.43%的回答"既想服从党和人民利益，但又不想损害个人利益"。这也反映了少数党员领导干部在坚持这一原则时的困惑。第三，在对"用人上的不正之风以及各种请客送礼"等现象的认识上，有70.29%的表示对此"非常痛恨，自己从来不会去做"；有26.86%的认为"虽然痛恨，但有时迫不得已也做过"；有2.29%的认为"很正常，无需大惊小怪"；0.57%的认为"很有必要，中国目前还是'关系'社会"。显然，那些认为"很正常"和"很有必要"的党员一旦认为自己需要，自然也会毫不犹豫地去"请客送礼"。也就是说，自觉不自觉地做过或者可能会做违背党性原则的事的党员是绝对少数，但也不能对此掉以轻心。

（三）在肯定大部分党员领导干部能够同不道德现象做斗争的同时，也要看到部分党员缺乏同各种不道德现象做斗争的勇气

党员领导干部应当"切实开展批评和自我批评，勇于揭露和纠正工作中的缺点、错误，坚决同消极腐败现象做斗争"。在相关方面的调查中，"当发现自己身边的党员领导干部有贪污腐败等违反党规党纪行为时你会如何做"，只有15.43%的党员领导干部表示会坚决向上级有关部门举报，41.14%的会以合适方式提醒他们，25.71%的表示在组织调查时可以配合，9.14%的选择了"睁一只眼闭一只眼"。显然，有四分之一多的人组织调查时可以配合，如果组织上不调查，也应当属于"睁一只眼闭一只眼"的行列。也就是说，有三成多一点的党员领导干部不会主动同各种不道德现象做斗争。这一方面反映了我们的监督机制特别是保障机制不够健全，同时，也反映了部分党员领导干部的党员意识、责任意识不强。

（四）在肯定绝大部分领导干部具有鲜明的道德判断的同时，也存在着个别党员领导干部道德底线逐步后退，甚至道德判断标准出现偏差

现实中，有些党员领导干部存在着是非观念淡薄，正义感退化，对社会上的不良风气、不道德行为不愿、不敢挺身抵制等现象。问卷调查中，当问及"一些党员领导干部是否存在是非观念淡薄，正义感退化，对社会上的不良风气、不道德行为不愿、不敢挺身抵制等现象"时，有74.29%的人回答"是"，有20.57%的人回答"可能是"。同时，现实中，居然还有个别人对于党员领导干部的不道德现象表示理解甚至接受。比如，在对"如何看待个别党员领导干部包养情人现象"的调查中，虽然有97.71%的党员认为是"道德败坏，严重违反党规党纪"，但也有0.57%的认为是"羡慕、向往"，0.57%的认为是"有本事、有能力的体现"，还有1.14%的认为是"正常现象，符合人的自然本性"。可以看出，个别党员领导干部的道德判断标准出现偏差，对一些不道德现象流露出"羡慕""向往"的心态。个别人对有些通过跑官要官甚至弄虚作假得到提升的人不但不痛恨，反而认为是有本事、有能力的体现。这虽然是个别现象，但确实需要正视。

二、党员领导干部道德品行存在问题的原因分析

道德作为一种文化心理现象，总是要受到特定时代经济、政治和社会发展水平的制约和影响。只有将其置于当今世情、国情和党情发生深刻变化的大背景下做深层透视，才能真正找到问题的根源所在。

（一）我国正处于全面深化改革发展的重要时期，社会变革带来的一系列深刻变化在客观上给党员领导干部道德品行产生了较大影响

利益是道德的基础，公有制为主体条件下多种经济成分的共同发展，经济基础的重大变化，必然使党员领导干部的道德品行面临着利益选择和利益指向的新考验。问卷调查中，有40%的党员领导干部认为，市场经济条件下利益格局深刻变化是影响党员领导干部道德建设的首要因素。面对市场经济带来的冲击与影响，有的党员领导干部以传统价值观念评判新形势下遇到的新情况新问题，有的党员领导干部，在一些领域传统道德观念起着支配作用，而在另一些领域特别是经济领域，市场经济条件下形成的一些规则又渐居主导地位；有的党员领导干部则是完全抛弃了传统的道德观念，坚持利益至上，甚至等价交换原则侵入到党的政治生活之中，世界观、人生观、价值观发生扭曲。问卷调查中，有69.14%的党员领导干部认为，一些党员领导干部抛弃了传统的道德观念，坚持利益至上，甚至等价交换原则侵入到党的政治生活之中。

（二）党内政治生态有待净化以及党内仍然存在的一些不道德现象，特别是个别党员领导干部的贪污腐败现象，更是极大地降低甚至抵消了道德教育的效果

问卷调查中，有23.43%的党员领导干部认为，政治生态恶化是影响党员领导干部道德建设的首要因素。一些党员、干部中，不同程度地存在着

"任人唯亲、任人唯利、跑官要官、买官卖官、拉票贿选现象屡禁不止，滥用权力、贪污受贿、腐化堕落、违法乱纪等现象"。问卷调查中，有72.57%的党员领导干部认为，一些党员领导干部存在滥用职权、以权谋私、本位主义、法治淡化、公正缺失等现象。

(三) 道德教育方法有待改进及党员领导干部特别是主要领导干部道德养成缺乏，大大降低了道德教育的成效

重理论灌输、道德说教，轻素质提升。问卷调查中，有73.71％的党员领导干部认为，目前道德教育存在着重理论灌输、道德说教，轻素质提升、行为养成的现象。这种道德教育和引导，必然是知行脱节，在解释现实问题、解决党员领导干部道德价值观冲突面前苍白无力。

(四) 中国传统文化中的落后思想的残余，侵蚀着党员领导干部的思想

问卷调查中，有31.43％的党员领导干部认为，私欲膨胀是影响党员领导干部道德建设的首要因素。在调查中感受最深的就是有些党员对此见怪不怪，反而是对哪个贪官没有"情人"感到奇怪。当问及党员对这些现象的看法时，他们说得最多的一句话就是"现在的社会就这样"。这其中包含着冷眼旁观、习以为常的态度，也包含着诸多的无奈与失望。因此，对我国传统文化，对国外的东西，如何真正做到古为今用、洋为中用，去粗取精、去伪存真，是迫切需要解决的一个现实问题。

(五) 个别党员领导干部忽视甚至放弃世界观、人生观、价值观的改造，解除了思想防线

问卷调查中，有69.71%的党员领导干部认为，一些党员领导干部动摇和丧失了正确的理想信念。当前，确有少数党员领导干部把道德修养看作"小事一桩"，平日不注重政治理论学习，不认真学习党的理论和做好工作所需要的知识，学了也是为应付场面，蜻蜓点水，浅尝辄止，不求甚解，无心也无力在实践中认真运用。当然，也要看到，个别党员领导干部之所以忽视甚至放弃世界观的改造，也与党内组织生活会制度及干部考核任用机制等方面的不健全、不完善有关。比如，一些单位的党组织生活会流于形式，不能正确开展批评与自我批评，甚至不敢批评、不愿批评的庸俗之风使党的组织生活变了味，失去了其应有的纯洁思想、增强党性的作用。

三、加强党员领导干部道德品行建设的主要对策

新时期，结合学习党的十八届六中全会精神，深入贯彻落实《新时期党内政治生活若干准则》和《中国共产党党内监督条例》等，加强党员领导干部道德建设。

（一）构建完善的制度体系

一是扩大制度的覆盖范围。制度约束要做到全覆盖，既要包括正常工作时间的方方面面，又要延伸到个人生活的点点滴滴，哪些事可以做，哪些事不可以做，都要做到有规可依、有章可循。二是在制度约束上做到抓大不放小。既要对那些可能影响、妨碍党员领导干部正确履行公务职责的行为，尤其是一些可能引发群众强烈不满、对党的形象造成严重影响但又属于道德层面的行为作出严格规定，也要对那些可能影响党员自身形象的言谈举止等所谓"小事小节"作出明确规定。三是增强制度的可操作性。总的原则是要做到宜细不宜粗，既要有概括性的、原则性的要求，更要注重制度规定的具体性、可操作性，杜绝"空白地带"，减少"模糊余地"，缩小"弹性空间"，真正使抽象化的道德要求具体化为操作性强的规定条文。

（二）改进道德教育的方式方法

一是尊重党员领导干部的主体地位，善于发挥他们的主观能动性，变传统的"主—客"教育模式为"主—主"模式，增强道德教育的有效性。二是要研究受教育者的接受度，及时掌握反馈信息，便于调适教育进程和教育方式，增强道德教育的针对性。三是要善于运用微博、微信、网上论坛等现代传媒技术与手段，使严肃的道德教育与现代的传播载体相结合，增强道德教育的活泼性。

（三）道德教育要面向全社会

党员领导干部良好道德的养成离不开全社会良好道德氛围的熏陶和影响。因而，要积极培育和践行社会主义核心价值观的要求，高度重视和切实加强道德建设，推进社会公德、职业道德、家庭美德、个人品德教育，倡导爱国、敬业、诚信、友善等基本道德规范，培育知荣辱、讲正气、做奉献、促和谐的良好风尚，弘扬真善美，传播正能量，激励人民群众崇德

向善、见贤思齐，鼓励全社会积善成德、明德唯馨，形成党风与社风民风相得益彰、共同提高的良好局面，为实现"两个一百年"奋斗目标，进而实现中华民族伟大复兴的中国梦凝聚起强大的精神力量和有力的道德支撑。

(四) 严格执行德才兼备、以德为先的用人标准

一是要坚持党管干部原则，坚持正确用人导向，坚持德才兼备、以德为先，努力做到选贤任能、用当其时，知人善任、人尽其才，把好干部及时发现出来、合理使用起来。二是要坚持全面、历史、辩证地看干部，注重一贯表现和全部工作。三是要改进考核方法手段，既看发展又看基础，既看显绩又看潜绩，把民生改善、社会进步、生态效益等指标和实绩作为重要考核内容，决不能简单以国内生产总值增长率论英雄。

中卫市美丽乡村建设发展报告

陶雨芳

2011 年以来，中卫市把美丽乡村建设作为升级版的社会主义新农村建设，在秉承"生产发展、生活宽裕、村容整洁、乡风文明、管理民主"宗旨思路的基础上，延续和完善相关方针政策，丰富和充实内涵实质，提出用 3 年时间引导形成"遵纪守法、明礼诚信、奋进思变、淳朴向善、理性包容"的优良民风，建设"内外兼修、秀外慧中"的"五美中卫"，实现生态宜居环境美、家风引领风尚美、地域特色人文美、社会和谐秩序美、村强民富创业美，推动美丽乡村建设从"一处美"向"一片美"转型，从一个个"盆景"连成一道风景和一片风光。

一、坚持规划先行，以城市标准管理美丽乡村环境美，推进"一处美"迈向"一片美"

中卫市把近年来探索形成的城市"以克论净"深度保洁模式引入农村，从治脏、治乱、治差入手，深入推进"四改二建一保"工作，通过改厕、改水、改路、改垃圾堆放，"拆危建新"改善农民住房质量，建设村民文化广场完善文化服务设施，大力建设起覆盖全市城乡的环境卫生保洁体系。一是突出因地制宜科学编制规划。委托专业机构在充分调研的基础上，按

作者简介　陶雨芳，中卫市委常委、宣传部部长，中国艺术研究院博士。

照"五美中卫"的要求认真编制规划，广泛听取基层和农民群众的意见，提高规划的科学性、民主性和可行性，形成《村镇体系规划（2012—2020)》，编制完善25个乡镇67个中心村的总体规划，细化区域内生产、生活、服务的生态功能定位，明确垃圾、污水、改厕、绿化等各类项目建设的时间与要求等。编制完成《中卫市特色农宅设计图集》，确定了20套农宅设计方案供农民建房选择，力求将城市服务功能与乡村特色有机融合起来，确保在自然形态上保持田园风貌，在基础设施和公共服务上向城镇靠近，在建设风格上体现农家特色。二是突出公共服务全面组织实施。为了加快美丽乡村建设进度，克服建设中政策、投入、指标等各方面的瓶颈和障碍，由市级领导班子成员分别与美丽乡村进行一对一联系，指导乡镇、相关村排定工作计划、做好规划设计、制订实施方案，协调工作中存在的问题，组织带领群众改善环境、美化家园。经过全市上下的不懈努力，全市打造建设美丽村庄171个，占全市行政村的37%；改造农村危房8.84万户，完成村庄道路硬化1306公里，安装太阳能路灯7935盏，建成休闲广场84个，全市硬化公路通村率达100%，使用清洁能源农户比重达56%，82%的群众住进了抗震、安全的砖瓦房，让农民群众享受到了与城里人一样的公共服务。三是突出深度保洁提升管理水平。通过以奖代补、项目补贴等办法，增加对环境建设的投入，整合农村项目投入经费，资金打捆使用，使同类项目形成规模，异类项目形成互补，有效防止项目"打架"、重复投入的现象，把有限资金用在刀刃上，逐步建立起了市、县（区）、乡（镇）、村（社区）共同投入机制。在建立公共财政保障为主、群众筹资筹劳为辅投入体系的基础上，提升管理标准，把城市"以克论净"深度保洁机制向农村延伸，建立"五个三"保洁机制，即每天"三清扫""三保洁"，地表垃圾不超过3处/百米，停留时间不超过30分钟，路面尘土不超过30克/平方米。完善运行了"户分类、村收集、乡镇转运、县区处理"的长效管理机制，每村（社区）配备保洁员，配套环卫车、垃圾桶（箱），实现垃圾集中收集、转运、处理全覆盖。美丽乡村建设过程中，中卫市坚持把创新、协调、绿色、开放、共享五大发展理念融入全过程、全领域、全空间，推动形成了一村美向村村美转变，一处美向处处美转变，一时美向时时美转变。

二、坚持特色引领，以品牌活动打造美丽乡村风尚之美，推进"家风美"迈向"民风美"

家风是民风的基本细胞，是农村软实力的重要体现。中卫市在深入打造美丽乡村风尚美的过程中，把"兴家风、正民风"作为切入点，组织开展"美丽乡村靓起来"十项活动，通过丰富载体、探索模式、打造品牌，弘扬仁义礼智信等优秀传统文化精髓，筑牢注重家庭、注重家教、注重家风的民风根基。一是让"核心价值观'动'起来"，广泛开展寓教于"宣"、寓教于"讲"、寓教于"创"等"三寓"活动，用主流舆论的价值引领正面的、积极的、符合新时期发展需要的好家风。二是让"村规民约'用'起来"，把和谐、孝顺、廉洁、勤劳、节俭、奉献等内容纳入村规民约，用老百姓的承诺，约束老百姓的行为，培育社会道德和新家风、新民风。三是让"善行义举'树'起来"，常年开展"最美家庭""好媳妇""好婆婆"评树活动，拓展为普通人高尚道德树碑立传的领域，开展"春风拂德"行动，给予道德模范政治上礼遇、工作上支持、生活上扶助，为村民们传家风、重家风树立了榜样。四是让"文化长廊'画'起来"，每个环境整治村（居）建设不少于20幅、总计不少于200平方米的文化长廊，把一些好的家风家训故事搬上文化墙，让闲置的墙壁成为宣传员、变成家风晾晒场。五是让"道德行为'评'起来"，发挥道德评议会的作用，评议身边好人，批评和鞭挞陈规陋习，让家风培育有标有戒。六是让"道德讲堂'讲'起来"，通过新乡贤、新模范讲老家风、老家训，从"小家"讲到"大家"，引导家风传承和弘扬。七是让"广场舞'跳'起来"，围绕用好的生活方式替代不好的生活方式，在农村大力倡导农民跳广场舞、跳健身操，配置音响、服装，让家风在好的环境中得到滋养。八是让"志愿服务'做'起来"，在各市级以上文明村（社区）培育志愿服务活动品牌，通过一名志愿者带动一个家庭参与志愿服务活动，引领志愿服务成为家庭传承的新家风。九是让"村居街巷'扫'起来，广泛动员调动群众积极参与"邻里守望"清扫卫生活动，引导村民把洒扫庭除作为基本的待客之道、参选"最美家庭"的前置条件，引导村民把从父辈那里传承下来的好习惯、好品德、好家风传承下去。十是让"致富能手'带'起来"，在先富起来的农民群体中征集好家风、挖掘好家风、晾晒好家风，用尊老爱幼、诚信经营等好家风引领更多的人注重家庭、注重家教、注重家风。近年来，中卫市把建设优良家风家训作为全面培养美丽乡村家国情怀的抓手，先后培育、征集好家训家规 254 篇、家风故事 127 个，并对其中的 41 篇优秀家风故事编印成册。靠着这些村民自己创作、自己践行、自己传颂的"好家风好家训"，通过这些普普通通的语言，简简单单的道理，平平凡凡的行动，引导中卫市的乡风民风悄悄实现着华丽转身，全市 600 多块"善行义举榜"常年述说着好人故事，184 面民风文化墙传递着无声胜有声的正能量，3000 余户十星级文明户点亮农村的道德夜空，633 支志愿服务队活跃在山村社区。在优良家风、村风、民风的熏陶下，一座座小村走出了舍身一跳勇救落水三母女的徐传红，涌现了为患病丈夫捐肾的张玉英，用退休金开起三家免费"老饭桌"的刘在环，身残志坚带动残疾村民共走致富路的倪岩……家风汇聚了民智，民风凝聚了民心，这股家风、民风带来的"精气神"已成为中卫美丽乡村建设最丰厚的滋养。

三、坚持内外兼修，以特色文化打造美丽乡村人文之美，推进"外在美"迈向"内在美"

中卫农村是中卫文化的发源地，历史悠久，底蕴深厚。悠久丰厚的文化孕育了丰富的人文思想，传承着"崇礼、明德、向善"等人文精神，影响了一代一代中卫人，"兴仁""应理""敬农""常乐""文昌"等甚至作为中卫的村镇名、街道名，深深融入到人们的生活中，印刻在人们的记忆里。中卫市在全力改善村庄环境卫生，美化村庄"面子"的基础上，把地域特色文化元素有机地融入到农村精神文明建设中去，深入挖掘农村历史文化、人文风情资源，把属于软实力范畴的地域特色文化通过硬载体有效地展示出来，避免农村成为荒芜的农村、留守的农村、记忆中的故园。围绕沙坡头区南长滩村"远古村落、党项后裔、世外梨园、漂流起点"的基本特点，把打造党项拓跋遗风融入文明村创建，按照"统一规划、保持原貌、适度开发、修缮利用"的思路,将留住记忆与文化创意相结合,建成了拓跋寨、拓跋民俗村、黄河渡口广场、梨园观光等人文景观,使过去重视典型宣传向保护古村落、挖掘历史文化、打造文化品牌方向转变,通过增添美丽乡村特色,增强吸引力,彰显人文美。中宁县古城村把"孝文化"元素融入到村口、路边、农舍等与村民日常生活相关的所有场所,通过文化造势,营造浓厚的"孝文化"氛围,强化了环境渲染的声势,让广大村民在日常生活起居、休闲娱乐中,享受孝德文化的熏陶。中宁县将农村文化长廊作为宣传美丽乡村建设的有效窗口,在S101线沿路涉及鸣沙、恩和、新堡三个乡镇建设10公里的民风文化墙,以漫画、简笔画、打油诗、对联等群众喜闻乐见的方式,宣传党和国家的有关政策,引导农民树立良好民风。中宁县积极构建覆盖全市城乡、便捷高效、保基本、促公平的现代公共文化服务体系,先后建成文化广场76个,农家书屋(数字农家书屋)944个、乡镇标准综合文化站31个、村文化站(室)410个,每年组织文化下乡演出200余场,放映电影5500多场,让农民在家门口就能享受到普惠、实惠、优惠的公共文化服务,逐步形成大特色支撑、小精品点缀的乡村文化格局。

四、坚持法治育人,以"强民纪"打造美丽乡村秩序之美,推进"形态美"迈向"规范美"

只有强化农村法治建设,营造农村良好的法治环境,提高农民的法治思维,美丽乡村才能既体现出发展之美,也释放出文明之美。中卫市把开展美丽乡村建设与"六五"普法活动紧密结合起来,以喜闻乐见、通俗易懂的形式,教育引导群众学法、懂法、守法、用法。一是建立镇、村(社区)二级法治培训教育机制,培育了1200名面向农村、服务农村的高素质法律专业人才。二是实施"法律明白人"培育工程,通过农村法律明白人"一季一训"的法律培训机制,举办"法律明白人"培训621场次,培育"法律明白人"4.8万人,奠定了基层依法化解调处矛盾纠纷的中坚力量。三是实施法治文化引领工程,打造宪法主题公园1个、法治文化广场2个、农村法治文化大院39个,建立农家法律书屋、法律超市31个,开通"中卫普法网"、普法微博与微信等网络普法平台，促进现代的法治文化氛围在实践参与中形成。四是实施法律援助保障工程，建立工会、信访、劳动仲裁、妇联、残联和各乡（镇）法律援助工作站42个，法律援助咨询服务9万人次，为困难群众和弱势群体提供了方便快捷的法律援助服务。五是构建"大调解"网络，建立各级各类人民调解组织559个，化解各类矛盾纠纷3万多件。六是实施法治创建提升工程，创建国家级、区级、市级法治示范单位、法治示范村等各种类型的示范点136个，通过发挥示范点的带动辐射作用，将法治意识融入农村群众生活的各个角落。七是推行"一村一警"机制，通过快速搜集各类情报信息，破解农村治安防控管理难题。八是推行民主管理，围绕推进农村和谐稳定、社会有效治理、维护公平正义，修订乡规民约、实施"五牙子章"民主理财，组织村民议事会、道德评议会、红白理事会等群众组织定期开展道德风尚评议等一系列活动，推动了农村自治，引导群众自我管理、自我服务、自我约束，通过干部办事依法，村民懂法守法，促进村庄安宁、家庭和美、秩序井然，使美丽乡村"美"符其实。

五、坚持产业发展，以多种模式打造美丽乡村创业之美，推进从"环境美"迈向"发展美"

美丽乡村既要以美为形，更要以业为基。中卫市把发展产业作为推进美丽乡村建设的核心、根本和关键，鼓励和激发农村创新发展思路、发展举措和发展载体，通过"八种模式"增加农民的经营性、财产性收入，努力使农民的钱袋和脑袋同时鼓起来。一是企业驱动型，沙坡头区镇罗镇胜金村、柔远镇高营村等依托本村资源优势，宜工则工，宜农则农，进行综合开发利用，兴办了水泥厂、塑编厂等村办企业，增加村集体经济收入。二是服务带动型，采取"支部+公司+合作社+农户"的发展模式，为农户提供产前、产中、产后有偿服务，增加集体经济收入。沙坡头区镇罗镇镇西村、观音村，中宁县舟塔乡舟塔村、鸣沙镇黄营村等分别成立设施蔬菜、枸杞产销、水稻种植等专业合作社，为种植户提供种苗供应、技术服务、市场信息、产品销售、农资供给等服务，切实发挥村集体经济富农惠农作用。三是产业推动型，开辟蔬菜大棚、压砂地、果园等产业"自留地"，通过集体经营、对外承包等形式，增加村级集体经济积累。沙坡头区滨河镇官桥村通过集体经营蔬菜大棚、发展设施农业，每年增加村集体经济纯收入15万多元。四是市场引领型，通过兴建专业市场，就地安置本村群众就业，带动二、三产业发展，实现群众增收与集体增收的"双赢"。沙坡头区文昌镇雍楼村抓住机遇投资建设商贸步行街和商贸市场，通过出租营业房、市场摊位和收取市场管理费，每年为村集体增加收入120万元。五是资产盘活型，实施闲置场地资产嫁接，变"包袱"为财富，变存量为增量。沙坡头区文昌镇东园村、中宁县鸣沙镇薛营村将长期闲置的厂房、旧村部、旧学校对外承包出租，提高了资产的利用率，并通过收取租赁费等形式，实现了集体资产的保值增值。六是旅游牵引型，采取集体入股、个人投资的办法，通过兴建度假休闲、餐饮服务等项目，在旅游服务中增加集体收入。沙坡头区迎水桥镇夹道村、沙坡头村和文昌镇双桥村按照"旅游活村、产业富民"的思路，立足资源优势，充分挖掘潜力，积极创办"度假村""农家乐"等休闲项目，多渠道发展村级集体经济。七是城乡统筹型，紧紧抓住城市开发机遇，通过培育房地产开发企业参与城市开发建设，实现村级集体经济的快速增长。沙坡头区文昌镇黄湾、东关等村借助"城中村"改造，采取群众入股、共同投资建设的办法，先后开发建成黄湾新村、东关新村等7个住宅小区，零利润安置3200多户拆迁户，妥善解决失房群众安居问题的同时，先后建成了阳光大酒店、大公馆大酒店等10家村办企业，村集体经济年纯收入分别达到200多万元。八是以地生财型，充分利用村集体机动地、山荒地等资源，搞活土地经营，促使土地增值、集体增收。中宁县石空镇太平村盘活村集体土地，投资建设营业房、车库、冷库等，通过土地承包、服务出租等方式，增加村集体收入。通过积极推行"八种模式"，有效破解了"空壳村"难题，改善了群众生产生活条件，全市村级集体经济总收入达4500多万元，年收入在100万元以上的村有8个，10万元以上的村达到77个，77个文明单位与贫困村"手拉手"开展结对帮扶等活动，农户间、城乡间的收入差距逐步缩小，为美丽乡村建设奠定了坚实的物质基础。

六、坚持开拓创新，以"美丽乡村靓起来"活动为抓手，推进"五大发展理念"在农村落地生根

十八届五中全会提出了"创新、协调、绿色、开放、共享"五大发展理念，为中卫市美丽乡村建设进一步指明了方向。要把五大发展理念贯彻到美丽乡村和农村精神文明建设的全过程、全领域、全空间，进一步丰富建设内涵、拓展建设领域、提升建设水平，努力打造好美丽乡村的升级版。要大力贯彻创新发展理念，把发展的基点放在创新上，让美丽乡村发展活力竞相迸发。大力贯彻协调发展理念，统筹推进物质文明建设和精神文明建设，让美丽乡村发展得更全面。大力贯彻绿色发展理念，加快转变农村生产生活方式，让绿色成为美丽乡村的主色调。大力贯彻开放发展理念，打开农村连接城市的通道，让美丽乡村收获更多的开放红利。大力贯彻共享发展理念，着力保障和改善民生，让农民群众有更多的获得感。

（一）找准基点，形成新格局

把实施"美丽乡村靓起来"行动作为统筹城乡文明发展的重要抓手、加快美丽乡村建设的重要措施，坚持高起点谋划，做到"五纳入"，即纳入中卫"十三五"发展规划，纳入文化强市建设，纳入中卫市"全域旅游"大格局，纳入效能目标考核评价体系，纳入文明城市、文明村镇、文明单位、文明家庭的申报评审序列。明确各县区、乡镇、有关部门等责任主体，明确主要领导负总责、分管领导靠上抓的责任分工，建立和完善市委统一领导、党政群齐抓共管、文明委组织协调、有关部门各负其责、全社会积极参与的领导体制和工作机制。制定专题宣传报道方案，在报刊、电视、电台、网站等媒体开辟专题、专栏，报道活动动态，推广先进经验，广泛发动社会各界支持参与，营造了浓厚的舆论氛围。

（二）把握重点，培育新农民

紧紧抓住培育和践行社会主义核心价值观这个根本，采取措施，加大力度，重点实施"四大工程"。一是大力实施新型农民培育工程。围绕提升农民思想道德素质和科技文化水平，组织专题宣讲团深入农村，开展"新农村新生活"、新型农民科技培训、农村青年创业就业行动等。二是大力实施村容村貌整治工程。编制生态文明综合整治规划，深入推进农村"四改二建一保"为主要内容的环境综合整治工程，将"以克论净"深度保洁机制向农村延伸，落实农村环境卫生"五个三机制"。三是大力实施乡风文明提升工程。弘扬"不到长城非好汉"的宁夏精神，组织开展"文明家庭""十星级文明户""好媳妇好婆婆""身边好人"等群众性精神文明创建活动。四是大力实施文化设施覆盖工程。加大乡镇综合文化站、农民文化大院、农家书屋、农村数字电视转播、农村公益电影放映等工作推进力度，广泛开展"我们的节日"地方特色的群众性节庆活动，进一步丰富了群众文化生活。

（三）夯实基点，打造新风尚

强化主体意识，吸引群众参与，是搞好农村精神文明建设的源泉动力。加大民情关注力度，积极为农民排忧解难，畅通农民诉求表达渠道，为农民反映意见和建议创造必要条件，并充分重视和吸纳农民的意见和建议；要更加尊重农民意愿，从"为民做主""替民决策"的"父母官"变为"为民服务"的"公仆"，切实尊重农民、切实依靠农民、切实为了农民。有效发挥红白理事会的作用，通过全村群众讨论订立村规民约，有效遏制婚丧嫁娶大操大办、邻里纠纷等现象。有效发挥道德评议会、村民议事会、评选委员会等群众组织的作用，表扬好人好事，批评不道德行为，用民间舆论的力量引导农民自我约束、自我管理、自我提高。发挥社会管理的调节作用，健全基层群众自治机制，完善基层民主制度，积极探索农村基层党的建设、村民自治和社会管理新规律，大力加强和改进群众工作，全面夯实美丽乡村建设的组织基础、群众基础和工作基础。

（四）攻破难点，建立新机制

资金投入是实施美丽乡村建设的重要保障。坚持"政府补助、部门扶助、社会赞助、农民自助"的思路，建立多元化投入机制，形成互为补充、有机结合的良性投入格局。积极吸纳社会资金参与，鼓励不同经济成分和各类投资主体以独资、合资、承包、租赁等多种形式参与农村生态环境建设、生态经济项目开发，支持民间资本以各种灵活形式参与农村基础设施建设。大力开展"城乡共建"活动，深化文明单位对口帮扶共建活动，充分发挥各级文明单位示范带动作用。加大政府投入，充分考虑区域间建设任务和可用财力的不平衡问题，区别对待山区和川区经济发展差异，对美丽乡村建设范围广、工作任务重、公共财政基础薄弱的村镇要加大支持力度，给予重点倾斜，真正做到城乡统筹。

从《芈月传》等流行剧反思当前"个人主义"价值趋向

牛学智

电视剧是一项冗长叙事的演剧形式，收视率全靠观众的闲时间做担保，甚至还全靠观众的"没脑子"支撑。那么，问题就来了。观众的热议，实际上仅仅是电视剧塞给你什么就讨论什么，或者脑中已经装有什么观念，讨论便围绕什么观念展开。直接说，电视剧的某些"节点"徒有导火索的作用，它集中了观众的某些集体无意识，同时也使另一些集体无意识悄然消失。从这一意义说，所谓流行电视剧，所流行的那个东西不是整部剧，而是其扎眼的细节。反过来看，那些细节正是其"卖点"，是其安全消费的情节机制，而非相左于观众，导致观众痛苦而离开的"炸弹"。这意味着电视剧制作者的观念与讨论流行剧者的观念本质上处在同一水平。所不同者仅仅是对共同认可观念的理解程度，这进一步表明，同是一撮人与另一撮人，他们其实共享着相同的价值观。既然如此，这样的讨论，究其根本而论是消极的，甚至是无效的、不成立的。也就是说，他们所共享的那种价值观本身，需要彻底清理。

下面我想通过《剧场》《琅琊榜》《芈月传》等个别流行电视剧，举例谈谈这个问题。

先从《剧场》说起，因为这部电视剧前面二分之一部分，的确有个很

作者简介　牛学智，宁夏社会科学院文化研究所副所长，副研究员。

不错的现代性思想开局，值得进一步讨论。《剧场》演绎的是某小城话剧团途径"文化大革命"劫难，"文化大革命"后又恢复正常演出时，演员与演员之间的摩擦和冲突，折射了"文化大革命"文化遗留对个人、群体及公共事业的搅局与破坏。恢复演出，主角当然是当年被赶出话剧团下乡改造，后来又回到该团的一帮演员。他们挚爱话剧，视话剧为生命，眼里揉不进沙子。这批"归来者"都已人到中年，他们经验丰富、艺术积累扎实，但他们需要新生力量和新鲜血液；当年革他们命的中小学生现在正当青年时期，仍然青春年少、血气方刚，正好希望成为话剧团的一股新力量。这样的一个剧情对峙，很有思想含量，拉开了两代人明里暗里话语权争夺战，也照射出了"文化大革命"期间受教育一批人的价值取向。现在，剧团需下大力气拍好《合欢树》这部话剧并希望能获奖，如果全国汇演成功了，这个小话剧团的资金问题、编制问题，以及所占政治份额就会大大增强。不幸的是，同是为着艺术的成功，当年的小"红卫兵"却把个人成功看得高于一切，于是，"文化大革命"期间到处造反到处革人命的那一套办法不由分说派上了用场。他们勾结串联媒体，忽悠狐朋狗友摇旗呐喊，离间挑拨同事，撒谎欺骗旁观者，甚至连夜写请愿书罢免剧团导演，聚众私闯民宅搜查当事人私人信件，等等。总之，"文化大革命"过去好多年了，他们仍下意识用"文化大革命"那一套思维方法，来对付和处理本该是正常的业务竞争问题，扳倒曾给他们以无私帮助的对象，目的只是为了实现一夜成名的个人快感。情节推到这个地步，应该说视野非常开阔，问题也找得非常准。这帮小年轻为什么近乎集体无意识地出此下策呢？追根溯源，因为他们从一开始受教育，接受的就是"文化大革命"思维、"文化大革命"价值观，只知道张大嘴喊口号，举拳头打倒谁谁谁。像割草一样，不管采取什么方式方法，只要割倒阻挡自己视线的长草、大树，自己就能逻辑地凸显出来，进而一人之下万人之上，裘马扬扬、要啥有啥，想爱谁就爱谁，这便是他们的处事道理和人生观。

本人之所以觉得开局具有现代性思想，原因便在此。因为这样的一个开口度，勾连起来的不单是具体情节冲突，还可能理据充分地展开了我们对所谓唯个人利益是追的个人主义价值观念的诸多思考。比如，我们会问，以满足个人私欲为目的的个人主义，一旦失去外部的监督，会不会变成对他人正常生活的伤害？特别是以"青春无罪"为借口的任何"舞台属于青春"的发难，如果没有成熟的法律制衡，会不会反过来把所有相关的公共事务都转化成服务于个人成功的工具？踩着他人的肩膀个头会一下子长得很高，但如果踩的不是他人的肩膀而是他人的心灵，那么所取得的所谓成功有没有一个正义的评价体系来检测？或者更进一步，今天我们张嘴闭嘴的个人主义，是 20 世纪 80 年代初的联产承包责任制培养出来的，还是更早时期的全民泄私愤、匿名告密的"造反有理"就灌输了的？

但是这样的追问没用，《剧场》后半部围绕一男二女爱恨情仇的角逐战一再表明，前半部两代人的文化冲突仅仅是表象，其实质是郁珠和杜晓红因为同时爱上了报社记者王帆扬。原来该剧的焦点主题居然只是叙述艺术家的争风吃醋比普通人更高明而已。这就好比一个即将吹鼓的气球，突然被扎了一针，啪，在现代性思想面前破了。但是，如何获得真爱，如何为了牺牲一切满足个体的私欲，如何动用哪怕天下公器只要是为着个体的情感，如何醍醐下流只要成全一段私人爱情的结果能够如期现实。在我看到的大多数网上网下讨论中，都被送以现代个体、现代尊严、现代人格、现代道德的徽号。紧接着，这样的电视剧或文学作品，就被认定是现代意义的作品。什么现代意识、现代民族、现代社会、现代文化等等，都可以往上添加，直到把这些东西说成是厌倦权力、远离阴谋、去政治化，进而亲近人文、亲近人本身、亲近心灵的具有真人特质的英雄为止。经过层层篡改，层层剥茧剔除，在情感理想主义基础上派生的人格理想主义、道德理想主义便应运而生了。

王帆扬爱郁珠，那么他下意识帮郁珠做出许多有利于郁珠的事情，就变得爱情至上而人格高大了。当他又亲近杜晓红，下意识里透露郁珠的私人秘密，在杜晓红看来王帆扬也是心底无私而人品上乘。同理，杜晓红出身卑微又渴望以成名换取爱情的一系列挖人墙脚勾当，在个人至上主义看来，过程和手段都可以一笔勾销，因为杜晓红最终追求的是饱满的内在性生活。从结果看，杜晓红尊重了爱情的道德、落实了爱情的人格，是人们心目中的人格理想主义和道德理想主义者。推而广之，只要多少熟悉一点当前中国文艺的人，大概都不同程度有个条件反射。反射什么呢？反射的实际上就是以上两个主义的基座不是别的，是个人主义。这个主义的圆心是个人，故个人主义在文艺中，特别在大众文艺文化中，范围其实收缩到以情感为核心的情感理想主义了。

情感理想主义当然还可以分解出许多人生观来，比如以宗族为本位的宗族主义、以小家庭利益为核心的家庭主义、以孩子为中心的护子主义、以夫妻为中心的恩爱主义和以恋爱为中心的自我牺牲主义等。可是，不管哪一种，其建立的前提条件一般以自我利害权衡为价值尺度。就是说，必须忽略或删除社会因素，特别是政治经济因素的干扰。这表明以此为圆心的人格理想主义和道德理想主义，差不多需要践踏他人的人格和道德来实现，或者至少需要他人人格和道德的劣根来衬托。这部分地表明，在我们的文化中要践行人格理想主义和道德理想主义，一定程度是以较少或纯粹不参与社会公共事务为代价的。这非但违背了现代性思想的核心精神，而且又回到了杜晓红等的价值观养成起点——像"文化大革命"文化教育对她的塑造那样，她最终看上去的光鲜完美，实质是一路以自我为中心的斩获结果，不能不说"文化大革命"及其价值附件，真正成了个人主义的幽灵，而人格理想主义和道德理想主义的强大后盾，正是这个意义上的个人主义。

在康德那里，现代性是"人能够合理使用自己的理性"；在黑格尔，"'内在性'首先应该置于'外在的'之中，用'外在的'来支持'内在的'"，"内在性"才能得到伸张。泰勒直接把人的现代化看成是启蒙的最终目标，他说"人是现代化的目的，而不是手段"。到了哈贝马斯这里，建构"公共交往理论"成了文化现代性的重中之重，因为只有构筑现代社会机制，才能确保个体的内在性生活不受干涉，即是说，当个体的内在性生活节奏与现代社会机制达成统一，真正的现代文化才趋向于完善了。总之，产生于相对成熟的现代文化氛围中的个人主义观念，都十分重视社会机制对于个体的重要性。这显然与我们把现代性异化成"中国特色"的情感主义、人格主义、道德主义，风马牛不相及。正是在这一层面，人们热衷于把《琅琊榜》中已经失去权力、被权力边缘化，自己又甘于弱势地位，并自觉在弱势位置对权力和中心服丧式慰藉的梅长苏，说成是主动而为的"现代价值取向"，着实让人吃惊。他们所理解的现代价值，几乎等于厌弃权力，只会喊叫"天下，乃是天下人的天下"这么一层单纯的话语游戏。

要说清这里面所缠绕的问题，我想有必要先解释一下"底层视角""弱者""孤独"与"中心体验""强者""行动能力"之间的关系。

梅长苏不幸跌落到了民间，并且还不幸成了弱者和没人理解的心灵孤独者，于是一些颇怀好意的电视剧代言者便发现了诸多"亮色"。说，这时候的梅长苏变得自觉了，他自觉意识到天下乃众人之天下；也说，这时候梅长苏的声音不是矫情的伪民间视角，是真正站在民间的痛苦流露；还说，这时候被权力所遗弃的梅长苏，眼里充满着悲悯和伤感，是阅尽庙堂血腥和阴谋后的寂寞，所以他的孤独代表了思想者对皇权制度的深思。只不过，这个人物是不是表征了现代性思想意识，编剧和导演、演员并不知道，知道的是听说过现代性价值的代言者。如果编剧和导演、演员真有这个自觉意识，何必非得虚拟一个不着边际的古代故事呢？何必睁眼说瞎话，非得把商鞅变法而终导致秦走上专制极权打扮得无比富足与无限自由呢？诸如此类致命的错位，本身已与现代性思想意识毫无关系了。前面说过，现代性思想意识或现代价值，仅仅是现代社会、现代文化和现代艺术的产物，这是它的语境规定性。否则，我们很可能像一些奇奇怪怪的学者教授那样，居然会从我们的古人那里寻找现代性思想渊源，这不纯粹在制造笑话吗？某个个体或某个个案偶然性的自我意识，与时代提供的总体性现代意识，是两个截然不同的概念。这正是我们文艺作品中个别个体的自我意识与民主社会个体普遍的现代意识的致命区别。前者说到底是个性发挥，比如文人骚客的作诗为文和佯醉放纵；后者是日常行为和观念常识，比如他们的个体行为已经不是满足于个性放纵，而是考虑如何与政治进行有效互动，促使民主生活与个体日常生活合二为一。

所以，一个失败的中心体验者，一个曾经的强者身份，一个已经失去行动能力的主体，之于现代社会、现代文化和现代审美，仅仅徒有个案的意义，不具有普遍性。打个也许不恰当的比喻。如果去掉梅长苏生活的背景，他的所思所想、所愤怒所期盼，或者所想象，其实与今天我们身边无数一边拿体制内工资养家糊口，一边酒足饭饱之余发表忧国忧民意见的文人没有两样。说得好听点，是文人情怀，说得难听点，只是一种自我抚慰。这便是今天"国学""传统文化"，特别是老庄思想流行的真正原因。《琅琊榜》则是这些林林总总元素的撮合和集中。秦晖先生在《大家讲堂》第一季《道法互补：庄子的流行》一节中，他讲庄子的超脱也不见得就是为了讨好谁，但后世的人懂得这一套东西以后，当然就增加了适应能力。所以，他觉得最简单的一个说法是"在上者指鹿为马，在下者难得糊涂"。这就是法家和道家在当时的一种互补。虽然那时也没有"儒道互补"，但是的确有"法道互补"，就是专制主义和犬儒主义的互补。超脱便是专制主义下的犬儒主义，这是今天庄子流行的意识背景。

有了这么一个背景，再来看《剧场》和《琅琊榜》，《琅琊榜》实在还不如《剧场》。因为在使《剧场》不错的思想探索崩溃之前，郁珠不但一直在场，而且她的价值观念也一直并没有缺席，她尽其所能揭示了使杜晓红之所以如此的文化背景，也力尽所能周旋于方书记和李导演之间，戳穿了那种文化的阴暗与肮脏。因此，自始至终她并没有以牙还牙，只针对一个杜晓红，也就是说，郁珠和她寄身的权力话语一起较成功地实践了机制的现代化。而《琅琊榜》则完全不同，在整个文化氛围一片死寂中，只突出了梅长苏那么一个似乎清醒的个体，形而上一点理解，他不过是一个有文人气质的武夫，出于个人性情，像屈原、李白、杜甫那样，留下过底层的泪，形而下一点说，他仅仅是一个有正义感的人。失落时会嚎叫两声，失意时下意识表达了愤懑情绪而已。在整个皇权制度体系中，他着实是一个无声的存在者，几近多余人身份。他说与不说，愤怒与不愤怒，于皇权话语逻辑的正常运行没有任何关系，他也未曾介入过这个体系。

由此倒回去，再看《芈月传》。《芈月传》完成的只是《琅琊榜》没有被代言者发现或者不愿正视的另一面——宫内乱伦、淫乱，以及宫女们相互倾轧、相互掐架、争风吃醋等，在代言者看来这是瓦解梅长苏一路所谓有自觉"现代价值"的内容。实现这个掩盖，当然还得教导人们忘掉真正的秦史。只有忘掉它，剧中大肆渲染的给秦国人民带来福祉的侵略战争、秦国的富庶等社会环境和物质基础，才能合理合法地支撑个体的情仇爱恨。

否则，这种情仇爱恨怎么能够论证个人主义的自觉和个人主义的先进性呢？申明一点，这里批评的个人主义是以忽略目前社会机制的严重错位，唯个人利益是追的小市民观念形态。

唯有个体的情和爱是好的，个体不管如何得到情和爱是现代的，是现代价值的就必须有些新词经常挂在嘴上。或者，行头打扮和眼神必须是孤独的，孤独就意味着有现代灵魂，有现代灵魂哪怕躲得远远地自我凭吊一定是有价值的。这便是把《琅琊榜》理解成现代价值符号，把《芈月传》认领成内在性生活的代言者的三段论。统领这个三段论的便是《剧场》及其价值。使《剧场》前二分之一思想流产的，其实正是《琅琊榜》《芈月传》逐步放大，乃至于成为"安全消费"的情节和故事。《剧场》在播出后之所以好像并没有引起多少关注，恰好是因为前二分之一是大家不愿多费心思讨论的中国当代文化遗传问题，这符合个人主义的原则。而《琅琊榜》《芈月传》在网上网下的热议，究其根本，诚如前文所论，不是因为它们真有什么现代价值，而是它们的背景、语境是安全的，也就好在能够混杂甚至任意拼贴的历史框架，安放他们理想的个人主义概念。否则，前有"文化大革命"文化思维，势必会在不恰当节点出来解构《琅琊榜》《芈月传》中企图突出的东西，这才是电视剧制作者真正聪明的地方，也是它的代言者真正恶毒之处和自虐之处。

在这些高头讲章的起承转合中，你看不见芸芸众生的匍匐身影，也看不见芸芸众生实际寄身的社会机制，更看不到一个个人影。看到的是践踏多么有力量，残酷多么给力，人性变成兽性多么现代，以及一个政治意义的弱者有点自我反省多么了不得。他们从来不会也不愿让中心体验内部生成某种制衡力量，也从来不让强者本身多点现代意识，亦不叫行动能力真正上升到文化政治的层面。因为这样去制作去思考去追问，大众文化的社会价值就会马上屏蔽个人主义，这是经济主义价值导向下生长起来的个体和个人主义所不愿看到的。

这个意义，作为消费"无聊"的大众文化，不管怎么折腾，只要有人愿意看，都不能说有什么严重问题；作为"没脑子"的流行观念追随者，信什么捧什么，只要不损害他人利益，也没有什么充足的理由谴责他们。

但是，作为一个人文知识分子或者某某教授学者，经常跑到媒体"引导""解读"电视剧的研究者，直接说像哈贝马斯所命名的"以言行事"者，其言就不能太任性随意，即便不能准确解读"现代价值""现代文明"，也不宜对"现代价值""现代文明"张冠李戴、胡乱改写。说到底，无论有无"中国特色"的"现代价值"，也无论有无"中国特色"的"国际接轨"，如果确信它，你尽管可以追求，这是你的自由和权利。但在表达自己心声和自由的过程中，因为没有确凿证据而削足适履，那就不是简单的牵强附会了。

总之，《芈月传》《琅琊榜》等长篇电视连续剧在近年来的流行，其背后意识形态动机并不是单纯的文化产业增值这么简单，支撑其之所以有如此高的收视率，一定程度是对经济主义价值导向下个人主义的蛊惑。正是这个东西迎合了"80后""90后"等在经济主义、发展主义教育下成长起来的年轻人的流俗价值趣味，是它们与实际的食利阶层一起，首先从文化上构造了我们的精神幻影，严实遮蔽了现实中实存的民生问题和价值机制错位问题。因此，面对这些大量流行的电视连续剧，我们有必要审慎地看待其携带着的有害个人主义，而不能一味为其高收视率而鼓掌欢呼。否则，以影视为主的如此大众文化发展，就有可能走向我们所预期的价值反面。

宁夏实现"弯道超车"中精神文化支撑驱动作用的解读

任　婕

"弯道超车"原指驾驶术语，用在发展战略中追根究底其是弘扬精神文化的支撑作用，是思想观念的解放和创新。习近平总书记在宁夏调研考察时指出，宁夏地处西部，发展不足仍是最大的实际，要快速赶上发达地区，必须"弯道超车"，实现跨越式发展。自治区党委书记李建华在自治区十一届人大六次会议上强调"弯道超车"要增强"意识"。宁夏在全面建成小康社会的进程中，既要发挥战略的统领引导作用，又要重视精神文化的内涵，强化精神文化对实现"弯道超车"的支撑和驱动作用。

一、精神文化支撑驱动"弯道超车"的必要性

(一) "弯道超车"的实现需要精神文化的契合

精神文化对于社会进步和经济发展起着重要的支撑和驱动作用。当前，改革已进入攻坚期和深水区，只有进一步解放思想，全面推进深化改革，才能将我们的事业继续推向前进。精神文化的客观基础、价值取向和本质属性，决定了它具有广大的适用性和强大的整合力，能够在社会改革发展中发挥先导作用。文化建设是实现"弯道超车"主体实力的一部分，我们要以高度的文化自觉和文化自信，充分利用"弯道超车"的战略机遇，以

作者简介　任婕，宁夏社会科学院文化研究所助理研究员。

精神文化为支撑点和驱动力，破解深层次矛盾和问题。

（二）特色精神文化将成为宁夏"弯道超车"的强有力推手

新型城镇化是我国全面建成小康社会的重要载体和强大引擎。而在城镇化建设过程中，不可或缺的是文化的引领推动。特色文化是特定地域长期形成的独具特色的文化，其差异性、独特性、原生性、稀缺性、不可复制性等文化特征，在新型城镇化建设中显现出强劲的竞争优势[1]。宁夏民族和谐融洽。汉族、回族以及其他少数民族独具特色的风土人情、建筑风格、宗教信仰等在这里有机融合，在这片热土上共同的历史记忆和生产生活的烙印奠定了特有的精神文化基调。新型城镇化更加注重内在文化的提升，要深入挖掘特色精神文化资源，助力"弯道超车"健康、持续进行。

二、"宁夏精神"的脉络梳理

实现"弯道超车"战略，比方式方法更重要的是精神文化的支撑驱动。习近平总书记考察宁夏时语重心长地知道我们"长征永远在路上。要缅怀先烈、不忘初心，走新的长征路"。在纪念红军长征胜利八十周年大会上，他43次用"精神"诠释"伟大长征精神"。中国共产党宁夏回族自治区第十一届委员会第八次全体会议公报指出，要大力弘扬"不到长城非好汉"的宁夏精神。

"不到长城非好汉"的宁夏精神是一种极具独特价值的精神文化，凝结着宁夏人民在革命建设和改革发展的不同历史时期，在中国共产党领导下不断为争取独立和富强民主顽强奋斗的历史。中国红军和宁夏广大人民群众在革命过程中所表现出来的实事求是的品质，顾全大局、团结群众的团结精神，艰苦奋斗、不畏艰险的顽强意志等像播种机耕撒在广袤的神州大地，成为重要的文化积淀，是宣传爱国教育、发扬艰苦奋斗精神的重要文化支撑，也是实现"弯道超车"的深厚文化内涵。宁夏是革命老区，特殊的历史背景孕育了一批以人物、事件为载体的故事。在中国共产党领导下，在新民主主义革命时期，在社会主义革命和建设中，英杰壮士，层出不穷。

---

[1] 赵芳媛. 特色文化在新型城镇化进程中的支撑作用研究[D]. 云南大学,2015.

有如中国工农红军第二十四军军长赫光、著名民主战士孙寿名诸多志士仁人，挺身革命，转战南北，慷慨就义，为国捐躯者；有保卫祖国，抗击侵略，英勇战斗，血洒疆场者；有献身宁夏，建设宁夏，鞠躬尽瘁，死而后已者[1]。首先，红军长征时期，红二十五军南渡泾河支流纳河，吴焕先指挥部队奋勇杀敌的事迹，毛泽东、张闻天、王稼祥等宿营单家集的故事以及红军翻越六盘山的壮举等都活在后人的崇敬里。其次，红军西征的时间虽然不是很长，但在中国革命史上却是一座丰碑。在这个历史过程中，红军的不少高级将领齐集同心，并将西征总指挥部设在同心。期间发生的感人革命故事和宁夏人民的壮烈革命事迹，都被当时赴同心战地的美国记者埃德加·斯诺写入他著名的《红星照耀中国》（后改名为《西行漫记》）一书。这些故事包括豫海县回民自治政府主席马和福烈士的英雄事迹、中国人民的老朋友马海德等的事迹。再次，解放战争时期在盐池"有理有利有节"的反摩擦斗争和王震部队在盐池打盐的故事，以及警备七团打股匪，保人民，垦荒地，修水利的业绩。还有，社会主义建设时期，宁夏人民在党的领导下迎难而上、自力更生、艰苦奋斗的例子比比皆是。此外，在这期间形成的很多优秀的诗词和歌曲，至今仍催人奋进。最广为流传的是1935年10月毛泽东登上六盘山时所作的《长征谣》（后改为《清平乐·六盘山》），"不到长城非好汉"也正是出自于此。还有红军西征在宁夏同心、盐池一带生成的与红军西征相关的歌谣。《红军打宁夏》的小调里多有"打开豫旺城"的段子，歌颂共产党，歌颂回汉民族团结抗战的新时代。今天，这段历史，这些故事、诗词、歌曲等成为宁夏特色精神文化的载体，是宁夏在特殊历史阶段风貌的反映，是宁夏精神的结晶与呈现，脉络清晰，不仅能传递情感，还可以凝结思想。

三、"宁夏精神"对实现"弯道超车"的支撑驱动作用

（一）强化优秀传统，培育情感基础，提升文化认同

面对多元文化的大环境及个体对于文化认同的种种缺失，我们在实现

---

[1] 来源:固原革命烈士纪念碑碑文。

"弯道超车"的过程中需要培育共同的情感基础，需要文化认同的支撑。文化的支撑驱动作用建立在文化认同之上，首先应该是精神和价值观的建设。文化发展有其历史的延续性，优秀传统文化是民族存在的依据，民族精神和国家价值观的建设需要立足于优秀传统文化。习近平总书记指出：中华文化源远流长、博大精深，积淀着中华民族最深层的精神追求，深深镌刻着中国传统文化的烙印，代表着中华民族独特的精神标识，为中华民族生生不息、发展壮大提供了丰厚滋养。优秀传统文化在今天依然是我们推进改革开放和社会主义现代化建设的强大精神力量。"不到长城非好汉"的宁夏精神贯穿在宁夏建设的曲折历史中，彰显了宁夏人民不畏艰险、艰苦奋斗、追求卓越的精神和态度，是宁夏人民代代培育而来的精神文化，在宁夏有着长效的影响力、广泛的认可度和稳定的忠诚度等特点，并且形成了特有的凝聚力，是提升文化认同的核心。

从存在方式上看，实现"弯道超车"与宁夏精神是方向与符号的关系。"弯道超车"的目标是实现全面建成小康社会，宁夏精神则是这个目标方向中的文化标识、文化符号，具有明确意识形态导向功能。实现全面建成小康社会亟须在区域内部培育能够极大地激发、调动人民群众积极性、主动性和创造性的精神，"不到长城非好汉"的宁夏精神能够有效凝聚团体智慧与力量的思想舆论和文化氛围。习近平总书记给长征和长征精神赋予了新的内涵，并在银川市考察时指出"中华民族积蓄的能量太久了，要爆发出来去实现中华民族伟大复兴的中国梦"。这一发人深省的话语，为宁夏指明了方向。弘扬"不到长城非好汉"的宁夏精神，就是要释放宁夏人民积蓄已久、压抑已久的能量，不甘落后，不愿落后，争先恐后，争创一流[1]。

从内在机制上看，"弯道超车"与宁夏精神之间存在着价值一致性和互动共生关系。一方面，"不到长城非好汉"的宁夏精神为"弯道超车"提供精神支撑；另一方面，宁夏精神为"弯道超车"战略之间互相促进、共同发展提供了契合机制。宁夏实施"弯道超车"战略在对外开放、生态文明建设、城乡建设、社会保障、医疗卫生教育、创新驱动、优势产业等

---

[1] 张进海,李文庆. 关于宁夏实施"弯道超车"战略的建议[N]. 宁夏日报,2016-8-24.

不同领域有不同路径和方式，但无论何种理想的实现都有对艰苦奋斗、不甘平庸、不畏艰险、后发赶超等精神支撑和驱动的需求，都需要强有力的精神文化的支撑作用，都需要运用精神文化推动其自身的发展。

宁夏精神的生命力在于实践，在于每一个社会成员的自觉行动。我们应在继承优秀传统文化的基础上，不断创新宁夏精神的传播践行途径，把宁夏精神融入社会生活，增强特色精神文化的认同感，进一步推动精神文化融入"弯道超车"的各个领域，为深化改革提供精神动力和思想保证。

（二）推动文化建设，提升文化软实力

从层次定位上看，实现"弯道超车"与宁夏精神是整体与部分的关系。如果把社会比喻成一个人，那么精神文化就是这个人的思想，是这个人核心竞争力的重要组成部分。现在很多地方一谈文化建设就大谈文化产业建设，这种思想稍有偏颇，文化建设首先应该是推动精神文化的建设。建设什么样的精神文化，对于区域和行业的生存和发展有着直接而深刻的影响。良好的精神文化能够积极促进变革和发展，从而使区域和行业在激烈的市场竞争中长盛不衰。

文化软实力是一个地区基于文化而具有的凝聚力、生命力、创新力、传播力、感召力和影响力。"不到长城非好汉"的宁夏精神是缅怀先烈、不忘初心的情怀，是牢记使命、继续前行的信念，是走好实现"两个一百年"奋斗目标新长征路的动力，是宁夏文化软实力的首要资源和重要基础。从这方面看，实现"弯道超车"与"不到长城非好汉"的宁夏精神是一荣俱荣的关系。建议大力实施"不到长城非好汉"的宁夏精神文化引领工程。一方面可以开展文化研究，形成一批有一定学术影响和社会效益的研究成果，不断赋予其新的内涵，抢占文化新高地，引领宁夏文化发展。另一方面有利于塑造城市形象。加大对"不到长城非好汉"的宁夏精神的宣传力度，可以打响地方文化品牌，进一步提升宁夏的竞争力和吸引力，不断增强宁夏人民的自豪感和认同感。此外，还可以积极创作反映"不到长城非好汉"的宁夏精神的文艺精品，提升宁夏的影响力。通过国内外主流媒体和网络、微信等新媒体，多层次、广角度地宣传宁夏精神文化建设的成果。

（三）推动文化建设与经济社会协调发展，引领走好新的长征路

不可忽视的是，旅游文化在经济发展、社会管理和社会主义精神文明建设中有巨大作用。尤其是红色旅游文化为推动文化建设与经济社会协调发展提供了保障。习近平总书记在纪念红军长征胜利八十周年大会上指出，长征永远在路上。他号召大家要大力弘扬伟大长征精神，在新的长征路上继续奋勇前进。宁夏已经步入全面建设小康社会的关键时期和实现跨越式发展的攻坚时期。培育和发扬"不到长城非好汉"的宁夏精神，必将成为我们实现"弯道超车"的不竭动力。

走好新的长征路是一项长期的工作，需要建立健全长效机制作保障。宁夏精神在其中所起的作用——主要是建立健全旅游文化的科学发展机制和发展作为精神价值导向的可持续宁夏地域文化发展路径，可以从科学制定并有效落实特色精神文化发展规划、建立健全激励机制来充分发挥精神文化的主体作用、创新传播机制、建立综合考核评价机制等方面采取措施，突显可操作性，促进这项工作的持续性、稳定性。值得一提的是，红色旅游是弘扬"不到长城非好汉"的宁夏精神的最佳载体。宁夏在"弯道超车"的进程中有效利用红色旅游弘扬"不到长城非好汉"的宁夏精神，有利于使广大游客在观光游览过程中耳濡目染地吸纳新时期爱国主义教育，尤其是对于中小学生而言，教育意义更加明显。通过旅游的形式，以情境体验的方式，达到心理上的感知，最终形成对于红色文化的认知，促进"不到长城非好汉"宁夏精神的传承。还有利于树立新时期社会主义核心价值观。红色旅游的发展和相关研究，就是要在全社会宣传弘扬革命先辈在长期艰苦奋斗过程中传承下来的革命精神核心价值观，使游客在旅游的过程中逐渐认知、判断和接纳，继而成为生活中的价值导向。在此过程中，社会经济和文化的协调发展是有机共生的，最终的目的都是推进"弯道超车"，实现跨越式发展，走好新的长征路。

长征胜利八十年来，中国共产党领导全国各族人民，经历了一次次的伟大"长征"。在奋力实现全面建成小康社会的新的长征路上，"不到长城非好汉"的宁夏精神必将激励和鼓舞宁夏人民凝聚力量，砥砺前行。

宁夏戏曲事业建设发展调研报告

赵 静

　　20 世纪 80 年代，在文化部"文艺集成志书总部"的直接指导下，宁夏大规模开展了对宁夏戏曲、民间舞蹈、民间音乐、曲艺等各个门类的调查、搜集、整理工作，进而形成了《中国戏曲志·宁夏卷》《中国民族民间舞蹈集成·宁夏卷》《中国民间音乐集成·宁夏卷》《中国戏曲音乐集成·宁夏卷》《中国曲艺音乐集成·宁夏卷》等极富历史价值的重要文献。自作为这项工作中的一个重要组成部分之一的《中国戏曲志·宁夏卷》成书至今的三十多年来，随着社会政治、经济、文化的迅速发展和全面进步，宁夏的戏曲事业也随之发生了很大的变化。其生存现状在一定程度上反映了当代中国戏曲文化的地位、生存方式及其现实处境，同时也反映着改革开放三十多年来我国在新时期社会主义文化建设中的经验教训。

　　为了贯彻落实习近平总书记文艺工作座谈会重要讲话精神、2015 年全国艺术创作工作会议精神以及 2015 年国办发〔2015〕52 号《关于支持戏曲传承发展的若干政策》，2015—2016 年，宁夏回族自治区民族艺术研究所在文化部和宁夏文化厅引领指导下开始对宁夏地方戏曲剧种及地方戏曲事业进行深入的普查研究，现形成报告如下。

作者简介　赵静，宁夏民族艺术研究所副研究馆员。

一、宁夏戏曲事业的现状

自 20 世纪 80 年代初《中国戏曲志·宁夏卷》在全区范围内对戏曲进行普查、研究、整理以来的三十多年时间，正是一个由改革开放初期逐步向改革深入发展的重要历史时期，整个中国社会发生了翻天覆地的巨变，戏曲事业生存的内部条件和外部环境也都随之发生了深刻的变化。

《中国戏曲志·宁夏卷》是 1984 年开始普查，到 1987 年 8 月完成初稿并交《中国戏曲志》编辑部审阅，提出修改意见，后因人员变动等原因，该项工作搁置三年，于 1991 年起重新组织力量编纂，于 1992 年 5 月成稿，1996 年出版的。《中国戏曲志·宁夏卷》按照当时宁夏回族自治区的行政区划，将四个地市（银川市、石嘴山市、银南地区、固原地区）所涵盖的 22 个市、县的戏曲事业统计普查入卷。现今，宁夏回族自治区的行政区划发生了变化，现为五个市共辖 22 个县（市、区），本次地方戏曲剧种和戏曲事业普查是依现今的行政区划进行的普查。

（一）剧种现状

剧种的存在依附于专业剧团、民营剧团及民间班社的存在。在《中国戏曲志·宁夏卷》（截至 1982 年）中共计入了 17 个剧种，并对这 17 个剧种作了重点介绍。本次普查显示：《中国戏曲志·宁夏卷》中记录的 17 个剧种中除已记录的 5 个剧种消亡外，其他 12 个剧种在当今也有着不同的命运，有的继续流行，有的已经消亡，其原因也是多方面的。现今越剧在宁夏已消亡，越剧是 1958 年宁夏回族自治区成立时流入宁夏，宁夏越剧团以原上海华艺越剧团为基础，并补充了红花和光艺两个剧团的部分人员成立的，1979 年又从浙江招收 19 名新学员经浙江培训一年后回宁夏演出。因当地人的语言习惯，越剧在宁夏只有极少部分人能听懂，在宁夏一直没有自己的演出市场。1982 年以后，宁夏越剧团多在南方地区演出。1984 年，文化部召开"全国专业艺术团体体制改革座谈会"，下发了《艺术表演团体的建设和改革方案》，宁夏根据会议精神，并针对宁夏的实际情况，政府文化部门作出了对宁夏越剧团不再增加编制、不再调入演职人员、不再增添大型设施、采取过渡予以取消的改革方案，宁夏越剧团在这样的背景下，1985 年实行承包制，赴上海等地演出。1989 年取消宁夏越剧团，将宁夏越剧团改为宁夏文化服务中心，部分人员留在文化服务中心，部分人员到其他单位或团体，1989 年越剧在宁夏消亡。隆德曲子、固原曲子、盐池曲子、中卫秧歌 4 个剧种因依附于民俗活动在 2007 年的戏曲调查中还有个别民间戏曲班社演出。此次普查显示，虽有个别民间艺人在民俗活动表演，但已无民间戏曲班社固定演出，至此隆德曲子、固原曲子、盐池曲子、中卫秧歌 4 个剧种名存实亡。盐池道情现只有一个民间班社在演出，形成了剧团与剧种一对一依存的极端化的关系。中卫道情、银川道情剧种因具有浓郁的乡音乡韵，新剧目创作适宜于当下各种政策、民风宣传，通过此次普查显示，中卫道情、银川道情这两剧种虽没有专业团体常年演出，但在中卫沙坡头区、银川永宁县近几年来出现了一定数量的民营团体和民间班社，这两剧种在当地又焕发了青春。秦腔、宁夏眉户、京剧现今仍活动较多，并担当宁夏戏剧舞台的主要角色，尤其是秦腔、宁夏眉户是宁夏人最喜爱和流传最广的剧种，全区各市县区或多或少都存有国有转企改制团体或民营团体、民间戏曲班社常年演出。花儿剧是 1979 年诞生于宁夏的地方剧种，1982 年以来，花儿剧在宁夏流传范围由银川市、西吉县扩大到海原县、同心县等地，成为当地人们喜爱的剧种之一，并形成了花儿剧朝戏曲方向和音乐剧方向发展的两条道路，花儿剧的韵白及道白不仅发挥花儿的韵律和谐，而且比兴丰富，并有生动感人的语言特色及当地方言和回族语言的特色。1988 年以来，宁夏秦腔剧团与宁夏民族艺术研究所共同成立地方戏实验小组，进行夏剧这一剧种的试验，该剧种在此次普查中，通过专家们的论证，从剧种的完整成熟程度等多方面综合考量，该剧种试验失败，不具有独立的剧种成立条件。

（二）剧团现状

在《中国戏曲志·宁夏卷》中，重点介绍了中华人民共和国成立前的民间班社及宁夏回族自治区成立后的国有剧团及业余剧团，主要重点介绍了国有剧团的发展沿革，对新中国成立以后的民间戏曲班社、自乐班子、民营剧团少有介绍。本次调查中，既对《中国戏曲志·宁夏卷》中记载的专业戏曲表演团体进行了调查，又对民间戏曲班社、自乐班子、民营剧团进行了调查。本次调查显示：

1. 专业戏曲表演团体数量急剧减少

据《中国戏曲志·宁夏卷》中所记载，1982 年，宁夏全区共有 21 个戏曲专业艺术表演团体（国有），其中 16 个专业剧团（永宁、贺兰、灵武县未经自治区人民政府批准而先后成立了秦腔剧团），5 个文工队。至 2008 年，宁夏回族自治区全区共有戏曲专业艺术表演团体（国有）9 个，其中秦腔剧团 5 个、京剧团 1 个、文工团 3 个。2016 年，宁夏回族自治区全区共有戏曲专业艺术表演团体（国有）3 个，即宁夏演艺集团秦腔剧院有限公司、宁夏演艺集团京剧院有限公司、青铜峡市演艺有限公司。宁夏专业戏曲表演团体数量减少经历了以下过程。

1983 年，为了搞好文艺体制改革，宁夏文化主管部门首先在宁夏回族自治区秦腔剧团进行改革试点。1983 年，宁夏秦腔剧团分为两个演出队，实行承包制，要求每年完成演出任务 180 场以上。宁夏秦腔剧团当年就完成了任务，这为 1984 年的文艺体制改革提供了改革的经验。1984 年，宁夏根据文化部下发的《艺术表演团体的建设和改革方案》，对宁夏的所有专业戏曲表演艺术团体进行了改革，这次改革第一借鉴宁夏秦腔剧团试点改革经验，将专业戏曲表演团体逐步推向市场。第二，减少了宁夏专业戏曲表演团体的数量，如将吴忠秦腔剧团、青铜峡秦腔剧团、中卫秦腔剧团、中宁秦腔剧团等秦腔剧团合并为四个秦腔剧团。第三，这次改革改变了一些专业戏曲表演团体的主体发展方向，戏曲表演将不再是其主要业务。如将同心县文工队改为同心县花儿歌舞剧团，西吉县文工队、泾源县文工队、海原县文工队改为以演歌舞为主的乌兰牧骑式的文艺演出队。第四，这次改革决定了越剧在宁夏的命运。为越剧这一剧种在宁夏消亡奠定了基础。

20 世纪 90 年代前后，宁夏戏曲事业经历了第二次阵痛，专业戏曲表演团体继续减少。继 1984 年文艺团体体制改革之后，由于对各专业戏曲表演团体采取了逐步推向市场的方法，对专业戏曲表演团体实行差额拨款的方式，其他由演出收入来补充，同时戏曲市场在 20 世纪 80 年代初期经历了短暂的兴盛之后，迅速进入了演出市场萧条期。1985 年以后，一些县级专业戏曲表演团体无力支撑自身的正常演出，先后有一些专业戏曲表演团体业务处于停滞的状态，有些县级政府在文艺团体体制改革大方向的指导下，对本县存在的专业戏曲表演团体实行分流、瓦解等政策，一些专业戏曲表演团体被撤销，人员被分流到文化馆、文化站等工作，专业戏曲表演团体进一步减少。1990 年，宁夏全区共有专业戏曲表演团体 12 个，其中秦腔剧团 5 个、京剧团 1 个、文工队 6 个。比 1982 年减少了 9 个专业戏曲表演团体。1995 年，宁夏全区共有专业戏曲表演团体 9 个，其中秦腔剧团 5 个、京剧团 1 个、文工团 3 个。这 9 个专业戏曲表演团体生存状况各异。这 9 个专业戏曲表演团体中有 6 个秦腔剧团（兼演眉户），1 个京剧团。其中宁夏秦腔剧团、宁夏京剧团、银川市秦腔剧团、固原市秦腔剧团这 4 个地级市剧团及青铜峡剧团（县级剧团）演出市场相对宽广，演出队伍相对整齐，行当相对齐全，常年在宁夏各市县演出或外省区演出，占据宁夏戏曲演出的主要市场。中宁县秦腔剧团现在演出市场萎缩，只在中宁县及周边县演出，演出场数少，人员结构老化，演出收入少，演员待遇低，生存状况不容乐观。灵武市民族艺术团现在演出业务已停止，演出人员流失严重。西吉县文工团、海原民族艺术团（原海原县文工队）常年来活跃在宁夏南部山区，为花儿剧的发展做出了重要贡献。

2012 年前后，宁夏戏曲事业经历了第三次阵痛，专业戏曲表演团体快速减少，基层专业戏曲表演团体几近消失。2012 年宁夏文化体制改革，宁夏京剧团转企改制为宁夏演艺集团京剧院有限公司，宁夏秦腔剧团与银川市秦腔剧团合并转企改制为宁夏演艺集团秦腔剧院有限公司。青铜峡秦腔剧团单位转企改制为青铜峡市演艺有限公司，全部人员人事合并到青铜峡文化馆，但以年龄为限，部分人员在文化馆工作，部分人员在青铜峡市演艺有限公司工作。从此至今，全区仅有的三家国有企业专业戏曲演出团体，无国有事业专业戏曲演出团体。西吉文工团、中宁县秦腔剧团、固原市秦腔剧团在改制过程中全员合并到文化馆，所有专业人员身份由事业差额改为事业全额，但这三家专业团合并到当地文化馆后，正常的专业戏曲演出急剧减少，戏曲事业发展停滞不前。

2.民间戏曲自乐班社、城市社区戏曲自乐班社（团）发展迅速，民营剧团呈平稳发展态势

1982 年以后，随着改革开放的深入发展，广大农民群众的物质生活有了极大的提高，但在精神文化生活方面相对贫乏，为了满足农民群众的精神文化生活，一些农村民间戏曲自乐班社应运而生，尤其是在 20 世纪 80 年代中期以后，随着国家民族宗教政策的进一步落实，庙会戏的恢复，民间自乐班社更是发展迅速，仅泾源县 1980 年以来成立至今的民间自乐班社就有 15 个。20 世纪 90 年代以后，随着我国国民经济的深度发展，广大农民的经济收入大幅增加，农民精神文化需求高涨，宁夏专业戏曲团体的进一步减少不能满足广大农民的精神文化需求，在这样的历史背景下，民间戏曲自乐班、业余戏曲团体发展迅速，如青铜峡市 1990 年以来，新成立的民间戏曲班社（业余团体）有 10 个；红寺堡开发区是 20 世纪 90 年代中期以后新成立的开发区， 1999 年至今，红寺堡开发区新成立的民间戏曲团体有 6 个。

社区自乐班社数量逐年增加。首先，20 世纪 90 年代中期以后，社区文化兴起，政府部门大力推广社区文化建设，要求在城市居民居住小区建设中各个小区要建设有综合的文化娱乐场所，这为社区自乐班社的出现和存在提供了重要条件。其次，1997 年以后，宁夏文化部门在全区各市县大力推广石嘴山市广场文化经验，要求全区各市县在每一年的 4 月底至 10 月开展各式各样的广场文化活动，各级行政部门、企事业单位、街道、社区积极参加本地的广场文化活动，戏曲表演成为广场文化活动中的文艺表演形式之一，在这样的历史背景及条件下，一些社区自乐班社应运而生，而且有逐年壮大的趋势。现全区有民间戏曲自乐班社和社区戏曲自乐班社约 45 个。

民营剧团发展呈平稳增长趋势。1982 年以后，宁夏民营剧团首先兴起于宁夏首府银川市。自 20 世纪 80 年代至 21 世纪初，全区有民营戏曲团体 4 个，均在银川市。本次调查显示：全区有民营戏曲团体 29 个，主要分布于平罗县、西吉县、原州区、泾源县、沙坡头区、中宁县等地。民营剧团的出现及数量的增长总体上体现出民营剧团的发展离不开当地政府及文化

部门支持与扶持。如银川市富宁街秦腔剧团，其前身是银川市富宁街自强巷老年人文化活动站，于 1985 年成立，开办初期，只有 3 间停自行车的地方，乐器无几，只能清唱一些小折戏。1986 年，政府和有关部门十分重视活动站的工作，拨款 3000 元作为扩建经费，市教育局送给了 50 套旧桌椅，市文化局送给了 40 余件旧戏装，经多方努力，在银川宗睦巷盖了一个 117 平方米的活动场所。活动站又从陕西、甘肃请来戏校毕业的学生，银川市富宁街秦腔剧团自负盈亏，从建立至今，每年平均演出 300 场，均场场爆满，很受老年人的欢迎。银川市南街秦腔剧团是由个人投资建成的。1988 年成立，当时只有一个旧戏箱和几个演员，几把旧乐器，没有固定的演出场所，以流动演出为主。后来在银川市文化局演出公司的帮助下，有了固定的演出场所，帮助剧团增加演员，使剧团的社会效益和经济效益都有了一定的改观。银川市北门秦腔剧团、掌政农民艺术团均在政府文化部门的帮助下解决了自己的实际困难，走上了健康的市场经营之路。

（三）教育及科研机构现状

据《中国戏曲志·宁夏卷》记载，宁夏戏曲人才的培养在新中国成立之前多采取私人带徒传艺、蓄养童伶和建立正规科班学校的教学方式进行。新中国成立之后，则多采用剧团带学员队或举办正规的戏曲训练班的教学形式进行。本次调查显示，宁夏戏曲人才培养的途径有了很大的变化。1982 年以后，剧团带学员队的教学模式消失，有些剧团为了补充人才，经文化行政主管批准设立正规的戏曲训练班。而这种戏曲人才培养模式随着国家教育体制改革的推进，将戏曲人才的培养纳入正规的中等专科学校的教育范围而消失，取而代之的是正规的艺术学校。宁夏于 1985 成立了宁夏艺术学校，设立戏曲班，将戏曲人才的培养纳入正规的教育体制，于 1985 年招收了一个秦腔班和一个京剧班，其主要教学按中专戏曲学校教学大纲进行，戏曲专业课教师主要是从宁夏秦腔剧团、宁夏京剧团两个剧团中挑选优秀的演员、琴师、教员担当。但宁夏艺术学校一直没有自己各个戏曲科目的专业专职教师，其开始的师资都是从剧团中聘请而来的，造成宁夏艺术学校在戏曲人才培养方面一直先天不足。自 1985 年招收一批学员以后一直没有再招收戏曲班。至 1999 年，宁夏秦腔剧团因事业发展的需要，急需增添新鲜血液，经政府及文化主管部门的同意于当年在陕西、宁夏等地招收了一批学生，并送陕西戏曲学校代宁夏培养。2003年，宁夏京剧团因急需补充人才，由宁夏艺术学校代为招收一批学生，这批学生的文化课由宁夏艺术学校的教师任课，但戏曲功课由宁夏京剧团选出老师代为授课。固原市秦腔剧团借固原师范的学生名额招收了十名学员，其学习方式主要是以团带学。

据《中国戏曲志·宁夏卷》记载，至1982年，宁夏戏曲创作研究机构仅有宁夏文化局文艺创作研究室。1983年，在宁夏文化局文艺创作研究室的基础上成立了宁夏回族自治区宁夏民族艺术研究所，该所自成立以来，聚集了一大批戏曲创作、理论研究等人才，先后承担了国家重点项目《中国戏曲志·宁夏卷》《中国戏曲音乐集成·宁夏卷》等工作，创作了许多脍炙人口的戏曲作品，相当一部分作品在宁夏及全国戏曲评奖中获奖。但自20世纪90年代中后期以来，随着一批又一批老同志离退休、调离，创作队伍萎缩，研究力量削弱。现今，该所只有一名戏曲编剧（兼戏剧研究）、一名戏剧研究人员。1982年以后，银川市成立了银川市艺术创作研究室，但该研究室自成立至今没有人涉猎戏剧创作及研究工作。因此，此次调查虽已调查，但并没有列入研究机构中。

（四）演出场所现状

据《中国戏曲志·宁夏卷》记载，至1982年底，全区共有现代化剧院、影剧院、文化馆、俱乐部30多座，均可接待各种形式的大型演出之用。21世纪初，随着宁夏各市县区城区房地产业大规模的兴起与开发，位于各市县区中心区域的剧影院、影剧院、文化馆、俱乐部大部分被拆。本次调查显示，现仅存中宁县剧院、固原市影剧院、青铜峡市剧院，虽设施陈旧，但均可满足各种形式的大型演出之用。本次调查同时显示，自2007年至今，宁夏部分市县新建设了一些剧院，如宁夏大剧院、石嘴山市文化馆剧院、石嘴山市文化馆音乐厅、吴忠市文化馆小剧场、盐池县剧场、固原市会议中心剧场、银川市大阅城剧场、银川市群艺馆剧场等，但剧场专业化建设差强人意，只有宁夏大剧院、石嘴山市文化馆剧院、石嘴山市文化馆音乐厅、银川市大阅城剧场是按综合的舞台艺术剧场需求建设，可以满足各种形式的大型演出，其他各地新建的剧场只适合小型演出或开会所用。

二、宁夏戏曲事业发展中存在的问题

（一）剧目生产能力弱制约着宁夏戏曲事业健康发展

剧目生产能力的强弱主要体现在一个剧团的新编剧目数量的多与少。本次调查发现，宁夏编剧队伍素质和剧本质量不断下降，尤其是当今宁夏戏剧行业中没有专业的编剧人才，制约了宁夏戏曲新编剧目的创新与发展，造成了宁夏戏曲业"巧妇难为无米之炊"，剧目生产能力严重下降。1982年以前，宁夏各市县基本上都有剧团，而且每个剧团都有一至两名自己的专业编剧，自治区直属剧团更多。20世纪80年代中期，随着戏曲艺术团体的调整和事业单位体制改革以及戏曲行业自身的不景气，一些县级剧团和宁夏越剧团被解散或合并，造成了编剧队伍的大量流失。现今，宁夏秦腔剧团、宁夏京剧团、宁夏话剧团、银川市秦腔剧团、固原市秦腔剧团等专业剧团所拥有的专业编剧自20世纪90年代不是退休不再从事编剧事业，就是已经去世；不是退休后移居他乡，就是调离本地。年轻编剧不能及时补充，造成现存剧团专业编剧的严重缺失。现在支撑宁夏戏剧编剧事业的是个别专业编剧及一些业余编剧，这一队伍中具有较高编剧水平的也不足10人。专业编剧的缺失和业余编剧的数量之少，导致创作出来的作品大量减少，高质量的剧本更是难得，这远远不能满足宁夏戏剧市场的需求。直接导致了今天戏剧舞台的贫乏和陈旧。

（二）专业演员业务水平下降、青黄不接、人员数量急剧下降是宁夏戏曲事业健康发展的软肋

本次调查发现，现全区专业国有转企剧团在职人员共计207人，专业演员演技下滑、中间断层、新人跟不上是现有专业国有转企剧团普遍存在的现象。自2012年国有院团转企改制以来，全区各剧团老一辈戏曲艺术家和一部分中年戏曲专业骨干在改革政策的引领下选择了退休或提前退休，宁夏演艺集团秦腔剧院有限公司现有职专业人员共104人，其中编剧0人、演员65人、演奏员21人、工勤人员3人、管理人员15人，中间力量薄弱，青年演员还有待进一步的提高与培养才能成为本团的骨干力量；宁夏

京剧团现有职专业人员 68 人，其中编剧 0 人、演员 33 人、演奏员 11 人、工勤人员 1 人、作曲配器 2 人、管理员人员 3 人、其他 17 人，演员行当不全，年龄梯次结构极不合理；青铜峡市演艺有限公司现有职专业人员 45 人，其中编剧 1 人、演员 26 人、演奏员 15 人、导演 1 人、作曲配器 1 人、舞美设计 1 人，亦存在演员、演奏员年龄梯次结构不合理的现象。

（三）基层专业戏曲团体缺失是制约宁夏戏曲事业发展的最大瓶颈

基层专业戏曲剧团是保护和传承中国戏曲艺术的最后桥头堡，是"以团代传、以戏带团"的传承保护模式的最终实现者。基层专业戏曲剧团看起来虽不如自治区级专业戏曲剧团那么强壮有力，但它们是为自治区级专业戏曲剧团源源不断输送人才的造血细胞，它们才是剧种和戏曲事业得以延续和传承的根本。如宁夏中国梅花奖得主共有 3 人，其中柳萍、张晓琴两位中国梅花奖得主都是在基层团体中培养成长起来的。本次普查显示，1995 年文化体制改革，全区基层专业戏曲剧团存有 7 个，一直延存到 2012 年。2012 年文化体制改革，全区仅存一个专业戏曲演出团体即青铜峡市演艺有限公司，转企改制后的青铜峡市演艺有限公司演出内容也发生了改变，多以歌舞演出为主，戏曲演出为副。虽然近两年来，国家出台了很多促进戏曲事业发展的政策，但因近年宁夏基层专业戏曲剧团缺失导致自治区级专业戏曲演出团体这一肌体失去了基层专业戏曲团体这一造血细胞，使宁夏戏曲事业传承成为无源之水、无本之木，戏曲事业前景暗淡。

三、宁夏戏曲事业健康发展的建议

戏曲事业的健康发展要注重政府主导与社会参与相结合，统筹资源、整合力量，形成振兴发展戏曲事业的社会合力。因此需做好以下几方面：

（一）加强剧团建设

一是保证国有转企戏曲团体基础建设，使每一个国有转企戏曲团体拥有独立产权的排练厅、专属剧场，从而使每一个国有转企戏曲团体拥有自主安排演出的能力，培养固定观众的能力、培训的能力，从而增强自身的造血功能。

二是下大力气重建基层国有事业戏曲剧团。在当下社会环境下要组建一个国有事业戏曲剧团制约的因素太多，在这种情况下，我们可以把目光转向 2012 年文化体制改革中合并到当地文化馆的基层戏曲团体。2012 年文化体制中，将固原市秦腔剧团、中宁县秦腔剧团、西吉文工团全员合并到了当地文化馆，纳入了当地的文化事业中，人员编制由差额事业编转为全额事业编，这就需要自治区政府和文化主管部门及当地政府和文化主管部门共同合力，出台政策，恢复这三个基层专业戏曲团体的演出功能，成为自治区级专业戏曲团体的造血细胞。

三是扶持近几年来出现的民营戏曲团体。近几年来，全区出现 29 个民营戏曲团体。这些民营戏曲团体自主经营、机制灵活，演出队伍短小精悍，在排练小戏方面具有得天独厚的条件，政府和文化行政管理部门可以通过"文化下乡""惠民下乡""送戏下乡"等制定政府采购的方式对民营戏曲团体予以扶持，这样既能使这些民营戏曲团体通过挖掘整理剧目以保护宁夏地方戏曲剧种，又能满足当地百姓的文化需求，服务基层，娱乐老百姓。

（二）建立人才队伍培养机制

一是大力建设戏剧编剧队伍，不仅是宁夏各戏剧团体义不容辞的责任，也是宁夏政府文化管理部门的责任。两者共同打造宁夏戏曲事业所需的生力军和后备力量。这就要求政府文化管理部门要承担起自己的责任，建立编剧人才培养专项资金机制，提供财力保障。其人员可以由剧团在本团选送一批有编剧潜力、熟悉本戏剧行当的人员和文化管理部门在众多的文化事业单位中选派一批有编剧基础的人员共同组成赴外地高等艺术院校学习或参加短期的高级培训班。其次，由文化管理部门牵头，各剧团共同出资聘请一些专家和资深编剧在宁夏举行不定期的编剧培训班，扩大编剧专业的受众面，提高业余编剧的业务水平，使之成长为专业编剧。

二是改革现行戏曲人才教育培养体制，以适应戏曲事业发展的需要。宁夏现行的戏曲教育体制严重制约宁夏戏曲事业的发展，政府及文化管理部门要针对戏曲行业这一特殊艺术门类研究制定新的人才教育培养体制，为剧团补充人才解决后顾之忧。

（三）建立戏剧观众教育与培养体制

把观众从电视机旁吸引到剧场，靠的是通过"教育"使他们了解"戏剧"，"时间"并不能解决问题，"教育"是一个和生命一起延续的过程，观众必须不断从戏剧中获得情感智力的挑战，才能对戏剧有兴趣和热爱。近年来，宁夏演艺集团京剧院有限公司已在这方面做出了有益的尝试，文化主管部门应适时引导和协调，将宁夏演艺集团京剧院有限公司的这种做法继续延续下去，并将其他专业戏曲团体组织起来，参与进来。一是我们可以率先在银川市创新戏剧教育机制，银川市目前有各类中小学69所，我们可以集中国有剧团退休骨干力量成立戏剧教育部，承担起银川市戏剧教育普及的责任。成立的戏剧教育部与银川市教育局协调使戏剧教育先进入小学生音乐课堂，每两周一次戏剧教育，可以向小学生传授戏剧知识，欣赏戏剧音乐、观赏戏剧表演，让他们在自觉的教育中受到熏陶，一个月免费送戏到小学一次，逐渐在学生中养成到剧院看戏的习惯。二是可以与各中学、高等院校联系，建立校园艺术辅导员制，在节假日组织学生到剧场参观，为他们做戏装、道具、舞台灯光设备、音响设备等演示，放映一些剧院演出的戏剧录像，或看一两个简单的演出，让学生逐渐了解戏剧，提高中学生和大学生对戏剧的了解和欣赏水平。

宁夏非物质文化遗产生产性保护
现状与发展思路

马慧玲

宁夏是我国最大的回族聚居区和唯一的省级回族自治区，回族人口占总人口的 1/3，素有"塞上江南 回族之乡"的美誉。2005 年，宁夏全面启动非物质文化遗产传承保护工程。自治区文化厅通过周密部署、精心组织，自治区"非遗"中心对全区民间文学、传统音乐、传统美术等非物质文化遗产进行了深入细致的田野调查。经普查确认的非物质文化遗产资源有2968 项。在此基础上，采取制定政策法规、建立数据库、申报代表性项目、认定传承人、建立传承基地、宣传展示、生产性保护等一系列措施，对全区非物质文化遗产进行了有效的保护传承，取得了显著的成效。截至2016 年，制定颁布了《宁夏非物质文化遗产保护条例》等政策法规 9 个；与甘肃、青海联合申报的"花儿"2009 年被联合国教科文组织确定为人类非物质文化遗产名录项目；回族民间器乐、回族服饰、北武当庙寺庙音乐、杨氏家族泥塑等 18 个项目列入国家级代表性项目名录；自治区人民政府公布了四批非物质文化遗产名录 10 类 83 项；被文化部命名的国家级代表性传承人 9 名，自治区级代表性传承人 143 人，设立自治区级传承保护基地65 个，国家级生产性保护示范基地 1 处。全区基本形成了科学管理、规范保护、有效传承的非物质文化遗产传承保护体系。

作者简介　马慧玲，宁夏文化馆馆长，宁夏非物质文化遗产保护中心主任。

生产性保护指在遵循非物质文化遗产自身发展规律的前提下，通过生产、流通、销售等方式，将非物质文化遗产及其资源转化为生产力和产品，使"非遗"项目在生产与经营流通等环节中得到有效、健康的发展，最终达到科学保护的目的，是近年来在我国非物质文化遗产保护实践工作中归纳提出的保护方式之一。经过多年的探索与实践，生产性保护已经被证明是符合非物质文化遗产自身特点及规律的重要保护方式。但是，随着实践的不断深入，生产性保护所面临的问题和困惑也逐渐增多。特别是对于宁夏这样的西部少数民族地区，如何探索和发展非物质文化遗产生产性保护，实现非物质文化遗产的自我造血功能，成为现阶段"非遗"保护工作的重要任务之一。

一、宁夏非物质文化遗产生产性保护的发展现状

（一）规划引领保护，财政保障传承，保护机制基本形成

一是将"非遗"保护纳入国民经济和社会发展规划。结合宁夏"十二五""十三五"国民经济和社会发展规划及各专项规划的编制实施工作，将贯彻"非遗"法、"非遗"保护利用设施建设、名录体系建设、生产性保护等纳入各项规划统筹安排部署。2016年，宁夏文化厅编制完成了《宁夏公共文化服务体系建设"十三五"规划》《宁夏"十三五"文化产业发展规划》等，制定了《自治区贯彻落实"十三五"时期贫困地区公共文化服务体系建设规划纲要实施方案》，明确了"非遗"保护工作的具体任务和措施。并积极与有关部门对接，将传统医药、传统体育竞技等保护纳入全区中医药、体育事业等发展规划，实现"非遗"保护与各专项规划的有效衔接。二是强化公共财政保障。各级人民政府建立多元投入机制，保障全区"非遗"保护顺利实施。自治区设立"非遗"保护专项资金并逐年增长，由2005年的50万元，增长到2015年的400万元。市、县（区）政府也相应设立了一定专项保护资金。三是形成了区市县三级传承体系，拓宽各级文化馆功能，设立保护机构26个；扶持市县开办"非遗"展示馆，面向社会全年免费开放；扶持建立62个传承基地，签订年度《保护传承任务书》，通过督查考核等形式，评选优秀传承基地并以奖代补；鼓励县（区）利用村（社区）、农民文化大院等文化设施，在乡村开展"非遗"传习、展演和宣传活动。

（二）生产性保护在探索中发展

几年来的实践证明，生产性保护在工作实践中发挥了积极的作用，将非物质文化遗产及其资源转化为生产力和产品，产生经济效益，使项目在生产实践中得到积极保护，实现了项目保护与经济发展的良性互动。从督查情况来看，宁夏越来越多的保护单位及传承人认识到、感受到生产性保护的积极作用，开始了生产性保护的积极探索和实践。回族服饰、回族乐器、杨氏泥塑、汤瓶八诊、回医正骨、贺兰砚雕刻技艺、回族剪纸、二毛皮制作技艺等国家级项目在生产性保护中，其规模不断扩大，发展后劲进一步增强。宁夏尔妹子回乡文化传媒公司、吴忠巧儿刺绣坊、隆德魏氏砖雕有限公司、青铜峡雄鹰皮草集团、盐池恒纳手工地毯公司等将传承培训和生产性保护相结合，采取"非遗+企业""基地+合作社"等形式，不仅使"非遗"项目得到广泛传播、发展，而且形成了开拓市场、脱贫致富的新途径，成为开展自治区级项目生产性保护的典型。

（三）创新保护方式，推进多元化保护传承

支持镇北堡西部影视城打造"北方民俗小镇"，引入剪纸、刺绣、皮影等30多项民间文化艺术项目，保护了一批散落民间的传统艺人，为濒危民间手工技艺提供了展示平台。支持中华回乡文化园利用回族博物馆、回族风情一条街集中展示回族历史文化、民俗风情。支持具有一定市场前景非物质文化遗产进景区、进企业，搭建"非遗"技艺展示和"非遗"产品展销平台，回族服饰、回族器乐、杨氏泥塑、回医正骨、贺兰砚雕刻、回族剪纸、二毛皮制作等国家级项目生产规模不断扩大，产品开发进一步丰富，发展后劲有效增强。海原县建立集设计研发、加工培训、展览展销等功能为一体的剪纸刺绣手工艺品孵化基地，吸引8家剪纸刺绣合作社进驻，并与上海牡丹缘非遗文化有限公司签订合作协议，建立生产基地，带动当地"非遗"产品走出去。

二、非物质文化遗产生产性保护典型案例

（一）宁夏尔妹子回乡文化传媒有限公司

剪纸是与回族刺绣、服饰等相伴而生的悠久的民间艺术。剪纸是宁夏

最为广布的、传播与存续状况相对较好的民间艺术形式。田彦兰自小学习剪纸，加上美术专业功底，让她对回族剪纸有了新的认识和定位，她的剪纸作品颇具民族感、现代感，艺术感染力极强，是宁夏回族剪纸自治区级"非遗"传承人。多年来致力于打造回乡特色品牌，传承回族剪纸文化，依托宁夏回乡文化资源，创立了"孕妹子"回乡剪纸品牌，2010年成立了宁夏孕妹子回乡文化传媒有限公司，成为一家专业从事回族民俗文化艺术品研发与销售的企业。公司主营回族剪纸及其衍生产品，专注研发出一大批既具传统又具现代时尚风格的回族剪纸家居用品、工艺品，形成了创意设计、生产、销售完整产业链。

该公司位于同心县羊绒工业园区内，占地1200平方米，目前员工32人，其中残疾人和留守妇女24人，带动当地160名妇女加入手工剪纸等相关行业，年生产剪纸20000多套，年产值380万元。在运营方式上采用"公司+基地""创意+生产+销售"的商业模式，推动了中国传统手工剪纸作坊式经营模式向产业化、规模化、集约化模式的转变，推动了回族剪纸民俗文化的生活化应用。

（二）宁夏杨达吾德回族民间器乐坊

宁夏回族在长期的文化创造和实践中，传承了宁夏古代地域原生态乐器、西北边塞乐器，演变为被本地回族群众称为哇呜、咪咪、口弦等回族民间乐器。国家级非物质文化遗产代表性传承人杨达吾德，一直致力于回族乐器泥哇呜制作和改良，多年来始终在项目的发展传承与市场化运作之间寻找着平衡。杨达吾德回族器乐坊在泥哇呜制作、研发等方面做了很多尝试，研制出玩具类、乐器类、礼品类、工艺品类等30多个品种的泥哇呜。经过大胆创新改造，研制出双腔体及多腔体泥哇呜，音域能够拓宽到2个八度，拓宽音域后的泥哇呜可以作为专业乐器进行推广。

2002年，由他创办的杨达吾德回族民间器乐坊作为自治区非物质文化遗产传承保护基地，承担着传承泥哇呜制作、演奏技巧的任务，而且逐渐发展成为集设计、研发、生产、销售为一体的哇呜制作工作室。最初，为了打开销路，他曾背着泥哇呜走遍全国三分之一的城市，摆地摊卖泥哇呜。如今，他的器乐坊占地面积460平方米，有陶瓷制作室64.3平方米，现有窑炉 1 座，以及粉碎机、球磨机、拉坯机、练泥机等现代化生产设备。在市场需求量比较大的时候，他的器乐坊里聘用 4 位工人，一天能做 200 来个泥哇呜。他的器乐坊每年有三四万件泥哇呜进入市场，销往宁夏、北京、大连、湖南、湖北、上海等 20 多个省市，有的甚至还进入韩国和日本。但由于泥哇呜市场需求量有限，其收入也只能勉强维持开支。

（三）宁夏隆德杨氏彩塑文物艺术有限公司

杨栖鹤是泥塑的第四代传人，杨氏泥塑国家级代表性传承人，他继承了前三代传人的技艺，吸收借鉴民间各种艺术之长，初步形成了集泥塑、绘画、木刻、章雕、剪纸、烫花为一体的"杨氏家族艺术"风格。为了适应市场经济的需要，杨氏家族于 2008 年成立了"宁夏隆德杨氏彩塑文物艺术有限公司"，充分利用杨氏泥塑家传的技艺进行创作，不断扩大生产规模。目前，该公司共有专业技术人员 20 多人，公司每年营业额达 100 万以上，2014 年公司自筹资金翻新改造厂房 360 平方米，同时建成杨氏泥塑博物馆 130 平方米。2015 非物质文化遗产保护利用设施建设项目为杨氏泥塑投建 2000 平方米厂房。近年来，公司采取"走出去"的发展思路，在甘肃、陕西、新疆等地雕塑了许多宗教造像，成为宣传宁夏泥塑的一张亮丽的名片。

（四）闫家砚坊

贺兰石乃宁夏五宝之一，用贺兰石精雕所制的砚台具有呵气见水，易发墨而不损毫，余墨多日不干不霉，因贺兰石呈天然褐紫、豆绿两色相互掩映叠加，故制砚艺人需要根据石料自然形状、纹理、走向、色彩等因材造型，因材施艺，注重作色的特点。贺兰砚雕刻技艺可考历史三百余年，贺兰砚制作需经过选料、造型图案设计、打砚坯、开砚膛、精雕细琢、打磨、题字落款等工序。

贺兰砚制作技艺国家级传承人、闫家砚第四代传人闫森林，是自治区一级工艺美术大师。他继承了闫家砚注重因材施艺、相石俏彩的艺术特点，艺术风格内敛、含蓄。2008 年，由自治区"非遗"保护中心支持，进入银川文化城创办了"闫家砚坊"从事贺兰砚制作、销售和技艺展示。2011 年，他受聘为宁夏职业技术教育学院客座教授，为工艺美术专业学生讲授

《贺兰砚制作技艺》，打破了传统的师傅带徒弟的传承方式，使"非遗"传承进入了高校，每年有 1200 人次接受贺兰砚雕刻基本技艺的传授。2013 年 6 月又有 8 名徒弟正式拜他为师，开始学习"闫家砚"制作技艺。闫家砚坊坚持选用原产贺兰山的石料，坚持纯手工雕刻，取得了良好的经济效益。

三、非物质文化遗产生产性保护存在的问题

一是从事"非遗"生产性保护的主体形式多为家庭作坊、工作室及小型合作组织，规模多属于小微型企业，制作人员少，技术设备落后。

二是很多项目濒临后继无人的困境。培养的"非遗"传承人对"非遗"深厚的文化底蕴的认同和热爱比较弱，一些项目培养出的只是简单的技术工人。

三是缺乏设计创新，产品形式单一，包装简陋。缺乏创意设计人才对产品进行形象提升，设计作品及其外包装大多还停留在传统形式中，未能与现代设计进行整合，优化研发出更能够让大众接受的创意包装及产品。

四是"非遗"传承人大多受文化程度等限制，维权意识较弱，缺乏商标、品牌保护意识，导致机械化仿制品、假冒产品充斥市场，形成不良竞争。

五是缺乏宣传，营销手段落后，销售渠道狭窄。

四、非物质文化遗产生产性保护思路

（一）坚持传统技艺本真性和核心技艺的整体性原则，扩大生产规模

开展生产性保护应传承其核心价值，坚"非遗"项目的手工制作技艺和传统工艺流程这一重要性质，这是开展此类"非遗"项目保护工作的底线。在生产实践过程中，一旦冲破这一底线，项目的制作工艺被完全机械化，那将会断送这些非物质文化遗产的生命，从而也就丧失了它的文化价值和艺术魅力。以贺兰砚制作项目为例，大量机器雕刻的贺兰石产品充斥市场，机器雕刻成本低、产量大、价格低廉，而且许多消费者难以辨别，往往被低廉的价格吸引，导致秉承传统技艺的产品因耗时费力、成本高而

处于市场竞争的弱势，价格战把传统贺兰砚制作及雕刻工艺逼入死角。因此，在面对"非遗"项目的开发与利用问题上，我们必须要保持一种理性的思维，遏制过度开发、盲目开发现象的发生也是我们保护工作的一个重要任务。

（二）对可能进行生产性保护的项目进行细化分类，分别制定保护、开发及营销策略

针对"非遗"项目的不同及环境地域、企业自身规模等问题，应采取不同的保护方式。以宁夏地区来说，那些本身就带有十分成熟的业态形式，不需要多加改造创新即能流通运营得比较良好的生产性项目，比如张氏回医正骨、回族汤瓶八诊、羊羔酒酿造等，在保证活态传承及核心技艺的真实整体性基础上，顺应市场需求发展扩大生产，适度发展企业规模，鼓励其建立项目展示厅，加入文化观光，宣传带动产品销售；对于那些具备丰富原材料、充足生产人员等扩大生产的条件的项目，比如剪纸、编织等可以引导其走规模化路线；对于那些艺术价值相对较高、制作工期长、对制作人员要求高的项目，如贺兰砚、泥塑等，应该制定高端化、品牌化的营销发展策略。针对这些不同的项目，必须制定相应的针对性的保护开发策略，决不能一刀切、一锅烩。

（三）注重"非遗"产品的个性和差异，保持文化产品的独特品位

现在，一些"非遗"手工技艺产品逐渐成为彰显文化价值的艺术产品，艺术产品的评价标准要求独创性、唯一性、差异性和个性化，因此探讨其独特的品位要比单纯追求产业规模重要得多。以自治区级非物质文化遗产代表性传承人、宁夏尕妹子回乡文化传媒有限公司田彦兰的剪纸作品来说，她能够将现代绘画艺术与传统剪纸手法相结合，其剪纸作品不仅具有鲜明的回族地域特色，同时具有大胆、夸张、浪漫主义的剪纸创作艺术风格，可以说在剪纸艺术市场上独树一帜、风格鲜明。相比之下，宁夏多数剪纸艺术品仍然处在对回族剪纸文化内涵、底蕴挖掘不足，产品个性模糊的阶段，在文化产品的独特性和代表性上稍逊一筹，这也是宁夏大多数生产性保护企业存在的问题，只有具备鲜明的个性和文化品位的产品才能在市场上站稳脚跟而不被淹没。

（四）在保持传统手工技艺基础上，引入现代设计理念，使得产品获得更加广泛的社会认同

在保留传统"非遗"产品生产方式的基础上，关注到当代人的审美心理和审美观念，融入或引进现代的设计理念，设计研发一些具有时代感和现代气息的产品，从而在现代市场竞争中占有一席之地。以剪纸的生产实践为例，传统的剪纸大多作为窗花被老百姓认可，但它的这一传统功能随着人们的生活习惯的改变早已发生重大变化，而今需要在保留传统剪纸技艺的同时研发一些新样式和新功能的产品，如剪纸艺术礼品、剪纸衍生品等，将剪纸的原有功能进行转变，赋予它新的内容，注入新的活力。目前宁夏类似剪纸产品远销全国各地甚至欧美等地，不仅保留住了剪纸这一传统手工技艺，也产生了很好的经济效益和社会效益，这是一个值得认真总结和关注的发展思路。

（五）强化宣传及包装效应，扩宽销售渠道

一个好的产品需要有独特的个性化包装和装饰，这是产品进入现代市场的不可忽视的重要环节。如宁夏一些优秀的"非遗"项目，回族民间乐器泥哇呜、回族刺绣、泥塑等，在生产过程中坚守着百年传承的技艺，产品十分精美，但有的包装过于简陋，缺乏创意和民族特色，包装未能起到提高作品品味、提升作品影响力的作用，不仅打不开市场，产品的经济价值当然也达不到理想的效果。要解决这一问题，需要有创意设计者、"非遗"专家和传承人的共同介入，共同探讨、设计更加适合各类"非遗"产品的兼具文化内涵和现代创意的产品包装。同时，为拓宽销售渠道，有关部门要尽可能为传承人组织生产、授徒传艺、展示交流等活动创造条件，积极引导，鼓励将传承人的代表作品列入礼品采购清单并优先采购；支持和帮助传承人开展产品宣传，利用报刊、电视、网络等媒体宣传非物质文化遗产产品的文化内涵和审美价值。同时，近年来随着电商的发展，网络营销也是"非遗"产品的理想销售平台。

"十二五"时期宁夏少数民族古籍整理出版事业建设发展报告及未来发展目标

雷晓静

随着国内少数民族古籍整理出版工作的广泛启动，抢救保护与整理研究少数民族古籍文献工作已经提升到国家层面，成为一种政府行为。按照习近平总书记在中共中央政治局第十二次集体学习时强调的要"系统梳理传统文化资源，让收藏在禁宫里的文物、陈列在广阔大地上的遗产、书写在古籍里的文字都活起来"的要求和指引，在强有力的组织保障之下，宁夏的少数民族古籍整理出版工作特色优势明显，在全国的知名度和影响力不断增长。"十二五"期间，其专业队伍不断成长，机构建制、学科建设、搜集整理、研究出版等方面都迈上了新的更高的台阶。尤其是回族、党项族（西夏）古籍的抢救整理与研究出版，走在了全国同行前列。但特种专业人才缺乏、数字化建设相对滞后等问题日益凸显。"十三五"开局之年，宁夏相关单位拟关注新形势，确立新目标，进一步脚踏实地，放开思路，推动宁夏少数民族古籍整理出版事业向前发展。

一 "十二五"时期宁夏少数民族古籍整理出版现状

（一）机构建设与专业队伍状况

宁夏的少数民族古籍整理出版队伍主要集中在宁夏社会科学院、宁夏

作者简介 雷晓静，宁夏少数民族古籍整理出版规划工作领导小组办公室主任。

大学、北方民族大学、宁夏医科大学、宁夏人民出版社和宁夏图书馆。其中4家——宁夏少数民族古籍整理出版规划工作领导小组办公室（1985年成立，挂靠于宁夏社会科学院）、宁夏大学西夏学研究院（兼挂1982年成立的宁夏大学古籍整理研究所牌）、宁夏古籍普查保护中心（2007年成立，挂靠于宁夏图书馆）和宁夏人民出版社古籍编辑部（2012年成立），是拥有专业岗位编制的古籍整理研究出版机构。其行政上由自治区政府和宁夏社会科学院、宁夏大学、宁夏图书馆、黄河出版传媒集团管理，业务上兼受国家民委全国古籍整理研究室、全国高等院校古籍整理研究工作委员会、国家图书馆古籍保护中心和中国出版协会古籍出版工作委员会的指导。实际工作中，除宁夏少数民族古籍整理出版规划工作领导小组办公室（以下简称宁夏少数民族古籍整理办公室）和宁夏大学西夏学研究院拥有一定数量的专职工作者外，多数人员为兼职。这支队伍耐得住寂寞，甘钻尘封枯燥的故纸堆，无怨无悔地在实践中摸索前进，在工作中不断积累经验、提高素质，已成长为宁夏少数民族古籍整理研究出版队伍的中坚力量。

2015年8月，宁政办发〔2015〕93号文件《自治区人民政府办公厅关于调整部分议事协调机构的通知》，确定了以姚爱兴副主席为组长，自治区政府办公厅副秘书长、自治区民委主任、社科院院长为副组长，相关厅局领导和专家为成员的新一届宁夏少数民族古籍整理出版规划工作领导小组。这一调整，不仅体现了自治区政府对少数民族古籍工作的进一步重视和支持，为此项事业的发展提供了强有力的组织保障，也在提升宁夏少数民族古籍事业地位、稳定专业队伍等方面作用明显。

（二）整理出版状况

宁夏的少数民族古籍整理出版工作重点是对回族和西夏党项族古籍文献的搜集整理、研究出版。"十二五"期间，这项工作很有成效，成绩喜人。

宁夏的回族古籍整理出版工作是在余振贵、杨怀中等区内外老一辈回族学专家的指导带领下进行的，加上有国家民委和宁夏党委、政府及各地相关单位的支持，有长期坚守抢救整理阵地队伍的认真努力，无论是抢救搜集的文献资料，还是整理出版的古籍成果，大多起点高、影响大，得到业界的充分肯定。由宁夏社会科学院主编，甘肃文化出版社和宁夏人民出版社联合出版的《回族典藏全书》，篇幅浩繁，影响深远，被誉为"回族的四库全书"。在牵头组织编纂国家"十一五""十二五"重点文化项目《中国少数民族古籍总目提要·回族卷》（以下简称"总目提要·回族卷"）工作中，我们宁夏后发赶超，走在了整个项目工作的前列。2008 年和 2014 年，这个由 29 个省（区、市）参编的"总目提要·回族卷"之铭刻类、文书类、讲唱类成果陆续面世。在这项目工作的带动下，各省（区、市）的回族古籍抢救整理工作走向深入，北京、山东、河南、河北、湖北、湖南、广东、甘肃、青海等回族较多的省市，借助地方"总目提要·回族卷"编纂团队和项目调研掌握的珍贵资料，出版了本地的回族古籍文献编目、古籍提要、家谱选编、碑铭集注、史料辑录、口碑传说等一大批回族古籍文献整理成果，其中不少资料在市面上难以寻觅，连专门的研究人员也以为已经遗失，现在又得以面世。有些成果是对尘封多年、散轶模糊地方文化史料的系统整理；有些是对某种古籍价值的深入挖掘认识；有些是对错谬记载的甄别更正；有些是为便于今人使用而进行的标点译注，它们是人们了解认识回族历史社会和深入研究回族发展历史的重要依据，也是宁夏牵头全国回族古籍协作工作的重大收获。

"十二五"期间，按照自治区原主席王正伟同志 2008 年在《回族典藏全书》首发式上"希望宁夏社会科学院要以《回族典藏全书》的出版为契机，继续发挥优势，趁势而上，努力工作，再创新业绩"的要求，以宁夏少数民族古籍整理办公室为龙头的宁夏回族古籍整理出版，集中力量全面抢救并系统整理了 1949 年前印行，面临佚失的回族历史报刊文献。在自治区政府支持下，完成了《回族历史报刊集成》的抢救搜集工作；与北京市民委、云南大学、宁夏大学等单位合作，整理出版了《云南清真铎报》（上下册）、《中国回教学会月刊》（全一册）等珍贵回族文献，推出大型回族报刊文献丛书《回族历史报刊文选》（10 卷 27 册），这些成果填补了我国无系统整理回族历史报刊的空白，为人们认识研究清末与民国时期的回族翻开了内容丰富的一页。《中国清真寺匾额图志》《明末清初回族三大译著家伦理思想研究》《回族古籍文献研究》等学术著作的出版，开拓了宁夏回族古籍文献研究新领域。

在西夏党项族古籍整理研究出版方面，由中国社会科学出版社 2012 年出版的《李范文西夏学论文集》，收录了著名西夏学专家李范文先生西夏学研究的重要成果，具有很高的学术价值和文献价值，必将成为西夏学研究的重要资料文库。近几年，宁夏大学西夏学研究院异军突起，建立起由 10 余人组成的高素质专业团队，成为国家重点实验室基地。他们以西夏文献、黑水城文献、宁夏地方文献整理研究为重点，出版了《中国藏黑水城汉文文献整理研究》《西夏志略校证》《西夏纪事本末（校正本）》《他者的视野——蒙藏史籍中的西夏》《黑水城出土钱粮文书专题研究》《西夏姓氏辑考》等一批西夏古籍整理成果，引起业界的广泛关注。他们还主持了《党项与西夏资料索引》《西夏文佛经发愿文整理研究》《西夏碑石刻整理研究》《西夏书辑补校注》《〈西夏姓氏录〉整理研究》等项目，高频次组织召开的西夏学学术研究会议，将宁夏的西夏古籍整理研究推向全国前列。北方民族大学高薪聘请国家顶尖级西夏古籍整理专家入驻该校西夏研究院，主持《基于北大方正典码之上的西夏文字录入与输出》、参与国家文化工程"中华字库"等重大科研项目，在研发西夏文字的电脑录入软件等方面有所作为。

宁夏地方小，人员流动渠道窄，少数民族古籍整理队伍人虽然不多，但是团队协作精神强，合作密切。"十二五"期间，除近百篇相关学术论文多是个人独立完成外，重分量项目、规模较大的成果，多是协同作战、横向联合、共同努力的结果。这些成绩得到了教育部、国家民委及自治区党委、政府、民委、教育厅等多家机构的认可和多种奖励。

与此同时，长期在全国各地搜集少数民族古籍文献，连续多年组织和主持国家级、省部级重大项目，使宁夏积累了丰富的古籍抢救整理和重大项目设计、申报、组织等方面的经验，为宁夏今后的工作奠定了坚实基础。

（三）学科建设初见端倪

"十二五"以前，宁夏的少数民族古籍整理学科建设尚属空白。进入"十二五"后，我们开始注意加强本学科的建设。继宁夏大学西夏学研究院被列为自治区重点学科之后，2014 年宁夏社会科学院创立了"民族文献学重点扶持学科"，并以此为契机，获得"民国时期回族知识分子群体研究"

"多维视野下的《月华》研究""回族清真寺文化研究"等多个国家和省部级社科基金项目,并在海原县创建了"民族文献学"调研基地,有序推进着培养专业人才、深化学术研究等方面的工作。相信随着宁夏少数民族古籍整理出版队伍综合素质的不断提高,宁夏的民族文献学科将日趋成熟,抢救整理和研究出版少数民族古籍的水平将登上更高台阶。

二、瓶颈问题

(一)专业人才短板明显

回族、党项族(西夏)古籍,是中国文化、阿拉伯文化,或说是儒家文化、伊斯兰教文化、佛教文化、游牧文化等多文化交融汇通的历史文化遗产。若没有广博的儒、伊、佛宗教知识,不掌握一定的汉语、阿拉伯语、波斯语,不认识西夏文字,便很难对这些具有鲜明宁夏地方特色的少数民族古籍,开展高水平的抢救整理与研究出版。

现存回族古籍文献,除以中文形式存在外,还有以阿拉伯文、波斯文和蒙古文、藏文、傣文等多种文字存藏的古籍。纵观宁夏三十多年的回族古籍文献整理成果,大多是以汉语言文字为主体的整理成果。究其原因,就是缺少汉语言以外的其他文种专业人才,乏有胸怀全球通史、站在世界高度审视整理回族古籍的人才。目前,国内阿拉伯文、波斯文等方面的人才并不少见,但因其语言的实用性和国家对外开放的高需求,这方面的人才大多走进经济领域,稀有专门从事回族古籍文献整理工作者,致使宁夏回族古籍整理出版工作长期以来一条腿走路,短板十分明显。近几年,黄河出版传媒集体借助社会力量出版了《真镜花园》《回族道德诗歌通俗读本》等百余种精品阿拉伯文、波斯文系列丛书,其中有少量的古籍整理译作开启了宁夏外文古籍整理出版的新纪元。但相对于丰富繁盛的回族古籍文献而言,远远不够。长期无力整理出版汉文字以外的珍贵回族古籍文献,势必影响宁夏回族古籍整理出版的发展,动摇我们在全国回族古籍整理协作出版牵头省区的地位。增补短板,改善多语种专业人才缺乏的现状,是宁夏今后回族古籍整理出版事业要急切解决的问题。

西夏党项族古籍的整理研究,同样面临多在汉语言古籍中发掘整理,自说自话的情况。由于西夏断史，党项族消失，其语言少有需求的实际情况，和社会上时不时出现的还有没有深入学习西夏文、研究西夏党项族古籍必要的声音，使得学习西夏文字、识读西夏文者长期凤毛麟角，难以支撑国内对西夏文古籍文献发掘整理的重任。古籍承载着我国丰厚的传统文化，如何通过古籍整理，更好地继承发展中华优秀传统文化，需要政府和古籍整理工作者共同努力。

（二）数字化建设任重道远

在数字化技术广为使用、数字神话逐步变为现实的今天，谁拥有更丰富更便利的数字资源，谁就有可能引领时代潮流，走在行业前列。经过三十多年不懈努力，宁夏已成为国内回族、党项族西夏古籍文献纸质资料存量最多最权威的地方之一。尤其是回族古籍文献藏量无能敌者。近十年，古籍文献持有部门陆续组织开展了古籍扫描翻拍等数字化工作，正式出版的这方面成果也均有电子版存盘。改革开放以来，我国古籍文献的抢救整理一直是在党和国家的主要支持下开展进行，将这些数字化后的成果无偿提供给广大需求者，让广大民族文化研究者、爱好者方便地阅读使用它们，共享改革开放三十多年的成果，是近年的国策也是广大需求者的期盼。可惜受社会多种因素的制约，需求者很难看到数字版，更别提便利地使用它们。如何让它们早日进入国家大数据库、登上世人可共享的大平台，以持续保持宁夏在回族和西夏古籍文献方面的优势，让它们为开放宁夏、富裕宁夏、和谐宁夏、美丽宁夏服务，是宁夏少数民族古籍整理出版者未来必须考虑的问题。

三、未来发展目标

国家"一带一路"战略和丝路建设的新形势，给少数民族古籍整理出版事业提出了新的要求。宁夏若想继续保持回族和西夏党项族古籍文献搜集整理与研究出版的领先优势，必须进一步在加强队伍建设的基础上，放开思路，关注形势，确立新目标。

以回族古籍整理工作为例，2016年初宁夏少数民族整理出版规划工作领导小组会议上，审议通过的《2016—2020年宁夏抢救搜集回族古籍文献目标与计划》和《2016—2020年回族古籍整理出版规划》，提出下一个五年中，宁夏回族古籍整理出版工作要在拓宽抢救领域、开辟整理思路、推出亮点成果。

（一）拓宽抢救搜集领域

将抢救回族文献的下限，由过去的1949年延伸到1999年。今后，凡是1999年前刊行编制，涉及回族文化的书籍、报刊、铭刻、文档、口碑等资料，都将纳入抢救搜集和整理研究的范围，从《回族金石图鉴》入手，在新的理念下整理回族铭刻文献。

（二）开辟整理出版新思路

在了解掌握我国各级自治地方发展历史的基础上，组织编写我国首部《回族自治地方史话丛书》，用民族自治地方在改革开放和现代化建设中的业绩成就，印证我国民族区域自治制度的优越性；增进各民族之间的相互了解，加强中华各民族之间的团结，凝心聚力，共创辉煌。

（三）着手搜集有关中阿交流历史、文化交融等方面的古籍文献资料，在条件成熟时，整理出版《中阿文化交流实录》

目前《回族金石图鉴》项目工作人员在编审委员会的指导下，正深入到相关省（区、市）开展金石调研，力争让《回族金石图鉴》（全十册）的出版成为"十三五"期间宁夏回族古籍整理出版工作的一大亮点。此外，宁夏大学、北方民族大学、宁夏人民出版社等相关单位，也计划整理出版《重印"回族古籍丛书"》《近东访问日记》《中国与阿拉伯海上交通史》《刘智文集》《王静斋文集》等多种珍贵回族古籍。只要将这些规划计划落到实处，"十三五"期间宁夏就将继续保持回族古籍整理研究在国内的领先地位。

宁夏少数民族古籍文献整理出版事业，还希望能搭上《宁夏"十三五"规划纲要》提出的在人文交流合作工程中"建设阿拉伯国家研究院，打造中阿合作高端智库；建设中阿国际学院、宁夏大学亚马逊云计算学院、自治区阿语学院"的顺风车，在缺乏汉语言以外其他文种专业人才和建设宁夏少数民族古籍数字平台的事业发展瓶颈上有所突破。

宁夏公共文化消费市场培育路径探讨

万亚平

公共文化消费是指用公共文化产品和服务来满足广大群众精神文化需求的一种消费，公共文化消费不仅包括来自精神和文化产品方面的消费，也包括对负载文化精神的各种物质性消费品占有、享受和使用。在新的经济社会形态中，公共文化消费被赋予新的内涵，呈现出大众化、高科技化、多样化、差异化、个性化、专精化、全球化等特征。

公共文化消费市场就是指公共文化资源交易的场所，也就是公共文化产品进行供求交换的场所，它应当是针对群众文化消费需求提供公共文化产品生产和服务供给的平台、空间和环境。如国家建设的公共图书馆、文化馆、博物馆、展览馆、科技馆、剧院等，都是公共文化产品交换的场所。

一、宁夏公共文化消费市场基本现状

（一）公共文化消费基础设施状况

1. 公共文化设施

截至 2015 年，全区有公共图书馆 24 个、设置率 86%，文化馆 25 个、设置率 89%，乡镇（街道）文化站 231 个、设置率 97%，扶持建立行政村

作者简介　万亚平，自治区文化厅公共文化与"非遗"保护处副处长。

（社区）文化活动室 2146 个、民间文艺团队 1136 支、农民文化大院 730 个，培育发展"清凉宁夏"等特色文化广场 40 多个，农家书屋覆盖全区所有行政村。

2. 文化产业单位

2015 年末，全区共有文化产业单位 10421 个，其中：法人单位 2980 个，占 28.6%，个体经营户 7441 个，占 71.4%。2015 年，全区文化产业实现增加值 64.94 亿元，增长 10.6%，文化产业增加值占（GDP）的比重为 2.23%。

（二）文化产品供给情况

一是以保基本为前提，宁夏近年来注重对满足群众阅读、听广播、看电视、赏电影、看戏、健身等基本文化需求的供给，基本保障了群众最基本文化消费。主要表现在：依托公共文化设施进行的免费开放服务；激励创作生产思想性、艺术性、观赏性相统一的优秀文化艺术产品，支持秦腔等优秀地方戏曲和民族文艺节目的发展推广；提高微电影、微视频等网络文化产品生产能力，促进优秀传统文化和当代精品文化的网络传播；活跃群众文化生活，突出宁夏特色，举办中阿博览会中阿文化艺术展示周、中国西部民歌（花儿）歌会等重大品牌文化活动，举办"欢乐宁夏"群众文艺会演、特色广场文化展演等；依托节庆举办的群众文化活动；以"非遗"保护和传承为主的活动等。

二是文化产品市场化途径的供给。宁夏的文化产业从 2006 年起步，2009 年以后初步发展壮大，2012 年党的十七届六中全会召开后的得到迅速推进。产业主要涉猎于艺术展演、文体娱乐、创意研发、文化旅游、博览会展、工艺制作、出版印刷、广播影视、动漫游戏、包装设计等业态。

（三）城乡居民文化消费状况

随着宁夏经济的持续稳步发展，城乡居民收入水平不断提高，城乡居民在公共文化消费方面的支出也有了不同程度的增长。据统计：2013 年，全区城镇居民人均文化消费支出 970.9 元，比 2012 年增长 3.8%，比 2008 年增长 67.7%；农村居民人均消费支出 401 元，比 2012 年增长 2.0%，比 2008 年增长 107.8%（见表 1）。由此可见，城乡居民对文化消费的认同以及对文化消费支出所表现出日益高涨的热情，证明文化消费已逐渐成为民生的重要内容。

表 1　居民文化消费支出变化情况

指　　标	2008 年	2009 年	2010 年	2011 年	2012 年	2013 年
城镇居民人均消费支出(元)	9558	10280	11334	12896	14067	15321
农村居民人均消费支出(元)	3095	3348	4013	4727	5633	6465
城镇居民人均文化娱乐及服务支出(元)	579	638	802	874	935	970.9
农村居民人均文化娱乐及服务支出(元)	193	217	241	324	393	401.0

二、公共文化消费市场培育优势分析

(一) 背景优势

从我国看，党的十八大将文化建设纳入中国特色社会主义"五位一体"战略布局，进一步丰富公共文化建设新内涵；党的十八届五中全会对文化建设的总体要求和根本任务进行再部署，提出"十三五"时期基本建成现代公共文化服务体系，强调促进公共文化服务与文化产业融合发展，推动文化产业成为国民经济支柱产业，这对于进一步扩大居民文化消费，培育发展文化消费市场指明了方向。

(二) 资源优势

宁夏地处北方草原与黄土高原、游牧文化与农耕文化的过渡地带，是我国最大的回族聚居区，历史悠久，文化遗存丰厚，古老的黄河文明、神秘的西夏历史、浓郁的回乡风情、厚重的红色记忆交相辉映，形成了特色鲜明的民族文化、民俗文化和节日文化，多元化、多样性文化和谐共生。这些文化资源积淀，成为丰富公共文化消费供给、发展文化产业和培育壮大特色文化消费市场的厚实基础。

(三) 基础优势

基本公共文化消费供给呈现良好发展态势。公共文化财政投入逐年增加，基础设施明显改观，群众文化活动丰富多彩，公共文化服务队伍不断壮大，公共文化产品生产和供给能力不断增强，社会力量参与支持公共文化力度不断加大，优秀传统民族文化进一步弘扬，具有宁夏特色的回族文化日益彰显，文化"请进来、走出去"步伐不断加快，公共文化的影响力明显增强，区、市、县、乡、村五级公共文化服务体系基本形成，人民群众基本文化权益得到有效保障。

三、公共文化消费市场培育的主要问题

（一）基本公共文化消费市场存在短板

1. 用于消费的基础设施不完备

全区市、县（区）公共图书馆、文化馆设施短缺或现有设施陈旧简陋，同时，在全区整体布局中，北部与中南部之间差距大、不均等。固原市、利通区、盐池县、沙坡头区没有图书馆，利通区、红寺堡区、沙坡头区没有文化馆；灵武市、青铜峡市、原州区、隆德县、彭阳县图书馆和文化馆建成年久，建筑面积小、结构不合理、功能不完备，承载不了现代公共文化服务所必备的项目。

2. 用于促进公共文化消费的财政投入不足

《文化部 2013 年文化发展统计公报》表明：2000—2013 年，全国文化事业费投入占国家财政总支出比重在 0.38%~0.40%，其中 2013 年为 0.38%。宁夏文化事业费投入虽然逐年都有一定的增幅，但投入比重仍低于全国平均水平。据自治区财政公布的 2014 年 500 万元以上项目资金安排数据：全年总支出 5153968 万元，在公共文化事业方面投入 11130 万元，仅占财政总投入的 0.21%。市、县（区）地方财政虽然对当地文化事业都有一定投入，但大多主要是针对一些大型活动临时给予预算安排，没有将公共文化消费纳入年度财政预算，予以通盘考虑。

3. 支撑公共文化消费市场的人才匮乏

公共文化单位人员编制少，现有工作人员老化严重、综合服务能力不强，难以适应现代公共文化服务新要求。尤其在基层公共文化单位，随着群众文化需求的增长，服务项目和内容不断增加，但人员编制和综合素养

却得不到及时扩充和提升。据统计，全区图书馆、文化馆、文化站工作人员平均年龄达43岁，有中级以上职称者仅占总人数的30%，公共文化服务缺乏专业技术支撑，更显生机活力不足。乡镇文化站人员短缺，懂业务的"文化人"更是稀缺，现有工作人员90%属于乡镇在编职工兼职，其余只能靠"三支一扶""大学生村官"等志愿者临时顶岗开展业务活动（见表2）。

表2 全区公共文化单位工作人员状况表（2014年调查数据）

单位	从业人员（人）	职称	平均年龄（岁）		专兼职情况	备注
			高级	中级		
文化馆	707	44	202	42	专职	
图书馆	513	41	185	45	专职	
乡镇文化站	441	2	32	43	兼职	从业者为乡镇干部或志愿者
合计	1661	87	419	43		

（二）市场化的文化产品水平低

一是产业发展水平较低。全区文化企业规模普遍偏小、水平不高，丰富的文化资源优势尚未转化为产业优势；产品科技含量相对较低，产业链条短，种类单一，"小、散、弱"的问题相对突出；传统业态多，新兴业态少，产经销一体化程度低，市场竞争力不强；能真正代表宁夏的品牌少，知名度和影响力不高。二是产业发展资金投入少，渠道单一。与其他省区相比，宁夏文化产业专项资金少，一些市、县（区）虽然设立了文化产业发展专项资金，但真正用于培育文化企业、扶持文化产业发展的资金不多。如2013年，全区文化体育与传媒经费预算支出为16.6亿元，占全区财政一般预算总支出的1.8%，与2007年的2.9%相比下降了1.1个百分点。文化产业固定资产投资额占全社会固定资产投资额比重由2008年的2.46%下降到2013年的1.25%，下降1.21个百分点。总体而言，政府扶持专项少，多渠道支持文化产业和市场发展的社会化格局尚未形成。三是文化产业人才紧缺。全区多数县（市、区）文化行政部门中没有专门的从事文化产业的机构和人员，无人办事问题还比较突出。在企业经营上，懂文化、会经营、善管理的复合型人才奇缺；在传统民族民间文化上，从业人员数量不足，素质偏低。特别是国家和自治区级工艺美术大师、高层次文化创意人才屈指可数，艺术行当的文化名家、名演员、名编导严重短缺。人才的短缺成为制约宁夏文化产业市场发展的瓶颈问题。

四、公共文化消费市场培育对策建议

（一）为百姓提供更加完善的公共文化消费场所

一是完善城乡公共文化服务场馆。加快自治区重大文化设施建设，如红旗文化大厦、京歌大厦、宁夏美术馆等。完善地市级公共文化设施，如银川市中心图书馆、固原市图书馆等，改造升级石嘴山市、吴忠市、中卫市图书馆、文化馆综合服务功能。完善县（市、区）"两馆"等。二是加快公共文化数字设施建设。加快公共图书馆数字化建设，提升自治区图书馆数字服务功能；完成地市级数字图书馆推广工程建设；对县（市、区）图书馆进行智能化改造和设施设备更新维护，逐步具备基本的数字资源加工提供和远程服务能力。以自治区图书馆为中心，组建全区图书馆数字资源共享联盟，推进区、市、县三级公共图书馆数字资源共建共享。推进公共数字文化服务"一站式"提供。三是完善流动文化服务设施。配齐流动文化服务车，市、县（区）文化馆、图书馆分别配有流动舞台车、流动图书车，具备经常性开展流动服务的条件。

（二）提升公共文化服务水平，为消费群体提供更有吸引力的文化产品和服务

一要创新服务方式。畅通群众需求反馈渠道，细化公共文化设施免费开放目录清单，合理设置服务"菜单"，探索实施"你点单、我服务"新模式，形成服务有专人、有专项、有时间、供需相匹配的免费开放新机制；根据季节时令特点和节假日期间群众需求，灵活实施公共文化设施错时和延时开放，提高设施利用率；采取政府购买方式，支持民营文化企业、民间文艺团队开展区域内送戏下乡，扩大送戏下乡覆盖面，逐步由县（市、区）街道、中心乡镇向偏僻乡镇、村（移民村）和农村养老院延伸；建立完善政府向社会力量购买公共文化服务机制，选择符合条件的社会力量作为承载主体，将公益性文化产品创作传播、文化活动组织承办、民间优秀

文化保护传承、公共文化设施运营等项目纳入政府购买范围，推动社会力量参与公共文化建设，丰富服务供给。二要丰富服务内容。持续举办中国西部民歌（花儿）歌会，扩大国际、省际优秀民族民间文化交流，带动宁夏优秀文化传承传播；丰富全区群众文艺会演、社火大赛、书画摄影作品展等系列群众文化活动内涵，提升活动水平，唱响"欢乐宁夏"活动，增强品牌效应和影响力，形成"群众演、演群众、演给群众看"的浓厚社会氛围；坚持以人民为中心的创作导向，创作生产出人民喜闻乐见的优秀作品；支持具有宁夏特色的戏剧小品、音乐舞蹈、文学曲艺、书画摄影、民间传统手工艺等优秀作品创作生产；加大对宁夏花儿、道情、数花、坐唱、秦腔等地方传统表演艺术的扶持力度；鼓励文化艺术公司、民间文艺团队、农民文化大院开展群众文艺创作交流活动；以"非遗"保护传承为抓手，扶持"非遗"传承基地（点）和"非遗"传习展示馆（室）建设，资助"非遗"衍生品开发、生产，鼓励民间艺人和兴趣爱好者融入传承基地（点）参与"非遗"传习展演活动，搭建民间传统工艺品展销平台，对接市场扩大消费宣传。

（三）引导群众文化消费，增强公共文化消费市场发展动力

统筹考虑群众的基本文化需求和多样化文化需求，引导广大群众增强文化消费意识，推动公共文化消费不断扩张既是群众的现实需求又是文化消费市场发展的原生动力。

1. 激发群众的文化消费欲望和动机

人们的各种消费活动是由一定的消费动机引起的，也就是说，消费动机是引起、推动和实现消费行为的内在动力。激发人们的文化消费欲望和动机，就是要让人们对文化的单一追求功用性消费向观赏、情调、体验、服务、多样、个性等多元消费诉求发展。一要在城乡大众普遍解决了温饱问题，正在向小康目标迈进时期，因势利导，通过组织群众开展跳广场舞、歌舞比赛、看电影电视等大众化文化活动，激发基本的娱乐动机。二要在培养人们听歌跳舞、看电影电视等大众娱乐的同时，引导激发人们体验美、获得美的审美动机。三要通过文化活动激发人们追求知识、追求真理的认知动机。四要通过文化活动激发人们促进人际交往、融洽亲朋好友和同学同事之间关系的社交动机。五要通过组织开展一些新的文化形态活动来激发人们追求新颖奇特、追求时髦刺激的新异动机。

2.采取多种渠道，促进文化消费

制定完善促进文化消费的政策措施，创新财政资金支持方式和途径，培育和壮大文化消费市场。探索建立文化消费补贴新机制，由直接补贴文化经营单位向补贴居民文化消费转变，采取发放"文化消费卡"等方式，为广大群众提供"普惠式"文化消费。引导支持中小民营文化企业向文化产业园区和基地聚集发展，形成集团实力。依托宁夏非物质文化遗产等特色资源优势，组织开展文化创意产品研发生产，引导群众积极消费特色文化产品日常化。发展民族民间特色文化遗产产业化转换规模，积极发展体育健身、演艺会展、旅游观光、休闲体验等文化产业，培育群众多样化、差异化文化消费。鼓励在商业化演出和数字电影大片放映中面对普通群众安排低价场次或一部分优惠门票，鼓励经营性文化单位向公众提供优惠或免费的公益性文化服务。健全政府向社会力量购买公共文化服务机制，建立购买项目目录，通过政府采购向社会力量公开购买适合群众消费口味的公共文化服务项目，推动公共文化产品生产和服务供给市场化、多元化。

(四) 增强公共文化消费市场人才支撑，提升文化产品质量

1.加强公共文化服务人才建设

一要培养高端文艺人才。加大"文化名家"工程实施力度，将文艺高端人才列入自治区人才引进计划，出台有关高端文艺人才引进的优惠政策，重点引进文化创意、艺术策划、资本运作、经营管理等方面的高端人才。搭建重大群众文化活动策划、重大课题研究及文艺精品创作等平台，营造高端文艺人才创新创业、施展才华的人文环境，促进高端引领带动文化人才发展。二要培育专业技术人才。借助全国基层文化队伍培训计划和宁夏专业技术继续教育培训平台，加强对中青年文化专业技术人才的培养，提升专业技术人才的业务素质。三要培养乡土文化人才。重视培养扎根基层的乡土文化能人和民间文化传承人，建立乡土文化人才信息库，结合实施"三区"人才支持计划文化工作者专项和"春雨工程——大讲堂"等项目，加大乡土文化人才辅导培训力度，搭建学习交流平台，支持乡土文化人才开展农村文化、民族民间文化传承、普及和推广，营造有利于乡土文化人才成长发展环境。四要加强管理人才培养。实施"一员三能"提升工程，采取集中培训、业务辅导、远程教学等多种形式，提升基层文化管理干部的政治素养、专业技术和服务管理能力。

2. 加强文化产业人才队伍建设

一要加强对从业人员的培训。主要对全区刺绣、书画、雕刻等从事民族工艺品人员的培训和市县文化主管人员的培训。由文化系统相关单位组织，邀请国内知名的刺绣、书画、工艺美术大师分产业门类进行技艺技能培训，提高水平，引导文化从业人员增强市场意识，开发利用特色文化资源从事民间工艺品的生产经营，促进城乡居民就业和增加收入。二要开展民间艺术人才职称评定工作，制定出台相关办法，培育壮大民间艺术人才队伍。三要引进更多大型文艺演出与文化旅游活动项目，向国内外积极推介宁夏品牌文化产品，不断活跃文化市场。四要吸引人才。制定出台《宁夏回族自治区优秀文化人才奖励办法》，通过完善人才引进和鼓励政策，建立符合市场体制要求的收入分配制度等政策，吸引文化高端人才来宁夏投资置业，加快宁夏文化产业发展。五要创造条件推动建设宁夏文化产业专家服务基地，为文化产业发展提供智力支持。

（五）建立财税保障机制，加大公共文化消费市场扶持力度

1. 保障基本公共文化服务运行资金

建立健全面向大众提供基本公共文化消费和服务的财政保障机制，合理划分各级政府保障基本公共文化服务的财政支出责任，按照基本公共文化服务标准要求，落实提供基本公共文化消费和服务项目所必需的资金。逐年提高公共文化支出占财政支出比例，确保投入的增长幅度高于财政经常性收入增长幅度。进一步落实国家现行鼓励社会组织、机构和个人捐赠公益性文化事业的有关财税优惠政策。

2. 加大对文化产业的资金扶持力度

提高宁夏支持文化产业发展专项资金，建立逐年按比例增长机制。制定《宁夏回族自治区文化产业专项资金管理办法》，把文化产业专项资金划归到自治区文化厅专户管理，增强扶持文化产业发展的针对性和实效性。

全区各市县区地方财政每年也应设立一定的专项资金，确定每年增幅，保障地方特色文化产业发展。通过"扶上马送一程"办法，支持宁夏公共文化消费市场健康发展、顺利运营。

新媒体时代宁夏旅游文化传播
特征与策略分析

刘家俊

宁夏拥有丰富多彩的文化资源，特色鲜明的回族文化、深厚底蕴的历史遗存以及丰富的自然旅游资源，具有旅游文化产业发展的先天优势。随着新媒体时代的到来，宁夏旅游文化传播方式也发生了变化，体现出了不同于传统媒体时代的特征，同时也存在着诸多问题。在这样的现实背景下，研究新媒体时代宁夏旅游文化的传播成为重要议题。

一、 新媒体与宁夏旅游文化传播

（一）新媒体

新媒体是相对于传统媒体而言的，所谓新媒体，是指以数字技术为基础和以网络为载体进行信息传播的新型媒介，如网页、论坛、博客、微博、微信等，具有数字化、互动性和即时性等基本特征[1]。在电视上点播自己喜爱的节目，用手机随时随地刷微博发信息、发评论，把自己的点滴生活用图片、文字表现出来发微信朋友圈，在互联网上看电子版的报纸杂志，搜集寻找同类信息。总之，"新媒体"一词大家已不再陌生，并日益走进大

作者简介　刘家俊，宁夏社会科学院期刊中心编辑。

[1] 李子嘉. 论新媒体对传统文化传播的影响[J]. 中华文化论坛, 2015(9):154.

家的日常生活。

（二）宁夏旅游文化传播

笔者认为，任何与旅游元素相关的，都可以看作旅游文化资源。宁夏的旅游文化资源是自然、民俗、历史相结合的整体，可将其概括为西夏文化资源、回族文化资源、大漠黄河文化资源和红色文化资源。宁夏的旅游文化资源建立在多元化的地貌特征上，毛乌素和腾格里沙漠、通湖草原、戈壁滩、河套平原、六盘山和贺兰山山脉、宝湖和震湖多个湖泊湿地，在狭小的空间内浓缩着大漠、黄河、绿洲等多种自然景观[1]。加之丰富的回族民俗文化和独特的历史西夏文化，使得宁夏成为回族文化、西夏文化、大漠黄河文化、红色文化融汇交流的地方，2013 年《纽约时报》将宁夏评选为"全球必去的 46 个旅游目的地"之一。

20 世纪末到 21 世纪初，宁夏旅游文化传播主要采用的是报刊和广告的形式，但因为宁夏纸媒数量少、发行量低，传播面很小，效果很有限。21 世纪初，纸质媒体日渐衰微，传统媒体的旅游文化传播多借助于电视媒体完成。在新媒体时代，网络媒体在信息传播方面有着其他媒体难以超越的优势，信息量大，传播范围广、速度快，并具有极强的便捷性和即时性特点，图文和声像并茂，互动交流性强。利用网络传播旅游文化，使旅游文化信息的共享得以实现。2000 年，宁夏旅游局首次尝试利用网络进行旅游文化宣传，在当年 7 月举办的"中国宁夏大漠·黄河国际旅游节"上，将活动内容以图片加新闻的样式呈现在宁夏旅游局的官方网站上，使宁夏旅游文化的网络传播得以实现。此后，宁夏旅游局陆续对区内大型旅游活动进行网络化传播[2]。目前，由宁夏政府主办的专业性旅游文化网站有宁夏旅游政务网、宁夏旅游资讯网、宁夏新闻网旅游频道，此外还有宁夏旅游局运营的官方微博"宁夏旅游"和微信公众号"宁夏旅游"。宁夏旅游政务网主要是关于宁夏旅游政务的报道，从宏观层面介绍宁夏旅游文化，如旅游的政策、数据和旅游传播活动的开展情况；宁夏旅游资讯网包括宁夏概括、畅游宁夏、旅游线路、旅游攻略、旅游资讯和精彩活动等内容，首页制作

---

[1] 汪蓓蓓.宁夏旅游文化传播的政府推力研究[D].大连理工大学研究生论文,2014:19.

[2] 汪蓓蓓.宁夏旅游文化传播的政府推力研究[D].大连理工大学研究生论文,2014:23.

为动态浏览模式并采用大幅宁夏风光图片，畅游宁夏中有些景区介绍还使用了简短的视频；宁夏新闻网是宁夏的门户网站，其旅游频道从吃、住、行、游、购、娱来告知宁夏旅游文化的方方面面，网站页面设计比较有视觉吸引力，也采用了大幅宁夏风光图片；"宁夏旅游"的微博、微信主要发布简短的旅游文化信息，包括旅游资讯、活动、攻略、美食等内容，并分享一些相关的视频资料，受众可以与其进行互动交流，微博、微信更加人性化、即时化和互动性强，更有利于宁夏旅游文化的传播。

二、新媒体时代宁夏旅游文化传播特征

（一）传播符号的多元化运用

相较于传统媒体传播符号的单一化，新媒体的信息传播符号呈现出多元化的特点，以其兼容性和共享性能最大化展现出传播对象。在新闻网站、微博、微信等新媒体平台中，文字、声音、图片和视频等符号可以被灵活组合运用，图像的冲击力和吸引力，声音和视频的解说或现场还原，辅以文字的详述，可极大地吸引受众注意力，呈现出传播对象的内涵和价值。善于使用新媒体，能使宁夏旅游文化的表达既生动活泼又立体全面，充分展现宁夏旅游文化的内涵和魅力。

（二）传播模式的双向交互性

传统媒体传播模式是单向线性的，受众反馈时间慢，效果滞后。传播主体掌握着传播权，通过对信息的采集和制作，借助传统媒介如报纸、杂志、广播、电视等在固定的时间向受众传递信息，受众在信息流的末端被动接收信息。受众无论是对传播渠道还是传播内容的选择权都局限在小范围内，信息的接收和反馈滞后，不利于传播效果的实现和传播过程的把握。新媒体的出现，极大地打破了传统媒体固化僵硬的单向传播模式，转变成双向多元交互传播模式，并融合了传统媒介旧有的传播方式，同时再结合人际传播、大众传播等多种传播形式，形成点对点传播、点对面传播和互动传播等多种传播模式。受众既可借助新媒体对信息发表评论、回复进行即时的观点互动和信息反馈，也可通过转发和分享变成信息的传播者，掌握信息传播的主动权。新媒体的这种双向交互性运用于宁夏旅游文化传播，

能极大地扩大宁夏旅游文化的传播范围和传播效果。许多游客在景区参观时随手拍照上传微博和微信朋友圈，有网友和微友被微博、微信上的景色、建筑及文化精神吸引慕名而来，他们也拍照上传，这样就扩大了该景点在网络社交平台的知名度，推动了景区的传播。

(三) 信息生产与接受行为的个性化

在传统媒体的信息传播中，受众的信息选择权非常小，尤其是底层民众，可接触的媒介几乎只有电视这一种，这一定程度上影响了传播行为的主动性与活跃性。新媒体时代，受众可以选择的媒介扩大了，每个人都可借助电脑、手机等进行信息传播和接收，传播权得以极大释放，信息接收和反馈也可随时进行，信息选择权不断扩大。但新媒体带来这些好处的同时，信息的海量化和碎片化也使得人们对信息的注意力有所减弱，同时增加了对有效信息的搜索难度。受众在信息选择过程中，只会选择与自己的信念、价值观、兴趣相近或熟悉的内容，如年轻人更希望玩一玩宁夏沙坡头的冲浪、滑沙项目，对西夏王陵和宁夏岩画兴趣不大。宁夏旅游文化的传播注意并放大这种个性化，"我的地盘我做主"，进行文化信息的个性化制作和传播，并利用新媒体传播符号的多元化、传播方式的多样化以及传播的即时性、便捷性等特点，不但可以增强文本的可读性，也能扩大受众面，使宁夏旅游文化信息的传播速度更快、范围更广、影响力更大。

三、新媒体时代宁夏旅游文化传播存在的问题

(一) 传播手段缺乏新意

宁夏旅游文化传播主要借助宁夏旅游局组织举办的一系列旅游促销活动进行，大多以媒体宣传和举办推介会、会展活动为主，程式化现象严重，大同小异，缺乏创新和新意，吸引力不大，传播效果一般。宁夏电视台旅游文化类节目少，内容缺乏吸引力，宁夏影视频道的《周末旅行家》这档节目主要播出的是外购的旅游类节目，真正涉及宁夏旅游文化的内容少。宁夏网络媒体中以旅游文化传播为主的宁夏旅游政务网、宁夏旅游资讯网和宁夏新闻网的旅游频道以及宁夏旅游局开通的"宁夏旅游"微博、微信，在旅游文化传播方面传播体系不健全，内容同质化现象严重，重资讯轻文

化，不能给人留下深刻印象，无法激起人们马上体验的欲望，传播效果很有限。

（二）传播观念有待改善

旅游文化传播首先需要从观念层面上进行改善。政府作为旅游文化传播的主导，整体宣传意识薄弱，只是利用媒体对宁夏旅游进行"广而告之"似的宣传，没有调动旅游文化传播的各方力量如社会公益组织、相关领域学者、旅游企业负责人等参与进来。旅游文化传播的另一个常见的观念误区是对外传播声势浩大，而对居住在本地区的居民却自动"屏蔽"。宁夏没有配套的区内宣传体系，对在宁夏本地常住居民实行免除门票的优惠政策开展得不多。

（三）传播活动资金投入少

旅游促销经费短缺，宁夏旅游文化传播活动的频次与范围都很有限，导致宁夏旅游整体形象不够鲜明和生动。旅游文化产业是旅游文化传播的现实基础，因财力有限，宁夏大规模发展旅游文化产业不现实，对外招商引资也缺少有效途径与执行能力，在旅游市场竞争中处于劣势。政府启动社会力量进行旅游开发的力量不足，副产品开发滞后，传播手段单一，宁夏部分旅游资源处于"养在深闺人未识"的境地。已开发利用的旅游景区也因资金短缺，旅游产品单一乏味，娱乐项目少而陈旧，收效不高。

（四）专业传播人才匮乏

旅游文化传播涉及旅游活动的方方面面，如何能让游客深刻体会到当地的文化，需要从业人员较高的综合素养，需要民俗学、传播学、旅游市场营销学和管理学的复合型人才。宁夏高校数量不多，只有宁夏大学和北方民族大学两所大学设立了旅游管理专业培养旅游管理人才[1]。宁夏旅游学校是以培养导游为主的中专类院校，学生为毕业必须通过导游资格证的考试，但毕业后大部分学生没有从事导游工作。据了解，宁夏有导游资格证书的人有两千多，而专职从事导游工作的人不到一千，无法满足宁夏旅游业发展的需求。宁夏还没有研发旅游商品的单位和企业，在这几所高校中

---

[1] 汪蓓蓓.宁夏旅游文化传播的政府推力研究[D].大连理工大学研究生论文,2014:31.

也没有开设相关旅游商品设计的课程，旅游商品的研发人才明显储备不足。策划会展节庆活动，需要专业水平高和丰富实践经验的人才能胜任，这方面人才凤毛麟角。

四、 新媒体时代宁夏旅游文化传播策略

（一）传播媒介策略

媒介是传播过程中承载信息的载体，每一种媒介都有传播的优势和劣势，我们要发挥新媒体中各自的优势，组合使用。不论哪一种新媒体，其传播内容无非是文字、图片、视频、音频、游戏、体验这几部分，有机结合传播素材，综合运用，高度融合与传统媒体的传播方式，做好宁夏旅游文化本身的传播内容。一是加强与传统媒体有机结合。新媒体做到线上宣传后，可以配合传统媒体中的户外大屏、纸质海报、电视广播、杂志书籍等，整合媒体资源，把传播效果最大化。如宁夏回族歌唱家到北京参加演出，就可以先通过社交平台、网络新闻、微博、微信等方式广而告之，再配合电视、广播、海报，做到媒体的全覆盖。二是线上线下充分配合。不论何种内容，仅靠单一形式的传播是事倍功半的。我们可以通过在线上免费向所有受众展示宁夏旅游文化信息，受众通过在线反馈并询问想要知道的信息后，线下再给受众提供优质的消费体验。如宁夏沙坡头景区开发了新的游玩项目，可先发布在宁夏旅游政务网和"宁夏旅游"的微博、微信上并进行图文并茂的介绍，线下在景区提供该项目的服务，这样受众可以及时做出反馈，景区根据受众的反馈进一步完善该项目的服务[1]。三是利用微信、微博优势。我们首先要选择最能引起注意并有深度内涵的图片做先导，配以高度精练并易于阅读的文字，如有需要，还可以配链接转移到音乐和视频，其内容要让受众易于接受并制作精良。这种轻松的自媒体发布方式，更贴近普通受众，能聚集相关信息，更能充分接触受众，传播快捷。如凤凰财财经微信公众号制作的2015年李克强答记者问内容提要的连环画

---

[1] 聂素丽.新媒体时代红色文化传播策略研究[D].湖南师范大学硕士研究生论文，2015:27~28.

《李克强与记者聊什么》，内容呈现和界面设计都借鉴了微信的对话框及时下流行的网络语言，兼具趣味性、可读性和实用性。四是关于数字新闻、杂志。可以图文结合，用图片和文字的形式报道最新消息和深度精品，及时收取反馈。五是关于视频类网站。可以制作6分钟以下的快餐视频，借鉴中央电视台制作的经典百集纪录片《故宫》，每集内容只有6分钟，分100集介绍了故宫的100个空间和故事，在有限的时间内有利于集中精品内容，减少冗长低质内容。六是关于社交类的网站。借鉴新浪微博的起步经验，利用名人效应，在社交网站分享宁夏旅游景区项目体验，利用粉丝经济，使粉丝自发缩短与宁夏旅游景区的距离。七是关于数字电视。制作适合在电视上播出的各种视听节目，要更适合家庭观看，在其乐融融的轻松氛围中更易接受。

（二）传播效果考量

一是利用视觉传播吸引受众。新媒体在传播时要注意选择传播技巧，视觉文化更适合受众接受，可以用图像、声音、视频、文字综合表现出来，更能扩大受众群。电视台在介绍传播宁夏旅游文化时，多做一些深入浅出、生动有情调的节目，不要只是干巴巴的介绍；纪录片里面可以加一些有趣的情节和布景，再配置一些有韵味的背景音乐，多一些特写镜头，努力做成大片感觉。二是培养专业的传播人才。新媒体时代，媒介市场越来越细分化，文化产业专业化水平要求越来越高。因此，仅仅只是懂得新闻理论传播知识的工作人员不能满足市场需求，旅游文化传播的从业人员不仅要拥有扎实的新闻功底和广博的业务知识，还应该具备研究相关专业领域的知识和能力。就传播宁夏旅游文化而言，媒体工作人员就要熟知宁夏旅游文化，以及和其他宁夏文化之间的联系和区别。需要定期与研究宁夏旅游文化的专家进行沟通和交流，了解该文化的发展态势以及随时随地产生的新变化，及时地根据这些变化做出相应的文化报道。

宁夏民俗文化发展现状及趋势分析报告

张治东　马　珍

　　民俗是在一定政治、经济、文化和地域条件下，一个民族长期形成的独特的社会风气、风尚习俗和传统习惯，是一定形式的物质生活、生产方式和精神文化生活的具体反映。宁夏是一个多民族居住的地区，但人口主要以汉族和回族为主，所以，汉族和回族的民俗文化就成为宁夏民俗文化的主要内容。回族是宁夏人口最多的一个少数民族，其民族习俗是宁夏民俗文化的重要组成部分，如回族的服饰、饮食以及婚嫁、节庆等习俗也是宁夏民俗文化最具特色的部分。

　　长期以来，宁夏各民族在生产、生活实践中相互学习、相互影响，不少习俗已经成为大家相互尊重、共同遵从、相沿成习的生活法则。汉族是生活在这里最为古老的民族，经过长期的兼容并蓄，在自身传统的基础上，吸收了其他民族的一些风俗习惯。回族虽受汉族传统文化影响较大，但在衣食、婚嫁、节庆、禁忌等方面仍保留和传承着自身的传统习惯和礼仪习俗。

一、宁夏民俗文化概况

（一）礼仪习俗

礼仪习俗主要包括婚丧嫁娶和节庆、贺礼等，旧时男女婚嫁受封建礼

　　作者简介　张治东，宁夏社会科学院文化研究所助理研究员；马珍，宁夏社会科学院文化研究所助理研究员。

仪制度的束缚，全凭"父母之命、媒妁之言"，在婚姻上没有人身自由，也没有法律保障。随着社会的发展和人们思想观念的更新，这种由父母包办的婚姻制度早已被摒弃，但有些习俗观念依旧在有些人心中滞留。民间有句顺口溜："鼠羊相交一段休，只为白马怕青牛；虎蛇婚配如刀切，兔入龙口两相愁；金鸡玉犬窝里斗，猪与猴儿不惜头。"[1] 说的是男女属相在婚配上有"顶相"之讳。与"顶相"相对，人们认为"蛇鸡牛、虎马狗、龙鼠猴、猪羊兔"是最佳配相。[2]

随着人们生活节奏的加快，过去那种问名、纳彩、纳吉、纳聘、请期、迎亲、回门等婚礼仪程不再被人遵守。婚礼过程的礼仪程序是被简化了，而不是人们不遵守了。现在只要两个意中人愿意，征得双方家长同意，商量好订亲、彩礼等事宜，一门亲事就基本定下来了。所不同的是，女方对彩礼的要求会因川区、山区以及男女双方家庭条件等情况不同而有所差异。宁南山区在婚嫁迎娶过程中，有新郎、新娘互赠绣花鞋垫和纳底布鞋的习俗，婚礼当天剪上带有龙凤、鸳鸯图案的大红双喜字和"并蒂莲花""百年好合"等吉祥字样的剪纸帖在门窗和迎娶婚车上以示吉庆。

回族穆斯林的婚礼，按伊斯兰教规定，男女双方进行婚礼时要请阿訇到场做证人，写"依扎布"（婚书），念"尼卡哈"（结婚证词）。念"尼卡哈"是赞颂安拉的祈祷词，表示这个婚姻是凭着安拉的"口唤"（允诺）举行的。与汉族婚礼不同的是，回族婚礼不贴对联、不放鞭炮。

（二）节庆习俗

汉族的传统节日主要有春节、元宵节、燎疳节、龙抬头节、清明节、端午节、洗浴节、鬼节、中秋节、重阳节、寒衣节、冬至节和腊八节。春节、端午节和中秋节对大多数人来说，是走亲串友、阖家团聚的最佳时节。每逢春节，汉族家家户户都会贴对联、贴门神、张挂大红灯笼等，有些人

---

[1] 宁夏通志编纂委员会. 宁夏通志·社会卷[M]. 北京：方志出版社，2010：255.

[2] 宁夏通志编纂委员会. 宁夏通志·社会卷[M]. 北京：方志出版社，2010：255.

家还会剪刻各色"挂笺"。"挂笺"长约40厘米、宽5厘米，中间镂刻带有云纹的字画，如丰、寿、福字[1]，可悬挂于门窗横额或室内大厅等处。春节期间，有些人家还会张贴带有"连年有余""岁岁平安"和鸟兽花卉、古今人物等内容的窗花，以烘托新春佳节的五彩缤纷和欢乐祥和。

回族一般不过汉族的传统节日，但回族有自己的传统节日。回族的重大节日主要有古尔邦节、开斋节、圣纪节、登霄节、阿述拉节、转"百拉提"和法图麦节。其中，古尔邦节、开斋节和圣纪节是伊斯兰教的三大节日。2008年，宁夏在全国法定节假日的基础上增加了开斋节和古尔邦节假日，在宁夏工作的汉族和其他民族也会享受到与回族同胞一样的休假制度。伊斯兰教历每年的九月为"斋月"，"封斋"期间，白天不准进食，日落后方可饮食。十月斋满之日为"开斋节"。开斋节临近，回族家家都会炸馓子、油香和油果子。开斋节当日清晨，男女沐浴大净，人人穿上新衣服，成年男性要上清真寺会礼，听阿訇讲"卧尔兹"（劝诫词），做礼拜。会礼毕，再分别上坟悼念亡人，然后携带礼品走亲访友。[2]

（三）贺礼习俗

贺礼是民俗文化的重要内容之一，宁夏的贺礼习俗包括过满月和庆寿辰。过满月，就是在孩子出生30天后由孩子父母张罗，请亲戚朋友过来一起为孩子祝福的习俗。有的人家不过满月，但在孩子出生3个月或100天后过百禄。婴儿满月或百天时，父母带着婴儿剃除胎发，以祈愿孩子头发长得旺。在过满月或百禄当日，主家设酒摆宴招待来宾，来宾会掏"份子钱"。摆酒当天主家会在大厅放一张桌子，上面放上书、笔、葱、算盘、饼干等物品，让婴儿爬在上面抓取，抓取到哪一样东西就预示孩子长大会成为人们所期待的那种人。

庆寿辰，也叫"过大寿"，宁夏汉族民间有"六十过大寿"的习俗，一般逢十做寿，实际逢九，俗称"作九不作十"。[3]以前在老人60岁、70岁、

---

[1] 周庆华. 固原市非物质文化遗产名录（第一辑）[M]. 银川：宁夏人民教育出版社，2011:77~90.

[2] 宁夏通志编纂委员会. 宁夏通志·社会卷[M]. 北京：方志出版社，2010: 283.

[3] 宁夏通志编纂委员会. 宁夏通志·社会卷[M]. 北京：方志出版社，2010: 282.

80岁、90岁寿辰时，由子孙和甥婿共同集资张罗庆贺，年岁越高越隆重。老人过寿辰时，普通亲友会送寿面、寿糕、寿酒等，至亲好友送寿幛，甥婿送寿衣共同为寿星过寿。现在随着人们生活水平的提高，祝寿主家会在老人生日当天，由子女或孙子孙女预订好生日蛋糕，大家齐聚一堂为老人过寿。场面虽没有以前那样隆重，但也温馨和谐。

(四) 民居习俗

民居习俗是地理环境与人文观念相互影响、相互作用的结果，宁夏中南部地区地处黄土高原，居民多建有两面坡或一面坡式的起脊房，而部分深居大山深处、地处斜坡丘陵地带的居民仍然居住窑洞。北部川区地势平坦，黄河纵贯整个宁夏平原，具有"天下黄河富宁夏"的地理优势，但气候干旱，风大沙多、雨水少，农村聚落多建平屋顶式房屋。不论是北部川区，还是南部山区，村落民居都有装饰砖雕的习俗，就是在正房外的正墙、侧墙以及庭院的大门、照壁、门楼和券门之上镶嵌砖雕，有些人家还在起脊房的正脊顶头两端镶嵌装饰鸽子、鸟兽等砖雕。

在建房选择宅基地时，汉族多讲究"向口"和"座向"，盖房前要请阴阳看"风水"，这使汉族传统聚落看上去多坐落无序，户不相连，呈单门独户型。回族建房不看"风水"，只要地势平坦就可以。回族村落选址多以方便生活、近水近路、靠近清真寺为基本原则。清真寺是回族聚居区建筑中的标志性建筑，回族聚居通常呈现"围寺而居"的聚住形态。宁夏境内坐落着各类大小清真寺4200余座[1]，其中最负盛名、最有代表性的是银川南关清真寺、永宁纳家户清真寺和同心清真大寺。

(五) 服饰习俗

当代回族服饰与汉族服饰基本一样，特别是在城市，男女服饰因受时代和环境的影响与汉族无异，基本上是全国流行什么，宁夏就流行什么。但仍有一部分回族同胞，遵从宗教信仰和生活习惯，穿戴传统民族服饰。

回族服饰主要包括头饰、主体服饰、足饰与配饰。在回族传统服饰中，绝大部分的男性穆斯林平时都戴无檐小白帽 (也称"号帽")。号帽式样因

---

[1] 王琳瑛. 中阿博览会带给宁夏回族——民俗文化旅游的发展潜力及启示 [J]. 对外经贸实务, 2013(12): 88.

教派不同而不同，"格迪目"和"伊赫瓦尼"为白色平顶圆帽，哲赫忍耶为六角尖顶圆帽。除戴白帽外，一些人在宗教场所还用白、黄色毛巾或布料缠头，回族称之"代斯他勒"[1]。回族男子的主体服饰主要包括"准拜"和"坎肩"。宗教人士和穆斯林群众在礼拜或重要宗教活动时穿黑色或白色长衫（回族称之"准拜"），回族男子一般都喜欢在白褂子上套黑色坎肩。

"盖头"是回族妇女头饰中最有特色的服饰，就像回族男子的小白帽一样，回族妇女一般都头戴白圆撮口帽，搭"盖头"。回族妇女平素搭"盖头"，会因年龄不同而选择不同的颜色。一般中老年妇女多戴白色或黑色盖头，年轻姑娘则多戴绿色、黄色或红色的盖头。回族妇女的主体服饰主要指上衣、下裳或代替上衣下裳的袍子或裙子，少女和已婚妇女会在衣服上镶嵌几何或花卉图案。回族女子服饰的颜色不会太过耀眼或对比强烈，通常老人多穿黑、灰、蓝等颜色的衣服，中青年则喜欢穿红、绿、蓝等鲜亮颜色的服饰。经常上寺做礼拜或参加重大节日活动的回族妇女都会为自己配备一套专门的礼服。[2]

（六）饮食习俗

大杂居、小聚居的聚居特征，使宁夏广大群众在饮食习惯上较为尊重或偏重回族穆斯林的生活习惯和饮食习俗。回族饮食讲究"清真"，清真菜选料主要取材于牛、羊肉两大类。清真菜最突出的特点在于饮食禁忌比较严格，伊斯兰教认为，人们的日常饮食不仅为了养身，而且利于养性。[3] 清真菜的口味偏重咸鲜，汁浓味厚，肥而不腻，嫩而不膻。全羊席是清真菜的经典。

宁夏有代表性的风味小吃主要有碗蒸羊羔肉、烤全羊、香辣羊蹄、糖醋黄河鲤鱼、烩牛（羊）肉等，面食中尤以回族的油香、馓子等油炸食品和锅盔等烙蒸食品以及手擀面最有特色。宁夏的手抓羊肉、葱爆羊羔肉、炖羊脖、羊杂碎、羊棒骨、烤肉串等，不仅宁夏本地人爱吃，就连外来游客也会慕名而来。宁夏的特色面食有摊馍馍、肉夹馍、荞面窝窝、荞面糕

[1] 宁夏通志编纂委员会. 宁夏通志·社会卷[M]. 北京:方志出版社,2010: 261~262.

[2] 王杨. 宁夏回族服饰研究[D].陕西师范大学硕士学位论文,2014.

[3] 柯玲. 中国民俗文化[M].北京:北京大学出版社,2011: 63.

糕、羊排小揪面、粉汤饺子等。

宁夏有饮茶的传统习俗，以前由于生活水平低，宁夏回汉各族群众，尤其是山区的农村居民喜欢熬喝"罐罐茶"，这种茶主要是用碎茶叶加工成类似于砖头块形的砖茶而闻名。"罐罐茶"需要慢火温炖，茶水熬热烧开后，加上红糖可称上品。回族茶饮较为流行八宝茶的喝法，其原料除茶叶外，再加上红枣、冰糖、枸杞、芝麻、果干、桂圆等各种辅料。因八宝茶取料多用本地特产，而且配料简单易找，所以深受回汉各族群众青睐。

二、宁夏民俗文化在开发和保护中的机遇选择

宁夏拥有丰富的历史、文化、民族资源和底蕴，具有众多的历史文化遗迹和地域特色人文文化，如民俗文化、黄河文化、回族文化等，这些都是宁夏发展民族区域经济的文化资源优势。随着全区各族人民生活水平的不断提高，社会消费结构也发生了新的变化，文化消费逐渐成了人们新的消费热点。独具特色的民俗风情和多元的文化资源为宁夏文化产业发展提供了成长性的发展空间，如何在开发和保护中实施机遇选择，将独具特色的民俗文化资源融入文化产业发展，是需要人们深入思考的问题。

（一）新农村建设与传统民居的文化融合问题分析

虽然乡村最终会通过阶段性的发展进程逐步实现城镇化，但民俗文化变迁并不是单向的态势，它会随着文化要素的强弱变化而呈现出不同的发展态势。宁夏农村聚落建筑是宁夏民俗文化的重要构成部分，随着宁夏新农村建设和城镇化进程的加快，宁夏传统村落民居，尤其是古村落的原有样式和村落布局受到严峻挑战。譬如，在一些古村落中，像同心县兴隆乡王团村原本有一些类似于"堡子"（土夯）的民居建筑，村民在翻新重盖时，为了节省土地，将那些具有一定文物和历史价值的"堡子"推平铲毁，在原有地基上重新盖起了崭新的瓦房，这不仅毁坏了聚落的原有布局，而且使古村落变得不再古老和神秘。

在走访调研中，我们还发现有些农村聚落，如沙坡头区香山乡冯庄村、原州区张易镇等地都有一些保存完好的"堡子"，由于地理位置险峻或偏离生活区，很多都被废弃闲置一旁。其实，古村落有着人们猎奇探险的功能

和作用，如果将旅游文化与聚落民俗以及古村落文化结合起来，适当恢复那些土夯"堡子"的原有样式和堡内建筑，必将大大带动当地旅游经济的发展。这就要求顶层设计要以"文化自觉"的精神去主动调适新农村建设中出现的种种问题，注重保留以传统建筑风格为特色的民居建筑，维护民居建筑中的民族地域特色，并适当借鉴发达省区在新农村聚落布局上的成功经验，使宁夏新农村建设在保持传统民居风格的基础上得到有效传承和持续发展。

（二）回族传统服饰在世界文化交流中的机遇和挑战

随着世界经济一体化、文化多元化进程的加速，宁夏已逐渐成为重要的国际经济文化交流中心。回族是中国少数民族中城市化程度非常高的一个民族，如何发展城市化进程中的回族服饰文化，是服装界亟待解决的问题。在当今这个经济加速、文化多元的世界格局中，宁夏回族服饰不仅受到了变迁中的中国传统服饰文化和伊斯兰教服饰文化的影响，还受到了西方服饰文化的影响。在全球服饰文化互相碰撞、互相交融的时代背景下，回族服饰如何更好地吸收世界各民族的文化服饰元素，更好地融入到世界服装潮流和全球市场，是一个值得探讨的问题。

宁夏回族服饰主要以多元化、民族化、地域化等地域特征传承发展而来，随着社会的发展和人们思想观念的改变，回族服饰受到了世界各地时尚潮流的影响，回族传统服饰也在发生着一些细微变化。现代社会是一个全球联系紧密的互动社会，各种时尚文化无处不在，对于回族服饰的裁剪和设计，也要适当借鉴世界服饰文化发展潮流，在设计款式上适当融入现代审美要求。若能解决好时尚服饰文化与回族民族服饰文化之间的关系，并注重保护和传承回族传统服饰，我们认为这对于民族地区经济发展也有较好的促进作用。

（三）正确对待民俗文化变迁中的保护与开发问题

民俗的本体具备生产性特质，它不仅是一种物质生产，更是精神、社会层面的生产。因此，在民俗文化资源的变迁中实施保护和开发工程，首先要加强对民俗文化资源的认知和鉴别，既要鼓励具有创意的物质生产，也要推动文化和科技融合的精神生产，实现文化资源向文化资本的社会生产，从而有目的地获取经济、社会等多方效益。同时，要激励民俗文化在变迁中适应现代社会转型，实现民俗文化的自觉、自发传承和保护。例如，在传统节日和节庆活动中，将剪纸艺术、刺绣艺术、砖雕艺术等融入其中，并进行规模性生产，在追求经济效益的同时大力弘扬和发展民族民间艺术和地域民俗文化。

在民俗文化的保护与开发过程中，要坚持文化遗产"本真性"的发展原则，辩证地认识传统保护和创新性开发两者的关系，厘清文化的原生态和再生态，架构丰富的社会文化体系。同时，坚持完整性传承的发展原则，维护文化的多样性和多元化特征，避免城乡一体化引发的文化单一化和同质化。

当前，在社会转型的趋势下，民俗的文化语境也在发生剧烈的变迁。这就要求顶层设计在新农村建设和城市更新过程中，结合历史文化聚落的保护开发，将自然景观、历史地段和沿途景区结合起来，开发建成一个大型的公共绿色文化走廊。

三、结语

新农村建设和城市化进程是当前全国全面建成小康社会的主要趋势，传统民俗文化变迁的"滚雪球"式效应也越来越明显，关于民俗文化是"生产性保护"抑或"保护性开发"的争论一直持续不断。但笔者认为，在传承和保护中发展民俗文化，让其为地区经济发展服务应该是一条较为恰当的路径选择。

银川市数字阅读公共服务平台建设 发展现状及发展趋势

程利云

在高新技术和新兴产业加快孕育、融合变革的时代，以大数据、云计算为主要标志的新一代信息技术发展迅速，日益成为推动经济社会各个领域发展的强大动力。《国务院促进大数据发展行动纲要》提出，要在文化等领域全面推广大数据应用，构建文化传播大数据综合服务平台，促进形成公平普惠、便捷高效的民生服务体系，不断满足人民群众日益增长的个性化、多样化需求。近年来，银川市全力打造"书香银川"，努力推进数字阅读公共服务平台建设，在实施数字图书馆建设、新媒体传播平台建设等方面进行了积极的探索与实践。

一、发展现状

数字阅读公共服务平台是以信息化为技术手段，以移动互联网为载体，整合网站、数据库、新媒体等工具，面向全民提供优质、高效、有特色的数字阅读产品，努力实现阅读服务全民受益、全民参与。银川市基于建设"智慧银川"信息化综合大平台的总体设想，通过引进先进的网络设施和"云计算"技术，在全市搭建了数字阅读技术与服务平台。

作者简介 程利云，银川市委宣传部副调研员。

（一）资源共享，服务读者，数字图书馆项目建设取得新成效

银川市数字图书馆经过三年的项目建设，目前拥有各类数字资源总量已达到40TB，涵盖电子书、电子期刊、电子报纸、各类视频讲座等，并与国家图书馆数字资源中心直连，使用量已突破百万人次。

一是建立全市公共文化数字平台体系，使公共文化成为百姓"身边的文化"。开通了手机移动图书馆、银川市民学习中心和微信公众号，使读者在任何时间、任何地点都能浏览并下载所需的资料；整合银川市文化数字资源，拓展电子商务接入、文化知识百科等百姓关心和喜爱的内容，设立了图书馆、文化馆、美术馆、博物馆、非物质文化遗产、文化演出等栏目，建成了涵盖群众文化、公共图书、文博展览等各项公共文化服务，集展现、服务、交流等多种服务功能为一体的银川公共文化数字平台，市民可通过电脑、手机访问平台。

二是建立公共图书馆资源共建共享体系，提高数字资源利用率。引进共享国图数据资源系统，统一技术规范、文献条码结构和书目数据库，方便读者免费检索、浏览、下载，共享国家图书馆和自治区图书馆的电子资源。建立全市联合编目中心，实现文献编目标准化和规范化，避免了各级编目机构的重复设置和人员重复劳动，提高文献采编效率，实现图书馆数字资源优化组合和共享。建立电子资源统一检索平台，读者可跨系统、跨库资源检索。

三是建立总分馆服务体系与通借通还体系，实现全市公共图书馆一卡通。建立以市图书馆为总馆、以三区图书馆为分馆，22个街道图书馆和156个公共电子阅览室为服务点的公共图书馆总分馆服务体系，只需一卡即可在总分馆和各服务点中的任一网点阅览文献、查阅数字资源、网上学习以及图书通借通还。并可通过网上预约业务系统进行图书预借，由文献快递系统于指定时间内将图书送至读者所在流通点，真正实现"只要你想去图书馆，图书馆就在你身边"的服务模式。同时，引入全市通借通还流通信息监管平台，对总分馆流通情况进行实时跟踪、监控、及统计分析，全面反映总分馆体系中文献通借通还的应用效率。

四是建立自助数字阅读服务体系，市民身边有了"永不关闭的图书

馆"。在市图书馆、贺兰县图书馆及三区设立了 24 小时自助图书馆，利用自主图书馆服务系统，实现了读者方便快捷地自助借还图书服务。同时，利用 OPAC 查询与 3D 导航技术配合 RFID 标签能迅速准确地定位图书位置，帮助读者快速准确地查找所需图书。通过统计数字分析及调研，结合不同人群的需求特征，在全市大街小巷设置了 28 台电子阅报机、25 台电子书下载机等数字设备，使读者就近就便阅读电子报、下载电子书，为市民带来了全新的数字阅读体验。

五是拓展公共图书馆服务领域，为各类读者群体提供特有的数字化服务。在亲子阅览室开辟了少儿数字图书馆体验区，超星少儿学习中心、新东方少儿数字资源及触摸屏学习机、爱迪科森少儿数字资源及触摸屏学习机，给少年儿童带来了寓教于乐的数字体验。在盲人阅览室安装了专供盲人使用的读屏软件，方便视障读者上网、学习、娱乐。同时，利用数字图书馆移动办公的优势，每月"银川读书日"期间，在新华书店举办"你买书·我买单"活动，方便读者借阅最新出版的图书，为公共图书馆"延伸服务"理念探索了一条新路。

（二）深度整合，网民互动，数字传播平台建设实现新发展

银川市借力数字、网络技术信息传播，全力打造现代传播体系，放大数字传播平台百万受众效应，形成全方位、多层次、多视角的主流舆论矩阵。目前市属媒体已有银川发布、银川手机台、银川新闻网、银川广播电视网、银川晚报微信等多个数字传播平台，仅新闻类微信平台已有 15 个，总粉丝量超过百万。

一是建立宁夏政务新媒体平台"银川发布"。"银川发布"包括手机客户端、微信、微博三个平台，设有本土、时事、直播等新闻类频道及"便民服务""数字报"等生活应用频道，是银川市重要事件、重大活动等资讯发布的首发平台、突发新闻事件舆论引导的第一政务新媒体。运行两年来，先后直播报道党代会、人代会、中阿博览会、WCA 大赛、智慧城市全球峰会等一系列有影响力的活动，起到了及时、准确、权威发布信息的关键作用。新华社舆情监测中心发布的政务微博影响力排名中"银川发布"位居宁夏第一。

二是建立宁夏移动新媒体"银川手机台"。银川手机台是银川广播电视网的升级版，用户通过银川手机台可以更方便更快捷地收听、收看银川电视台公共、生活、文体三个电视频道和银川新闻、交通音乐、都市经济等频率的电台节目，以及央视、全国各大卫视节目，为市民提供全方位信息服务。银川手机台及时发布银川快讯，对大型活动现场直播，银川活动进行全国联播，可实现全国120家手机台同步联动。银川手机台上线半年，访问量已超过820万。2016年3月，"红嘴鸥和春天的约定"直播活动，77万人通过83家手机台同时在线收看。

三是设置互动议题，征集网民意见，了解民情民意。在银川新闻网、银川发布客户端等平台，设置话题、栏目，鼓励广大网民积极参与，建言献策。"银川正在建设的项目，你最期待哪一个?"等话题推出后，网友反响强烈，纷纷表达对银川城市未来规划的期待。2016年银川"两会"期间，银川发布客户端推出"看两会 答题赢大奖"活动，4天时间吸引了6万网友参与答题。银川新闻网、银川手机台联合推出的网络视频直播节目"银川发布·政在线"，定期邀请职能部门负责人做客网络直播间，回答网友提出的问题，网友可通过新媒体传播平台实时观看，该栏目今年已成功上线5期。

四是开展公益活动，丰富网站内容，提高网站点击率。银川市新媒体平台举办的"最美银川"微电影大赛、爱尚银川网友团、志愿者冰桶挑战赢基金等活动，搭建了与网友的互动平台。由银川新闻网拍摄制作的《彬彬有李》系列网络喜剧，网络点击观看量已超过600万人次。银川晚报微信组织发布的凤城名医投票、银川美景连连看、贺兰山音乐节大抽奖等活动，累计参与活动人数超过40万。银川手机台参与并举办的乐堡音乐节直播、"我给名师送个祝福暨名师风采展播"、第二届"萌宝讲故事"大赛、首届中国西部花卉产业高峰论坛暨花卉艺术展等活动，吸引了众多网民的参与。

二、存在问题

一是数字图书馆后续保障经费不足。我市数字图书馆一次性投入建成后，每年的数字资源更新续进服务经费也应纳入财政预算。

二是数字资源覆盖面有待于扩大。自助图书借阅机、电子书下载机、电子阅报机等数字设备购置数量太少，全市各街道、乡镇数字阅读服务平台还没有实现全覆盖。

三是社区公共电子阅览室作用发挥得不够。目前已建成的电子阅览室中，还存在功能单一、设备和设施资源利用率较低等问题。

四是数字资源共建共享不足。文化部门的数字文化平台与媒体的传播平台各建各的，相互之间的数据、技术、人才资源和优势没有得到有效整合和利用。

五是市民参与面还不够广。数字阅读公共服务平台在与用户的互动方面还较少，回应用户和网民的服务能力有待提高，网民参与相对比较集中，进城务工人员、农民群众等群体的参与面有待提高。

三、对策建议

（一）推进"图书馆+"模式

在乡镇（街道）、企业、学校、军营等场所建立图书馆分馆，扩大公共电子阅览室建设规模，实现图书通借通还。构建以市数字图书馆为核心，以各县（市、区）数字图书馆为主要节点，覆盖全市的公共图书馆数字资源共享体系。推进基层书屋数字化，农家（社区、职工）书屋电子阅览室共享数字图书馆的优质资源，不断提高数字图书馆资源利用率。在综合性商业广场、机场、车站等人流密集的场所投放设置24小时自助图书借阅机、电子书下载机、电子阅报机；开通"书香公交"，为市民提供电子书阅览和下载，扩大数字设备资源的覆盖面。制作与整合适合公共电子阅览室和用户使用的专题资源，制作一批适用于农村实用人才和进城务工人员培训的专题资源，吸纳公益性健康网络游戏进入公共电子阅览室，引导青少年健康娱乐。

（二）推进数字信息共享工程进社区、进家庭

加大文化共享工程的建设投入，对已配备数字信息共享工程设备的社区进行设备升级，完善共享工程市、县（市、区）、乡镇（街道）、村（社

区）四级服务网络建设；积极探索和应用面向"三网融合"的新兴技术手段开展服务，加强与信息技术和广播电视等部门的合作，通过网络电视、4G 通信、互联网、新媒体等多种方式进入社区、家庭，实现从城市到农村数字阅读服务网络全覆盖。

（三）推进数字传播平台建设

加快报社、广电传统媒体与新兴媒体深度融合，探索数字化转型新模式。开发数字化产品，提升综合竞争实力。适应新时期媒体发展和改革的需要，以新闻数据库为核心，打造新媒体传播平台、广播电视新媒体直播体系建设、办公自动化建设、多媒体户外传播平台建设。

（四）建立并完善统一平台的组织、运行和评价机制

成立数字阅读公共服务平台建设领导与协调小组，负责全市统一数字阅读公共服务平台的建设、运营、更新与维护，创新数字阅读公共服务运行机制，完善促进信息共享的跨部门协调机制，进一步提升各部门、各单位的信息共享程度和信息更新管理效率。完善考核机制，制定科学完善的数字阅读公共服务指标体系和考核办法，完善以群众文化需求为中心的数字阅读供给机制，建立群众数字文化需求信息反馈平台，提高群众满意度。

（五）加强数字公共服务平台人才队伍建设

数字公共服务平台建设需要一支熟悉计算机和网络知识的庞大专兼职管理队伍和技术保障队伍，特别是从事文化资源建设、软件研发、网站与系统维护的专业技术骨干。要发现和培育一批优秀青年人才，实施青年高端文化人才发现计划、青年高端 IT 人才促进计划等，培育引进具有创新创作能力、团队组织能力的人才队伍。

四、发展趋势

当今世界，互联网等新技术、新媒介日新月异。银川市数字阅读公共服务平台建设的发展趋势就是要充分利用云计算、网络技术、移动互联网技术的发展优势和新媒体的发展势头，整合现有的优质资源，构建全市一体化的数字阅读公共服务平台。

一是智慧图书馆、文化馆、博物馆的建设发展趋势。改进服务模式，

拓展服务渠道，对数字资源进行统一采购，对重点馆藏文献进行集中开发，使其数字化和规范化。通过共建共享，将数字图书馆、文化馆、博物馆建设成为超大规模的、分布式的、便于使用的、无时空限制的、跨库无缝链接的、信息智能检索的知识中心，成为未来社会的公共文化信息中心和枢纽。

二是"智慧媒体"的建设发展趋势。实现资源共享互通，提升新闻传播力、品牌影响力和市场竞争力，实施以内容生产为核心的媒体融合一体化平台建设、以用户为中心的新媒体矩阵建设、以用户为核心的广告整合营销与O2O本地服务平台建设、以大数据为基础的内容运营与信息服务平台建设。

三是"智能化数字服务平台"的建设发展趋势。创建一体化、一站式、互动参与型的网络平台，实现文化信息共享和综合统一管理与服务。整合全市新闻传媒及各类文化的优势资源建立信息整合集群和协同管理，推动信息化与文化的深度融合，建设文化信息城市，集文化服务信息、文化机构信息、文化人物信息、文化产品信息、文化演出信息、文化数据库信息、文化科技信息、文化管理信息、文化法规制度信息、文化事务办理信息等功能为一体的"市民文化服务网页"，建立与广大市民的互动。

全域旅游发展战略视野下宁夏旅游业"十三五"时期发展趋势预测

鲁忠慧

2016 年初，全国旅游工作会议上提出了全域旅游发展战略，至此之后，全域旅游就成为我国新时期旅游业发展的国家战略，成为现阶段我国旅游业转型升级的发展战略，也成为宁夏旅游业发展战略的定位以及促进宁夏旅游业转型升级的着力点和切入点。把宁夏当作一座城、一个景区来打造，通过发展旅游业带动其他产业发展，这是宁夏发展全域旅游的新理念和新目标。宁夏提出"全域旅游"发展战略，是继海南国际旅游岛之后，率先发声的内陆省区，同时也是继海南省之后被国家确立为第二个发展全域旅游的示范省区。2016 年自治区政府工作报告正式确立了全域旅游的发展战略，同年 7 月，制定出台了《宁夏全域旅游发展三年行动计划》。2016 年 7 月，习近平总书记在宁夏视察时对全域旅游发展理念和模式给予了"发展全域旅游，路子是对的，要坚持走下去"的高度肯定，使全域旅游成为了宁夏党政力推的工作、旅游行业发展的主题。全域旅游成为迎接大众旅游时代、推动宁夏旅游业可持续健康发展的重要选择。因此，全域旅游发展战略必将成为影响宁夏今后旅游业发展的重要和关键因素。本文就此以全域旅游发展战略的视野，从旅游产业发展规律和发展特点的角度，立足于宁夏旅游业发展实际，对宁夏旅游业"十三五"时期发展趋势进行

作者简介 鲁忠慧，宁夏社会科学院文化研究所所长，研究员。

预测。

一、宁夏旅游业将由支柱性产业向战略性支柱产业转变

首先是有全域旅游发展战略的强力推动。现阶段宁夏旅游业发展的显著特点是政府主导型发展。因为旅游业政府主导型的发展特点，决定了旅游业发展的"顶层设计"以及不同发展阶段要突破的重点领域的决策，对旅游业发展起着决定性的作用。宁夏2016年7月发布的《宁夏全域旅游发展三年行动计划》中设定今后旅游业的发展目标是：到2018年，游客接待量达到本地常住人口的4倍以上，旅游业总收入占全区GDP的6.7%以上。到2020年，全区游客接待量突破3000万人次，旅游总收入突破300亿元，力争实现旅游总收入占当年宁夏GDP的8%以上。发展战略的定位会引导企业跟进，从而形成发展热点，推动目标的实现。随着旅游热度的持续快速发展，各产业会形成一产围绕旅游转型，二产围绕旅游升级，三产围绕旅游发展的局面。

其次是有实现目标的坚实基础。2014年，旅游业在宁夏GDP中超过5%，首次成为宁夏国民经济支柱产业；2015年，旅游实现总收入161.3亿元，旅游收入占宁夏GDP为5.19%，旅游产业已经成长为地区国民经济的支柱型产业，为"十三五"时期旅游业实现国民经济战略性型产业打下坚实基础。

再次是有强劲的国内旅游消费市场。现阶段，旅游消费已经成为我国国民消费的时代特点和国民消费的一种趋势，国内旅游持续全面增长。国家旅游业统计公报数据显示，国内旅游人数从2011年的26.41亿人次增长至2015年40亿人次。据国家旅游局8月1日发布的《2016年上半年旅游统计数据报告》显示，2016年上半年，我国旅游市场规模稳步扩大，继续领跑宏观经济。其中，国内旅游22.36亿人次，比上年同期增长10.47%。2014年国务院出台的《关于促进旅游业改革发展的若干意见》中提出，到2020年，境内旅游总消费达到5.5万亿元，城乡居民年人均出游4.5次，旅游业增加值占全国GDP的比重超过5%。同时，旅游消费具有强大的发展潜力和上升空间。国际经验表明：当一国人均国民生产总

值达到800~1000美元时，居民将普遍产生国内旅游动机。据国家统计局2016年1月19日公布的经济数据显示，2015年中国人均GDP为5.2万元，约合8016美元。因此，这样的经济收入水平将会进一步强化中国国民旅游消费的行为，中国拥有世界最大的国内旅游市场，也成为宁夏奏响旅游市场最强音的机遇，迎来旅游发展的黄金期。国内旅游业强劲的发展势头也将会大力推动宁夏旅游业的发展繁荣，大幅提升旅游业对宁夏国民经济的贡献率。

二、宁夏旅游业将走向全面转型升级阶段

发展旅游业就是要对区域内的相关产业进行全方位、系统化的优化提升，这是全域旅游发展战略的重要内容，也契合了旅游消费群体的消费需求特点。现阶段，我国旅游业已经从短缺型旅游发展中国家走入了初步小康型旅游大国，旅游已经从少数人的奢侈品发展成为大众化、经常性消费的生活方式，预计到2020年，我国将从初步小康型旅游大国迈向全面小康型旅游大国，年人均出游次数达到中等发达国家水平。步入小康型的旅游阶段，意味着我国国民的旅游正在从原有传统单一观光型向观光、休闲、度假并重转变，正在从"组团旅游"向"自由行"转变；意味着我国国民旅游消费理念、消费行为以及消费需求随之呈现出多元化、多样化和多层次化的发展趋势。旅游消费的这些新形态、新变动、新热点的形成，迫切需要宁夏旅游业对构成传统旅游六要素的吃、住、行、游、乐、购进行全面的转型升级；迫切需要宁夏旅游业加大供给侧结构性改革，增加有效供给，实现旅游供求的积极平衡，使粗放低效旅游向精细高效旅游转变，这些迫切需求，将会推动宁夏旅游业快速全面转型升级。

三、宁夏旅游业的"旅游+互联网"的发展趋势将会越来越凸显

当下，互联网深刻地改变着人们的工作和生活方式，借助互联网获取信息已经成为中国人日常生活的重要内容，同时也成为人们自助旅游获取酒店、旅游景点、旅游地特色饮食等离不开的重要工具。2015年，国家旅游局召开了首届"旅游+互联网"大会，国家旅游局局长李金早表示，未来

5年，预计互联网和旅游业融合发展将会带动3个1万亿红利。同时，互联网和移动互联网正在全面改变着旅游的商业模式和创新形态。这些现象和数据说明，互联网信息技术正在推动旅游业的业态创新和产业的重构。因此，"十三五"期间，宁夏智慧旅游规划以构建旅游公共信息数据库和智慧旅游数据库支撑体系，通过实现全程指尖新型旅游形态以及在线企业的培育壮大，以互联网技术应用实现智慧旅游的转型升级，从而转变旅游业的发展方式，改变产业格局，提高旅游的公共服务水平，由此必将形成未来旅游的传统业态与新兴业态相融合、线上操作与线下服务相融合、旅游互联网与互联网旅游相融合，传统企业与互联网企业互补互动发展、共赢的新局面。

四、宁夏旅游业将会迎来新一轮旅游投资热潮

全域旅游创建对旅游投资具有强大的拉动作用。据统计，全域旅游工作启动之前，2014年全国旅游业实际完成投资7053亿元，同比增长32%；2015年创建工作启动之后，当年全国旅游业完成投资10072亿元，同比增长42%，增速提高10个百分点。2016年上半年旅游投资4211.5亿元，较去年同期增长约30.5%。除拉动社会投资外，相关地方政府部门对发展全域旅游的扶持资金也不断增长。据介绍，2015年下半年到2016年上半年，国家旅游局联合国家发改委共安排4批旅游专项建设资金、370多亿元支持旅游基础设施建设，带动社会投资5800亿元。[1] 国家旅游局预测，未来3年，我国旅游直接投资将超过3万亿元，并将带动15万亿元以上的综合投资。随着宁夏全域旅游创建工作的开展，为推动旅游发展环境更加完善、旅游支撑保障体系更加健全、旅游市场秩序更加健康，全面建设全域示范（省）区，增强旅游产业的驱动力、创新和竞争力，2016年7月《宁夏全域旅游发展三年行动计划》中提出了旅游业的十大工程，十大工程涵盖了许多旅游项目，如全景式完善基础设施，不仅包括了道路、供水、供电、通信、绿化、垃圾和污水处理等基础设施建设，还包括了加快构建以航空、

---

[1] 全域旅游为深化改革添活力[N]. 中国旅游报,2016-9-13.

高铁、轻轨、高速公路为主骨架，干线公路、景区专用道路为补充，互联互通、高效便捷的现代旅游综合交通运输体系等，这将进一步激发社会和市场投资旅游的热情，将成为带动宁夏旅游业投资的重要引擎。如开展全域旅游建设的石嘴山市就投资了13.3亿元的40多个全域旅游项目。[1]

五、宁夏旅游业的产业融合深度与广度将会进一步提升和拓展

由于旅游涵盖了"吃、住、行、游、购、娱"六要素，由此决定了旅游产业是一种带动性强、关联度高的产业，是由众多行业和部门复合而成的综合性产业，其涉及面较广，对相关产业的渗透力极强。除根据其直接效应对旅游产业本身进行增值以外，旅游业还通过其较强的关联效应，不断向第一、第二及第三产业内部的其他相关产业进行渗透，通过乘数效应扩大经济效应，带动地区经济的增长。2016年博鳌亚洲论坛年会上李克强总理在《共绘充满活力的亚洲新愿景》主旨演讲中指出，旅游产业不仅仅是服务业，在新经济的发展过程当中，它已经覆盖一、二、三产业，本身就是综合性产业。在首届世界旅游发展大会开幕式上的致辞中李克强总理指出，旅游业"关联产业达110多个，对餐饮、住宿、民航、铁路客运业的贡献率都超过80%"[2]。旅游业不仅直接提供了包括航空、饭店、旅馆、零售和娱乐等旅游产品和服务的工作机会，而且还为旅游产品服务二级供应商、政府机构、旅游出口行业等部门提供了大量的工作机会。研究表明：城镇居民旅游消费和GDP、第三产业增加值之间具有协整关系。城镇居民旅游消费每增加1%，GDP增加0.79%，第三产业增加值增加0.85%。[3]

宁夏在发展全域旅游过程，正在以全业融合、全链条产业集聚为主线，全面实施产业围绕旅游转的新理念，创建全域旅游示范（省）区，用全域

---

[1] 宁夏迈开全域旅游新步伐[N].中国旅游报,2016-7-29.

[2] 李克强.让旅游成为世界和平发展之舟——在首届世界旅游发展大会开幕式上的致辞[N].中国旅游报,2016-5-23.

3张丽峰,柳彬德.我国居民旅游消费对经济增长的影响分析[J].技术经济,2009,（5）.

旅游统筹发展产业，发挥"旅游+"的优势，以此实现旅游产业与其他产业共荣共赢，形成新的生产力和更强的产业竞争力。以"旅游+"和"+旅游"为途径，大力推进旅游业与一、二、三产业的融合，以及与文化、商贸、科教、体育、宗教、养生、教育、科研等行业的深度融合，规划开发出一批文化休闲、生态观光、商务会展、休闲度假、乡村旅游等跨界产品，推动全域旅游要素深度整合，进一步提升区域旅游业整体实力和竞争力。如推动旅游与文化的融合，立足宁夏文化资源特点，《宁夏全域旅游发展三年行动计划》中规划出了西夏文化、回乡文化、边塞文化以及丝路文化等板块的旅游形态；如推动旅游与宁夏葡萄产业、枸杞产业等优势产业的融合，全力促进旅游新业态发展，创新旅游线路产品，提升旅游的发展水平和综合价值。总之，"十三五"时期，宁夏以全域旅游战略定位发展旅游业，旅游业定会突破传统产业的限制，与地产、金融、养老、文化、农业、高科技、教育、创客等多种新业态融合在一起，形成一个庞大的旅游产业综合体系，实现区域资源有机整合及产业的深度融合发展。

六、国内旅游市场将会继续成为推动宁夏旅游业迅速发展的主力军

从旅游业统计口径来看，旅游市场根据游客流动方向的不同，可将旅游市场分为入境游、出境游、国内游三个市场。对任何一个国家、地区来说，旅游市场直接关系到旅游业的经营效益，通过旅游市场一个时期数据的分析判断，可预判旅游业的发展趋势。

"十二五"时期，宁夏旅游市场从旅游收入和旅游人数（见下表）分析判断可以得出以下结论：一是宁夏旅游市场整体持续稳步发展，旅游总收入和旅游人数持续稳定增长；二是国内旅游市场无论是从收入还是人数上讲，所占旅游业的比重超大，是拉动宁夏旅游业的主体市场，出境游和入境游只是旅游市场的点缀，对旅游业的贡献率极低。

"十三五"时期，在全域旅游发展战略的大力推动下，宁夏旅游业整体虽然会持续稳步发展繁荣，但是旅游市场依然会继续保持这种格局，就是国内游依然是带动旅游业发展的市场主体和主力军，应该是三个市场中发

展最为迅速、潜力最深、基础性最强的，也是成长性和增长性最强的；入境游市场虽然有"一带一路"旅游合作战略、中阿博览会以及建设特色鲜明的国际旅游目的地的战略目标等推动，因各种综合发展因素制约，依旧会徘徊在低位运行和初级的培育阶段，应该是三个市场中发展最为迟缓的；随着宁夏社会经济的不断发展，宁夏百姓生活水平的不断提升以及出国旅游目的地不断地增多，出境旅游市场会保持快速增长的速度，出游范围更加宽广、出游方式更加灵活、出游规模会日益扩大，但因受到自治区人口基数的约束，出境旅游市场本身有其局限性，应该是发展快于入境游市场，慢于国内游市场。

宁夏"十二五"时期国内游、出境游及入境游数据一览表[1]

年度	出境游人数(人次)	旅游总收入(亿元)	国内旅游收入(亿元)	海外旅游收入(万美元)	游客总人数(万人次)	国内游客人数(万人次)	海外游客人数(人次)
2011	30065	84.21	83.81	619.57	1169.61	1167.66	19479
2012	46313	103.39	103.05	545.1	1340.89	1338.99	18994
2013	60140	127.30	126.55	1208.31	1820.42	1817.88	25357
2014	50066	142.70	141.56	1848.23	1674.99	1671.62	33657
2015	46725	161.30	160.01	2083.86	1839.48	1835.75	37315

七、宁夏旅游业发展将进一步趋向旅游综合体化

所谓旅游综合体有时也称之为休闲综合体或度假综合体，是指基于一定的旅游资源与土地基础，以旅游休闲为导向进行土地综合开发而形成的，以互动发展的度假酒店集群、综合休闲项目、休闲地产社区为核心功能构架，整体服务品质较高的旅游休闲聚集区。旅游综合体是旅游消费模式从单一观光旅游到综合休闲度假的升级，景区发展模式从单一开发到综合开发的升级。作为聚集综合旅游功能的特定空间，旅游综合体也是一个旅游产业聚集区。全域旅游在实现从单一景点景区建设和管理到综合目的地统筹发展转变和实现从门票经济向产业经济转变的这一过程，其实就是从单一景区走向旅游综合体和产业集聚的过程。就宁夏而言，集聚化或综合体

---

[1] 根据宁夏旅游经济发展统计公报(2011—2015 年)整理而成。

化程度高的景区其经济溢出效应和整体竞争实力明显高于只依赖于门票经济的景区，如近年来旅游发展步伐较快经济效益较高的中华回乡文化园、镇北堡影视城以及瑞信旅游公司以集聚化理念新近开发的温泉小镇等，相信随着全域旅游发展战略的进一步深入，宁夏黄河圣坛、黄河楼等景区也会进一步提升集聚化的水平，改善单一的门票盈利模式，走向产业集聚化或旅游综合体化的模式，让景区成为融观光、游乐、休闲、运动、会议、度假、体验等多种功能在内的综合旅游休闲区。

总之，在全域旅游发展战略推动下，宁夏旅游业的这些发展趋势，必将使"十三五"时期的宁夏旅游业进入一个旅游品质提升时代，迎来一个战略转型的发展新时代，迎来旅游业发展的新拐点，实现旅游业新一轮质的飞跃。

2015年宁夏文化产业发展现状及分析和思考

安蕊莉　王海群

　　近年来，面对经济下行压力较大和复杂多变的经济形势，全区上下紧紧围绕年度经济社会发展目标，主动适应和引领经济发展新常态，大力实施特色文化强区战略，积极推动文化产业发展和转型升级，文化建设稳中求进、文化发展迈出了新步伐，文化产业总体呈现出稳步发展的良好势头，为促进经济增长发挥了积极作用。

一、文化产业发展现状及主要特点

（一）文化产业规模稳步扩大，企业效益进一步提高

　　2015年末，全区共有文化产业单位10421个（见表1），比上年增长3.3%，其中：文化产业法人单位2980个，占28.6%，个体经营户7441个，占71.4%。文化产业单位从业人员8.04万人，占全社会从业人员的2.2%，其中文化服务业法人单位从业人员有4.61万人，占全部文化产业法人单位从业人员的79.5%。

　　分行业看，2015年全区文化制造业法人单位252个，比上年下降3.1%，其中，规模以上企业22个，比上年增长37.5%；文化批零业法人单

　　作者简介　安蕊莉，自治区统计局人口与就业处高级统计师；王海群，自治区统计局社会科技与文化产业处主任科员。

位 479 个，增长 13.2%，其中，限额以上 22 个，下降 8.3%；文化服务业法人单位 2249 个，增长 2.2%，其中，规模以上 53 个，规模以下 2196 个，分别增长 82.8% 和 36.1%。

表 1 全区文化产业法人单位及从业人员情况

名　称	单位数(个)		比上年增长(%)	从业人员(人)		比上年增长(%)
	2014 年	2015 年		2014 年	2015 年	
合　计	10087	10421	3.3	60987	80448	31.9
一、法人	2884	2980	3.3	43897	57906	31.9
（一）规模以上	69	97	40.6	9812	11608	18.3
制造业	16	22	37.5	5017	4737	−5.6
批零业	24	22	−8.3	700	674	−3.7
服务业	29	53	82.8	4095	6197	51.3
（二）规模以下	2815	2883	2.4	34085	46298	35.8
制造业	244	230	−5.7	4572	4317	−5.6
批零业	399	457	14.5	2202	2121	−3.7
服务业	1614	1625	0.7	12996	19667	51.3
事业单位	268	274	2.2	10295	14521	41.1
其他单位	290	297	2.4	4020	5672	41.1
二、个体户	7203	7441	3.3	17090	22542	31.9

2015 年，全区文化产业法人单位资产总计为 350.24 亿元，营业收入 98.49 亿元，分别比上年增长 57% 和 45.1%。其中：文化制造业法人单位资产 73.65 亿元，营业收入 42.83 亿元，分别增长 52.6% 和 108.1%；文化批零业资产 25.48 亿元，营业收入 11.78 亿元，分别增长 16.8% 和 6.7%；文化服务业 251.11 亿元，营业收入 43.88 亿元，分别增长 64.2% 和 21%。

（二）文化产业发展速度呈稳步回升态势

2015 年，全区文化产业实现增加值 64.94 亿元，比上年增加 6.21 亿元，增长 10.6%，比上年提高 2.9 个百分点，文化产业增加值占 GDP 的比重为 2.23%，比上年增加 0.1 个百分点（见表 2）。

分行业看，2015 年文化制造业实现增加值 6.39 亿元，占全区文化产业增加值 9.8%，比上年增长 41.1%，增幅比上年加快 13.9 个百分点；文化批零业 4.15 亿元，占 6.4%，比上年增长 18.6%，增幅比上年加快 21.9 个百分点；文化服务业 54.4 亿元，占 83.8%，比上年增长 7.3%，增幅比上年加快

0.2 个百分点。

表 2　2015 年全区文化产业增加值及增长速度

行　业	2014 年	2015 年	比上年增长(%)
文化产业增加值(亿元)	58.73	64.94	10.6
其中:文化制造业	4.53	6.39	41.1
文化批发和零售业	3.50	4.15	18.6
文化服务业	50.70	54.40	7.3
附:全区地区生产总值(亿元)	2752.10	2911.77	5.8
文化产业占 GDP 比重(%)	2.13	2.23	

分类别看，2015 年，全区文化产品的生产增加值 56.21 亿元，占文化产业增加值的 86.56%，充分体现了宁夏文化产业发展以文化产品生产服务为主的特征明显。其中:增加值占比最多的前六个行业分别是文化创意和设计服务 16.43 亿元，占 25.3%；其他依次为文化休闲娱乐服务 14.49 亿元，占 22.31%；新闻出版发行服务 10.84 亿元，占 16.69%；广播电影电视服务 6.85 亿元，占 10.55%；文化产品生产的辅助生产 5.5 亿元，占 8.47%；文化艺术服务 4.44 亿元，占 6.84%（见表 3）。

表 3　分类别文化产业增加值及构成

类 别 名 称	增加值(亿元)			
	2014 年	构成(%)	2015 年	构成(%)
合　计	58.73	100.0	64.94	100.0
一、文化产品的生产	52.57	89.5	56.21	86.56
（一）新闻出版发行服务	7.69	13.1	10.84	16.69
（二）广播电视电影服务	5.92	10.1	6.85	10.55
（三）文化艺术服务	6.33	10.8	4.44	6.84
（四）文化信息传输服务	6.27	10.7	1.94	2.99
（五）文化创意和设计服务	13.58	23.1	16.43	25.30
（六）文化休闲娱乐服务	11.84	20.2	14.49	22.31
（七）工艺美术品的生产	0.94	1.6	1.22	1.88
二、文化相关产品的生产	6.16	10.5	8.73	13.44
（八）文化产品生产的辅助生产	3.94	6.7	5.50	8.47
（九）文化用品的生产	2.01	3.4	2.94	4.53
（十）文化专用设备的生产	0.21	0.36	0.29	0.45

(三) 首府银川聚集度较高，引领发展作用明显

全区文化产业单位主要聚集在首府银川地区。从全区五个地级市文化产业发展总量看：银川市文化产业增加值 43.59 亿元，占全区文化产业增加值的比重为 67.12%。其他依次为：中卫市文化产业增加值 7.23 亿元，占 11.13%；吴忠市文化产业增加值 5.95 亿元，占 9.16%；石嘴山市文化产业增加值 4.85 亿元，占 7.47%；固原市文化产业增加值 3.32 亿元，占 5.11%。从对经济发展的贡献看：银川市文化产业增加值占 GDP 的比重为 2.94%、中卫市占 2.28%，占比高于全区平均水平；固原市占 1.53%、吴忠市占 1.47%、石嘴山市占 1.01%，占比均低于全区平均水平（见表4）。

表4　分地区文化产业增加值构成情况

地　区	2015年增加值(亿元)	构成(%)	文化产业增加值占GDP比重(%)
全区总计	64.94	100.00	2.23
银川市	43.59	67.12	2.94
石嘴山市	4.85	7.47	1.01
吴忠市	5.95	9.16	1.47
固原市	3.32	5.11	1.53
中卫市	7.23	11.13	2.28

(四) 城乡居民文化消费稳步提高

随着全区经济的持续稳定发展，城乡居民收入水平的不断提高，城乡居民家庭在文化娱乐方面的支出也有了不同程度的增长。2015年，全区城镇居民人均文化娱乐消费支出 992 元，比上年增长 13%；农村居民人均文化娱乐消费支出 216 元，增长 11.4%（见表5）。城乡居民文化娱乐消费支出增速分别高于人均消费支出。文化娱乐消费支出的稳步提高，为拓展宁夏文化市场提供了一定的条件。

表5　城乡居民消费情况

指　标	2014年	2015年	比上年增长(%)
城镇居民人均消费支出(元)	17216	18984	10.3
农村居民人均消费支出(元)	7677	8415	9.6
城镇居民人均文化娱乐消费支出(元)	878	992	13.0
农村居民人均文化娱乐消费支出(元)	194	216	11.4

（五）文化产业固定资产投资拉动强劲

2015 年，全区文化产业固定资产投资 119.1 亿元，比上年增长 116.5%（见表6），增速比全社会固定资产投资高 106.1 个百分点；占全社会固定资产投资的比重为 3.37%，比上年提高 1.7 个百分点。

表6　按类别分文化及相关产业固定资产投资情况

指标名称	投资额(万元)		比上年增长(%)
	2014 年	2015 年	
合　计	550228	1190989	116.5
一、新闻出版发行服务	2610	2749	5.3
二、广播电视电影服务	3819	10655	179.0
三、文化艺术服务	119432	89479	−25.1
四、文化信息传输服务	1386	96085	6832.5
五、文化创意和设计服务	13956	33303	138.6
六、文化休闲娱乐服务	257336	790039	207.0
七、工艺美术品的生产	53065	2559	−95.2
八、文化产品生产的辅助生产	70919	131470	85.4
九、文化用品的生产	27705	34650	25.1
十、文化专用设备的生产	—	—	—

分类别看，投资额增长最快的是以"互联网+""文化+"为主要形式的文化信息传输服务，增长 68.3 倍，文化休闲娱乐服务、广播电视电影服务、文化创意和设计服务分别增长 2.1 倍、1.8 和 1.4 倍。投资规模最大的行业是文化休闲娱乐服务业，投资额达 79 亿元，占文化产业总投资额的 66.4%；其次是文化产品生产的辅助生产投资额 13.1 亿元，占 11%。

二、文化产业发展中存在的问题分析

（一）文化产业增加值占 GDP 比重低于全国平均水平

由于宁夏经济基础薄弱，文化产业发展尚处于起步阶段，产业聚集度低、地域发展不平衡，文化产业发展总体呈现单位少、总量小，比重低。2015 年末，全区共有文化及相关产业法人单位 2980 个，位居全国 31 个省（区、市）29 位，仅高于青海和西藏。文化产业增加值占地区生产总值的比重为 2.23%，比全国平均水平（3.97%）低 1.74 个百分点，位居全国 26 位，位居西部第 9 位。从目前发展速度来看，与中央和自治区提出的 2020 年文化产业增加值占 GDP 比重达到 5% 的发展目标还有相当一段的距离，仍需采取有力措施加以推进。

（二）缺乏龙头文化企业，文化品牌影响力较弱

2015 年末，宁夏有文化法人企业单位近 2980 家，但达到规模以上的文化法人企业只有 97 家，占比不足 4%；营业收入、资产总计超过亿元的法人企业只有 15 家和 29 家，分别占 15.5% 和 29.9%；营业收入超过 10 亿元的文化法人企业只有 1 家，资产总计超过 10 亿元的企业只有 3 家。一直以来，宁夏的文学艺术领域作品丰硕，在国内文学界享有很高的知名度，但小说大多只停留在出版、得奖的状态，造成了文学艺术领域上游产业链产品富饶，而中下游产业链产品（影视剧本、影视剧）匮乏甚至空白的景象，致使很好的文学作品影响力颇弱，文化产品市场占有率偏低；文化企业实力普遍不强，缺乏有影响力的龙头企业。

（三）文化与科技融合度较低，创新驱动能力有待提高

2015 年，全区有 22 家规模以上文化制造企业中有研发活动的企业仅 4 家，研发面为 18.2%，研发投入强度（即研究与实验发展经费与主营业务收入之比，下同）为 1.52%。按国际惯例，研发投入强度在 5% 及以上的企业才有较强的竞争力，在 2% 及以上的企业只能维持基本生存。2015 年，在全区 4 家开展研发活动的规模以上文化制造业企业中，仅 1 家企业研发投入强度超过 5%，50% 的企业研发投入强度不足 2%。

（四）缺乏文化产业创意型人才的引进与培养机制

文化作为新兴产业，需要有一定数量的人员和高素质的文化人才。目前，宁夏缺乏高端文化战略家人才宏观规划管理文化产业和事业的策划、营销和宣传；缺乏有经验的文化项目执行人才进行专业化的管理经营。同时，高校文化产业人才培养和文化企业人才需求不能有效对接。文化产业人才培训基地或培训中心稀少，培养或引进高层次复合型人才和各类专门性实用性人才机制缺乏。

三、对文化产业发展的思考

当前，全国各地都在深入推进供给侧结构性改革，文化产业在稳增长、调结构、转方式中的重要性越来越高，特别是文化创意产业在科技与经济融合及三产融合方面的作用更加凸显。"十三五"时期又是宁夏进入全面建成小康社会的决胜阶段，自治区文化建设依然需要以新常态的发展理念，主动认识、适应、引领、推动文化新常态，辩证地看待文化新常态下的机遇与挑战，要把文化产业放到更高的战略位置上去推动，力争2020年实现文化产业发展成为国民经济支柱产业（文化产业增加值占GDP比重5%）发展目标。

（一）加大规模以上文化企业培育力度，壮大市场主体

深入落实文化产业发展各项政策措施，促进规模以下文化企业发展壮大，有效增加规模以上文化企业数量，落实部门培育责任，将规模以上文化企业培育情况纳入部门职责范围，督促各级各部门加大培育力度，大力扶持民营文化企业，以竞争促活力、带发展。

（二）大力发展文化制造业，提高占比份额

目前，宁夏文化制造业营业收入占全部文化法人单位营业收入的比重为43.5%，比全国平均水平低4.5个百分点。大力扶持区域特色文化产品制造业，以特色文化产品制造业带动文化旅游业的发展，鼓励特色文化企业做大做强，引领和带动文化服务业发展。

（三）大力发展新兴文化业态，推动文化产业转型升级

有些传统文化行业正在被新媒体新业态取代。因此，根据市场需求，在继续发展传统文化行业的同时，还要紧跟信息消费，个性消费特点，以文化创意为核心、力推互联网信息服务、文化软件服务、专业设计服务等新兴产业，推动文化产业转型升级。

（四）打造知名品牌，壮大龙头企业

深入推进文化与科技融合、与旅游融合，与资本市场对接，推出更多更好的精品文化产业项目。采取以奖代补、贴息贷款等方式，开展全国知名文化品牌创建活动，打造知名文化品牌。扶持龙头企业上市融资，提高龙头企业带动作用。

（五）依靠创新推动文化产业供给侧结构性改革

发挥制度创新和技术进步对供给升级的倍增效应，解决文化低端产品产能过剩与高端产品有效供给不足的供给侧结构性问题。从需求结构看，要提供更多元的创新创意产品，提高投资效益，激发文化消费内生动力；从产业结构看，要精准制订服务扶持措施，支持和推动企业实施经营创新、技术创新、平台创新、管理创新和市场开拓，实现文化产业结构转型升级。

（六）不断完善人才引进培养机制

要制定更加优惠、灵活的文化人才引进政策，鼓励和扶持企业引进在国内外有影响力的高端人才，建设高层次文化人才信息库；设立文化人才培养专项资金，引导和扶持文化骨干企业、园区、平台建立高层次人才引进基地，支持文化企业与高校、科研机构开展产学研人才培养；加大文化人才宣传推介力度，创建宁夏文化人才品牌。

2016 年，面对错综复杂的宏观经济发展环境，全区上下认真贯彻落实习近平总书记、李克强总理视察宁夏重要讲话精神，不断深化对经济发展新常态的认识，通过推进供给侧结构性改革，全区经济保持"总体运行平稳、稳中有进、进中向好"的运行态势，文化产业继续保持稳定发展的良好趋势。

宁夏实现"弯道超车"旅游业能先行
突破的现实解析

鲁忠慧

"弯道超车"原本是赛车中的术语，其本意是在弯道处利用其他赛手降低车速的时机加速超越对手。"弯道超车"作为一种经济学领域的概念，是对一个国家或地区经济非常规发展模式的形象表述，是指"在经济社会发展的特殊时期，国家、地区、产业或企业以非常规的方式，实现后发赶超、跨越发展的经济竞争现象。所谓'弯道'是指发达国家（地区）与发展中国家或地区在经济发展速度快与慢、发展规模大与小和发展质量优与劣之间所形成的发展落差及其在特定发展空间上的表现。而基于危机或转型背景下的在某一特定时段和具体弯道上所实现的跨越发展状态就叫'弯道超车'"[1]。

"弯道超车"是应对经济危机，实现跨越发展的一种手段；是生产要素重新组合的关键期、经济分化的突显期，也是实施后发赶超、科学跨越，实现后来居上的重要机遇期；是经济发展特殊时期，相对落后国家或地区抢抓机遇，实现跨越发展，超越先行者或者缩小与先行者间差距的发展方式。

作者简介　鲁忠慧，宁夏社会科学院文化研究所所长，研究员。

[1] 吴金明. 弯道超车, 赢在创新 [EB/OL]. http://www.doc88.com/p-976464876476.html, 2009-09-17.

在我国整体经济发展速度放缓的情形下，宁夏要赶超或缩小与经济发达地区之间的差距，就必须重视和运用"弯道超车"这样一种非常规的发展模式。我们不仅要认识到"弯道超车"的战略意义，而且要找到实现"弯道超车"的方法和领域。宁夏要实现"弯道超车"，就必须找准突破口。从宁夏旅游业现在发展进行时和未来发展将来时看，实现"弯道超车"宁夏旅游业具备了先行突破的综合因素。

旅游业是世界公认的资源消耗低、就业机会多、综合效益好、可持续性强的产业，在经济社会发展中的重要作用日益凸显。旅游业已与石油业、汽车业并列成为世界三大产业，而目前旅游业已经成为全球第一大产业，其发展态势稳健向上。在当前国际经济低迷、复苏乏力的背景下，旅游业仍然逆势而上，持续保持增长势头，使更多国家和地区越来越重视旅游产业的发展，许多国家政府将发展旅游业作为推动经济增长的重要策略。2015年，我国经济发展进入新常态，国内经济下行压力加大，旅游业却逆势增长，旅游产业正成为新常态下中国经济增长的新引擎。宁夏旅游业也显示出了同样的发展特点，在宁夏经济发展中的地位和作用日渐突出。旅游业发展的这一特点正好契合了经济发展实现"弯道超车"的规律，因此，从不同视角解析和例证大力发展旅游业作为宁夏实现"弯道超车"的先行突破口，极富现实意义。

一、从旅游业对经济增长贡献率持续增长视点的解析

产业对经济增长的贡献率，可以反映经济增长中有多大比例是该产业所做出的贡献，这是考察一个产业时经常要用到的一个指标。旅游产业对GDP的影响是一个反映旅游经济影响的重要指标，亦是衡量其在国民经济中的地位和作用的重要指标。旅游业总收入综合反映了一定时期旅游业发展的总成果，也是研究旅游业发展的重要指标。从历年全国各省旅游收入排行榜看，旅游收入与GDP排名基本同步，旅游经济较发达，旅游收入就会较高。

（一）旅游业对世界经济增长的贡献率

当前，许多国家都将旅游业发展作为提振经济、传播文化、友好交流、

国际合作的重要手段，旅游业已经成为全球经济增长最快的行业，是实现繁荣与和平的重要途径。旅游业是目前世界上规模最大、发展速度最快的行业之一，旅游业在世界经济中的地位越来越重要。其"所创造的价值占据了世界服务业总量的1/3。据世界银行估算，旅游业每消费1美元，可为全球带来3.2美元的经济增长。目前，旅游业贡献了全球约10%的GDP、30%的服务出口，是名副其实的第一大产业[1]。"国际旅游业占世界出口总额的7%，占服务出口的30%。2015年，旅游业占货物和服务出口总额的比重从6%提升至7%，连续4年国际旅游业增幅超过货物贸易。在全世界出口类别中，旅游业排名第三，仅次于燃料和化学品类别，居食品和汽车之前。在许多发展中国家，旅游业是排名第一的出口类别"[2]。根据联合国世界旅游组织的统计，2014年，全球旅游人数达11.33亿，国际旅游花费达12450亿美元。旅游业贡献了全球GDP的10%，旅游业的增速也明显高于世界经济增速，成为名副其实的推动经济增长的领跑者。

(二) 旅游业对我国国民经济增长的贡献率

旅游业经过改革开放后30多年的发展，已逐渐成长为国民经济中的先导产业和第三产业中的支柱产业。旅游产业作为一个新兴产业，其发展在我国已形成一定的规模，对国民经济增长的影响也越来越大。据WTTC、中国国家信息中心等测算，中国旅游业对GDP综合贡献、对就业岗位的贡献均已超过10%。旅游业对经济发展的贡献和拉动作用不断提升。按照联合国世界旅游组织关于《2008年国际旅游统计建议》和《2008年旅游附属账户：建议的方法和框架》，国家信息中心测算了旅游业对经济的相关贡献，测算结果表明：旅游业对GDP的综合贡献达到了10%，对三次产业间接带动的增加值占GDP比重呈逐年增长态势，对关联产业的拉动效应显著。旅游业对GDP的综合贡献，从2012年的9.41%上升为2015的10.51%（见表1）[3]。

[1] 李克强. 让旅游成为世界和平发展之舟——在首届世界旅游发展大会开幕式上的致辞[N]. 中国旅游报,2016-5-23.
[2] 中国成旅游收入第二大国[N]. 中国旅游报,2016-5-11.
[3] 中国旅游发展报告(2016)[N]. 中国旅游报,2016-5-18.

表 1　2012—2015 年中国旅游增加值对 GDP 的综合贡献

年份	旅游产业直接增加值(亿元)	旅游产业间接增加值(亿元)	旅游产业综合增加值(亿元)	占 GDP 比重
2015 年	49888.73	21230.95	71119.68	10.51%
2014 年	46609.378	19753.124	66362.502	10.43%
2013 年	41428.57	17861.249	58932.47	10.08%
2012 年	35107.445	15022.774	50130.219	9.41%

数据来源：国家信息中心提供，其根据国家统计局、国家旅游局公布的各年度统计公报，旅游抽样调查、统计年鉴等数据资料整理计算。

中国已经成为全球第二大旅游经济体。根据世界旅行与旅游理事会的测算预测，中国旅游对经济和就业的绝对贡献分列世界第二、第一，双双超过 10%，到 2023 年，中国旅行与旅游经济的总量将超过美国，位列世界第一 [1]。国家旅游业统计公报数据显示：我国旅游业收入从 2011 年的 2.25 万亿元人民币增长至 2015 年 4 万亿元人民币；"2016 年上半年，国内旅游收入 1.88 万亿元，同比增长 13.72%；国际旅游收入 570 亿美元，同比增长 5.3%" [2]。2015 年旅游业对中国 GDP 的直接贡献率为 4.9%，综合贡献率达 10.8% [3]。根据国家信息中心的测算数据，2015 年，中国旅游业对中国 GDP 的综合贡献约占全球旅游业对 GDP 综合贡献总额的 14.5%，占全球 GDP 总量的 1.5% [4]。2016 年 1 月，国家旅游局局长李金早在 2016 年全国旅游工作会议上表示，今年，我国国内旅游收入预计达到 3.8 万亿元，同比增长 11%；国际旅游收入 1210 亿美元，同比增长 6.5%；旅游总收入预计 4.55 万亿元，同比增长 10%。

（三）旅游业对宁夏经济增长的贡献率

从《宁夏旅游经济发展统计公报》《宁夏国民经济运行情况》和《宁夏国民经济和社会发展第十三个五年规划纲要》以及《宁夏全域旅游发展

---

[1] 宋瑞. 世界旅游舞台上的中国(旅游漫笔)[N]. 人民日报海外版, 2016-5-4.

[2] 我国旅游业上半年实现十大突破[N]. 中国旅游报, 2016-8-26.

[3] 李克强. 让旅游成为世界和平发展之舟——在首届世界旅游发展大会开幕式上的致辞[N]. 中国旅游报, 2016-5-23.

[4] 中国旅游发展报告(2016)[N]. 中国旅游报, 2016-5-18.

三年行动计划》整理数据显示： "十二五"时期，宁夏旅游业稳步发展，游客总数、旅游总收入以及旅游外汇总收入和所占 GDP 比重持续增长，旅游经济发展呈现出了良好的发展态势，宁夏旅游业不仅成为了宁夏第三产业中最具活力的行业之一，而且成为宁夏国民经济中发展最快的行业之一，2014 年旅游业已经成长为国民经济的支柱性产业，宁夏旅游经济发展已经成为全区经济新的经济增长点（见表 2）。

表 2　2011—2015 年宁夏旅游总收入占 GDP 比重

年度	游客总数（万人次）	旅游总收入（亿元）	旅游外汇收入（万美元）	占 GDP 比重（%）
2011 年	1169.61	84.21	619.57	4.09
2012 年	1340.89	103.39	545.10	4.44
2013 年	1820.42	127.30	1208.31	4.91
2014 年	1674.99	142.70	1848.23	5.18
2015 年	1839.48	161.30	2083.86	5.19
2018 年（预计）	2500	240		6.7 以上
2020 年（预计）	3000	300		8.0 以上

实证结果表明：宁夏旅游业对 GDP 的溢出效应显著，旅游业在宁夏经济增长中发挥着重要作用，对宁夏经济增长的贡献越来越大，成为拉动宁夏经济增长的重要产业。

二、从旅游业政策环境向好视点的解析

利好的宏观政策环境对旅游业的发展有着至关重要的引导和推动作用，是旅游业提升整体竞争力和可持续发展的助推器。 "十二五"时期，国家及宁夏不断出台推动旅游业发展的政策措施，政策环境的不断优化更加有利于旅游业的发展。

（一）国家系列政策推动旅游业发展的例证

为充分释放旅游业的增长潜力， "十二五"时期国家出台了多项政策法规，通过逐步落实带薪休假制度、加快基础设施建设、加大资金支持等方面，全力推动旅游产业发展。2009 年的《关于加快发展旅游业的意见》首次提出，要把旅游业培育成为国民经济的战略性支柱产业，之后，先后出台了《关于金融支持旅游业加快发展的若干意见》 （2012 年）、 《关于

鼓励和引导民间资本投资旅游业的实施意见》（2012 年）、《国民旅游休闲纲要（2013—2020 年)》（2013 年）、《关于促进旅游业改革发展的若干意见》（2014 年）、《关于进一步促进旅游投资和消费的若干意见》（2015 年）等。

（二）宁夏系列旅游发展战略推动旅游业发展的例证

2010 年的《关于制定国民经济和社会发展第十二个五年规划的建议》提出，要大力发展旅游业，着力打造西部地区独具特色的旅游目的地；2011 年的《自治区党委人民政府关于做强做大文化旅游产业的决定》提出，努力把文化旅游产业培育成宁夏重要支柱产业和新的经济增长点，经过 5~10 年的发展，基本建成面向全国乃至阿拉伯国家和穆斯林地区独具特色的文化旅游目的地；2012 年的《宁夏旅游业发展"十二五"规划》提出，经过 5~10 年的努力，把宁夏建成海内外旅游者向往的、具有强大市场竞争力的中国西部特色旅游目的地和面向世界穆斯林的国际旅游目的地，使宁夏旅游业成为全区国民经济的战略性支柱产业和人民群众更加满意的现代服务业；2012 年的《宁夏内陆开放型经济实验区规划》提出，要将宁夏打造成为特色鲜明的国际旅游目的地的战略目标；2015 年出台了《关于全面提升旅游服务质量"十百千万"工程的若干意见》，2016 年 7 月发布的《宁夏全域旅游发展三年行动计划》提出，产业围绕旅游转、产品围绕旅游造、结构围绕旅游调、功能围绕旅游配、民生围绕旅游兴的全域旅游发展思路。这些系列发展战略思路成为推动宁夏旅游发展强大支撑力。

三、从旅游消费对经济增长正向影响视点的解析

随着我国国民生活水平的日益提高，国民消费的非物质要求很快增长，消费结构正迅速向发展型、享受型升级，旅游成为人们休闲的消费热点，旅游消费随之也成为我国国民消费的时代特点。经过 30 多年的发展，中国实现了从短缺型旅游到初步小康型旅游大国的转变，特别是自 2000 年以来，国内游客数量呈现持续高位增长，推动中国步入了大众旅游时代，旅游已经成为许多中国人日常生活的一部分。国内旅游从小众市场向大众化

转变，大众旅游消费时代的到来，使中国成为全世界最大的国内旅游消费市场。国内旅游消费不仅可以产生直接的国内旅游收入，同时还可以通过旅游乘数效应作用而产生间接的国内旅游收入。随着我国国内旅游消费水平的不断提高以及旅游产业发展的逐步完善，旅游消费经济对经济增长的拉动效应和乘数效应也会逐渐增大，国内旅游消费对经济增长产生的正向影响正在逐步加大。旅游支出的乘数效应，就是 1 元的旅游支出大约可以带来 6 元左右的总支出[1]。据世界银行估算，旅游业每消费 1 美元，可为全球带来 3.2 美元的经济增长[2]。旅游消费增长 1%，能拉动 GDP 增长 0.51%[3]。

旅游消费业已成为我国国民的消费趋势，并具有强大的发展潜力和上升空间，中国正在奏响旅游市场最强音，迎来旅游发展的黄金期。旅游已经从少数人的奢侈品，发展成为大众化、经常性消费的生活方式。改革开放以来，随着中国经济与国民收入的增长，国民人均出游从 1984 年的 0.2 次增长到 2015 年的 3 次，增长了 14 倍。国内游客数量从 1984 年约 2 亿人次扩大到 2015 年 40 亿人次，增长了 19 倍，年均增长 10.2%[4]。2015 年，中国居民国内旅游支出额占居民消费支出的 10%。预计到 2020 年，中国居民人均出游次数和旅游收入还将翻一番[5]。2014 年，国家出台的《关于促进旅游业改革发展的若干意见》中提出我国旅游业到 2020 年要实现的三大目标，即境内旅游总消费达到 5.5 万亿元，城乡居民年人均出游 4.5 次，旅游业增加值占全国 GDP 的比重超过 5%。预计到 2020 年，我国将从初步小康型旅游大国迈向全面小康型旅游大国，年人均出游次数达到中等发达国家水平，我国旅游业在规模、质量、效益上均将达到世界旅游大国水平。据世界旅游组织预测，到 2020 年，全球将接待 16 亿人次的国际旅游者，国际旅游消费收入将达到 2 万亿美元，国际旅游人数和消费年均增长率将

[1] 李志青. 旅游业产出贡献的经济分析：上海市旅游业的产出贡献和乘数效应[J]. 上海经济研究，2001(12).

[2][5] 李克强. 让旅游成为世界和平发展之舟——在首届世界旅游发展大会开幕式上的致[N]. 中国旅游报，2016-5-23.

[3] 白津夫. 扩大旅游消费，拉动内需增长[J]. 经济与管理研究，2009,(12):5~8.

[4] 中国旅游发展报告(2016)[N]. 中国旅游报，2016-5-18.

分别达到 4.35% 和 6.7%，远远高于世界经济年均 3% 的增长率，国际旅游人口将占世界总人口的 3.5%，到 2020 年中国将成为世界最大的旅游目的地。旅游业对国内居民消费的拉动水平超过了批发零售业、房地产业等高需求部门，成为拉动国内居民消费的第一大产业[1]。

四、从旅游业带动性强、关联度高视点的解析

旅游业是关联度较大和带动作用较强的产业。由于旅游涵盖了"吃、住、行、游、购、娱"六要素，由此决定了旅游产业是一种带动性强、关联度高的产业，是由众多行业和部门复合而成的综合性产业，其涉及面较广，对相关产业的渗透力极强。除根据其直接效应对旅游产业本身进行增值以外，旅游业还通过其较强的关联效应，不断向第一、第二及第三产业内部的其他相关产业进行渗透，通过乘数效应扩大经济效应，带动地区经济的增长。在首届世界旅游发展大会开幕式上的致辞中李克强总理指出："现代旅游业是融合一二三产业的综合性产业，这是一种新经济，不仅促进农产品消费和升值，也带动更多适应群众需要的工业品开发，其关联产业达 110 多个，对餐饮、住宿、民航、铁路客运业的贡献率都超过 80%。'一业兴，百业旺。'"[2] 旅游业影响国民经济发展的一个重要机制是增加就业，即旅游业不仅直接提供了包括航空、饭店、旅馆、零售和娱乐等旅游产品和服务的工作机会，而且还为旅游产品服务二级供应商、政府机构、旅游出口行业等部门提供了大量的工作机会。研究表明：城镇居民旅游消费和 GDP、第三产业增加值之间具有协整关系。城镇居民旅游消费每增加 1%，GDP 增加 0.79%，第三产业增加值增加 0.85%[3]。

五、从旅游投资环境利好视角的解析

旅游业对国民经济的贡献，不仅是拉动消费，对投资也有很大的拉动

---

[1] 刘益. 旅游业对扩大我国最终消费的影响评估及对策分析[J]. 旅游学刊,2010(9).

[2] 李克强. 让旅游成为世界和平发展之舟——在首届世界旅游发展大会开幕式上的致辞[N]. 中国旅游报,2016-5-23.

[3] 张丽峰,柳彬德. 我国居民旅游消费对经济增长的影响分析[J]. 技术经济,2009,(5).

作用。旅游不仅是消费热点，同时也是投资热点。国家旅游局发布的《2014年中国旅游业投资报告》显示：在经济下行压力加大、投资增长乏力的情况下，全国旅游投资增长强劲，成为社会投资热点和最具潜力的投资领域，而且呈现出民间投资积极性强、在线投资增长速度快、单体项目投资资金大、休闲度假目的地投资多等特点。2015年，全国旅游业实际完成投资10072亿元，同比增长42%，增幅比2014扩大10个百分点，高于全国固定资产和第三产业投资增速约30个百分点。截至2015年12月23日，全国共有105个优选项目落地，占全部优选项目的21%；批贷金额达298.34亿元，放贷金额达234.5亿元[1]。李克强总理在首届世界旅游发展大会开幕式上的致辞中指出，"过去5年，旅游业投资年均增长40%，去年突破1万亿元"[2]。有关部门预测，"未来3年，旅游直接投资规模将超过3万亿元"[3]。

六、从全域旅游发展战略视点的解析

全域旅游发展战略是2016年初在全国旅游工作会议上提出的，由此，全域旅游成为了我国新时期旅游业发展战略，成为现阶段我国旅游业转型升级的发展战略、旅游业发展的国家战略，也成为宁夏现阶段发展旅游业的着力点和切入点。把宁夏当作一座城、一个景区来打造，通过发展旅游业带动其他产业发展，这是宁夏发展全域旅游的新理念和新目标。宁夏提出"全域旅游"发展战略，是继海南国际旅游岛之后，率先发声的内陆省区，同时也是继海南省之后被国家确立为第二个发展全域旅游示范省区。2015年自治区政府工作报告中，就提出"把宁夏作为一个城市规划布局"，2016年自治区政府工作报告中，明确提出了"全景""全时""全民""全业"的发展模式，建设宁夏全域旅游目的地。2016年7月，制定出台的《宁夏全域旅游发展三年行动计划》中提出产业围绕旅游转、产品围绕

---

[1] 沈仲亮. 旅游投资与消费新常态下经济增长的新引擎[N]. 中国旅游报, 2016-2-19.

[2] 李克强. 让旅游成为世界和平发展之舟——在首届世界旅游发展大会开幕式上的致辞[N]. 中国旅游报, 2016-5-23.

[3] 冯颖. 2015,旅游产业走在经济建设主战场[N]. 中国旅游报, 2016-1-1.

旅游造、结构围绕旅游调、功能围绕旅游配、民生围绕旅游兴的全域旅游发展思路。2016 年 7 月，习近平总书记在宁夏视察时对全域旅游发展理念和模式给予了"发展全域旅游，路子是对的，要坚持走下去"的高度肯定，使全域旅游成为了宁夏党政力推的工作、旅游行业发展的主题。全域旅游是成为迎接大众旅游时代、推动宁夏旅游业可持续健康发展的必然选择。咸辉主席指出，发展全域旅游，创建全域旅游示范区，对加快宁夏经济转型升级具有重要的作用和意义。

近年来，宁夏党委、政府把旅游业作为支柱性产业重点培育、优先发展，使宁夏的旅游业连续 12 年保持了两位数持续健康快速发展的旺盛势头，为宁夏稳增长、调结构、扩内需、惠民生做出了积极贡献。目前，为推动宁夏全域旅游发展，自治区在管理体制机制改革上成立了宁夏旅游发展委员会，在机构设置、政策、资金、营销推广等方面对中卫市、永宁县、西夏区、平罗县、青铜峡市、泾源县这 6 个首批国家全域旅游示范区创建试点单位给予着全力支持。宁夏旅游管理体制不断健全，机制快速理顺，高效顺畅的联动机制，政策、资金的大力支持，为宁夏全域旅游发展，力争把旅游业建设成开放宁夏的先导产业、富裕宁夏的支柱产业、和谐宁夏的富民产业、美丽宁夏的绿色产业打下了一定基础。

总之，在经济发达国家旅游休闲消费习惯已经养成，国内旅游休闲消费渐成趋势，并将成为人们持续性消费的核心休闲方式的现状下，无论是从旅游业对国民经济的贡献率、旅游消费对经济社会的拉动作用，还是旅游政策的支持、全域旅游战略对旅游业的推动力以及旅游业带动性强、关联度高和旅游投资成热点等，都说明了宁夏实现"弯道超车"旅游业先行突破有条件、有基础，具备了先行突破的实力和现实环境。在经济下行压力加大的背景下，旅游业必然成为力推宁夏经济发展的新动能。

张贤亮小说的影视改编研究及宁夏小说
影视改编存在的问题

许 峰

文学作为人类精神文化的一种，其存在方式一直是口头的或者文字的，而影视则以全新的表现形态对文学进行了改造，把文学内在的审美因素转移到银幕上。这是一次传播方式的革命，也是一次审美形态的革命。文字的单一形式被打破了，画面和声音给审美主体提供了新的阅读姿态。在这样的转化过程中，文学作为母体，影视要不断地从中抽取营养来滋补自己的体魄，而在宽阔的银幕上随处可见文学的审美基因。可以说，影视成为许多作家梦寐以求的传播方式，影视对作家的创作产生了深远的影响。从文学到影视，这样的转化，改编起到决定性的作用。

一、张贤亮小说的影视改编

著名文学评论家阎纲曾经惊喜地慨叹道："宁夏出了个张贤亮。"作为活跃于上世纪八九十年代文坛的重要作家，张贤亮以其作品题材的丰富多样，内容的深厚凝重和表现历史及人性的深度而震动文坛。在"伤痕文学""反思文学""改革文学"等新时期重要的文学思潮中，都留下了张贤亮重要的创作足迹。其中他的"唯物论者启示录"系列中《绿化树》《男人的一半是女人》引起读者和评论家的高度关注，引发了最为激烈的争

作者简介 许峰，宁夏社会科学院文化研究所助理研究员。

论。他的小说所表现出来的"饥饿心理学"和"性心理学"大胆而深刻地触动了时代和社会的神经，消解了新中国成立以来极左神话所赋予的历史合理性。尤其是提供了当代中国知识分子受难最真实的生活图景和最真实、隐秘的心理感受，对他们负荷着时代痛苦而探索前行的受难灵魂进行了深入而细致的剖析。这一切无疑将张贤亮推向了当时时代的前列，他的作品不仅充满着强烈的政治性因素，而且以文学本身的力量引人入胜，时至今日，张贤亮的作品仍然蜚声国际文坛，并且有"中国的米兰·昆德拉"之誉。

真正让张贤亮妇孺皆知的应该是 1982 年的电影《牧马人》，这部电影是由著名导演谢晋来执导，著名作家、编剧家李准来编剧，根据张贤亮 1980 年发表在《朔方》第 9 期的短篇小说《灵与肉》改编而成，影片公映之后，观众达 1.3 亿人次。这个庞大的观影人次，至今仍无法超越。这部影片获得了中国电影金鸡奖、《大众电影》百花奖最佳故事片奖和文化部优秀影片奖等多个奖项，广受赞誉。从此，张贤亮和他的有着"东方好莱坞"镇北堡影视城逐渐走进了大众的视野。据悉，《灵与肉》即将重新进入大众的视野，该小说将被宁夏电影集团改编成 40 集的电视连续剧，我们正期待这部经典的艺术再现。

张贤亮是新时期以来创作较多的作家之一。张贤亮 1979 开始执笔创作，先后发表的短篇小说《邢老汉和狗的故事》《灵与肉》《肖尔布拉克》《初吻》等，中篇小说《土牢情话》《龙种》《河的子孙》《绿化树》、《浪漫的黑炮》《男人的一半是女人》，长篇小说《男人的风格》《无法苏醒》《习惯死亡》。其中《灵与肉》《肖尔布拉克》分别获 1980 年和 1983 年全国优秀短篇小说奖。《绿化树》获第三届全国优秀中篇小说奖。20 世纪 90 年代以后，他创作了长篇小说《我的菩提树》《青春期》，21 世纪之后，他创作了长篇小说《一亿六》。在这些作品中，据统计，有 9 部文学作品被改编为影视作品，他们分别是《灵与肉》《肖尔布拉克》《龙种》《邢老汉和狗的故事》《浪漫的黑袍》《男人的风格》《河的子孙》《异想天开》《我们是世界》，其中前 7 部是张贤亮的小说，《异想天开》《我们是世界》是张贤亮写的剧本。相比其他作家而言，张贤亮的文学作品为什么能够赢得导演们青睐？因为张贤亮的文学作品在叙事故事和叙事内涵方面为导演提供了许多影视改编的前提条件。世界著名小说家亨利·詹姆斯在《小说的艺术》一文中提出这样一个文学问题：除去事件的结果，人物是什么？除去人物的说明，事件又是什么呢？[1] 人物和事件是小说的重要因素，而电影剧本则是关于某一关键事件的，而故事讲述的则是人物的行为及对该事件的反应。它是所有动作及人物的来源。[2]

张贤亮的众多文学作品为什么能够被搬上荧幕而且深受观众的青睐和好评？我认为有以下原因：

首先，小说的时代主题与高昂的时代环境相契合，重焕生机的国家话语以极强的现实感召力吸引着文学和艺术自觉追赶前进的时代洪流。在新时期早期的各种文学思潮（伤痕、反思、改革）中，张贤亮的小说都积极地参与其中，并成为各种文学思潮的弄潮儿。作为"伤痕文学"代表作的《灵与肉》讲说了一个被遗弃的富家子弟许灵均被共产党收留后培养成人，但继而被打成右派，又遭到共产党的遗弃。他被流放到一个偏僻的农场劳教，整日与牲口为伴，他的冤屈只能向马倾诉。就这样，许灵均把自己的生命气息与大自然的气息混在一起。祖国的大自然抹平了许灵均的伤口，直到有一天，许灵均的生父许景由从国外请他出国继承财产，他毅然辞别了阔绰的父亲回到了黄土高原。张贤亮刻意塑造一个拒绝外国富裕生活的"爱国者"形象，他努力强调这种无怨无悔的忠诚和奉献精神。《肖尔布拉克》的主题依然强调的是苦难对于人生的锤炼。这两篇小说折射出伤痕美的光辉，而这种艺术处理恰恰体现出 20 世纪 80 年代知识分子在争取历史主体地位的道路上的政治诉求。作为"改革文学"代表作的《龙种》中塑造的新时期勇于革新的闯将形象正是艰难的社会改革所亟须的人物造型。

从时间上来看，张贤亮被影视改编的小说多集中在 20 世纪 80 年代的作品，而此后 20 世纪 90 年代和 21 世纪之后的作品则失去了影响力，因而

---

[1] 王春元,钱中文. 美国作家论文学[M]. 刘保瑞等,译. 上海:三联书店,1984:9.

[2] 〔美〕悉德·菲尔德. 电影剧本写作基础[M]. 北京:世界图书出版公司,2012:32.

也无缘受到影视的眷顾。这其中的原因在于 20 世纪 80 年代的张贤亮小说所展现出来的思想主题迎合了时代的需求，在表达社会主旋律的同时又能够彰显出强烈的民族文化认同。这种社会认同感使得小说被改编成电影之后获得社会各阶层普遍的认可，进而引起广泛的共鸣。让经历了社会动荡的中国人民那颗受伤的心灵得到了抚慰。

从篇目的选择上，张贤亮的《绿化树》《土牢情话》和《男人的一半是女人》等文学史上的名篇反倒没有被影视改编，其中的缘由恐怕是这三篇小说都涉及了当时的历史禁区（劳改内容）和艺术创作的禁区（性描写），这与 20 世纪 80 年代所表现出来的社会主旋律不符，甚至相悖，故遭搁浅。而今，再重新审视这三部作品又因为与时代步伐的脱节，已无法唤醒市民的集体记忆（观影群体已发生了巨大的变化）。

其次，小说到电影的转换过程得益于著名编剧、导演和演员的通力合作。

文学之所以能够变成电影，是因为文学含有电影所需要的美学内涵，含有可以与电影对等的美学要素，比如人物、故事、语言、时空感、节奏感等。这些都是文学与电影共同具备的艺术元素。电影从根本上说是叙事的艺术，文学到电影的改编最根本的部分就是叙事的转换，转换的过程往往需要编剧、导演与演员合力完成。

文学与电影永远是两种形式的艺术，虽有其相通之处，更有其无法逾越的艺术鸿沟。所以，对于文学到电影的改编需要的是那些有丰富创作经验又深通电影之道的作家才能把文学作品改编成电影剧本。许多优秀的剧作家以一种神圣的责任感来完成对名著的改编，然后把剧本交给他认为能够表达剧本精神的导演去拍，这种"强强联合"一般会改出好的电影剧本，拍出优秀的电影。演员是文学人物转换和导演思想的最终体现者，是文学人物精神的载体。导演选择演员的主要标准有两个：一是演员与文学人物外形上的相似性；二是演员对原著的理解力和表现力。具备编剧、导演和演员这三个要素，方能将一篇小说成功地搬到荧屏上去。

张贤亮的小说改编成电影后之所以获得好评，就源于编剧、导演、演员三者的出色合作。下面的图表是张贤亮小说被改编成电影的简介。

张贤亮的小说被改编成的部分电影简介

小说	电影	编剧	导演	演员
《灵与肉》	《牧马人》	李 准	谢 晋	朱时茂 丛 珊 牛 犇
《肖尔布拉克》	《肖尔布拉克》	杨仁山	包起成	周里京 张伟欣 朱 琳
《浪漫的黑炮》	《黑炮事件》	李 维	黄建新	高 明 刘子枫 杨亚洲
《龙种》	《龙种》	张贤亮		
《罗泰》	《罗泰》	郭允泰 俞 平 李 炎		
《邢老汉与狗的故事》	《老人与狗》	李 准	谢 晋	谢 添 斯琴高娃 高保成 冯恩鹤 孟 瑾

从这个图表中，我们可以看到，张贤亮小说被改编成电影这一过程，其中的编剧、导演和演员可谓都是全明星阵容。著名作家兼剧作家，创作长篇小说《黄河东流去》的李准，第三代导演代表谢晋，第五代导演代表黄建新等，著名演员周里京、朱时茂、斯琴高娃、朱琳、牛犇、高明等，这样的创作与表演阵容无疑保证了从小说到电影改编的成功。

再次，电影对小说审美转换过程的实现。

文学的基本构成元素是字、词、句、段、节、章，而电影的基本元素则是由镜头组成的各种各样的蒙太奇。在文学元素和电影元素之间可以找到一种相互沟通的渠道即审美转换的渠道。在电影艺术中，"行动即语言"，电影要围绕着人物来展开叙事。所以，小说到电影的叙事转换其实是将小说中的人物情节凸显出来作为电影中的叙事语言。

《灵与肉》仅仅是一篇短篇小说，从一篇短篇小说的容量扩充为一部近100分钟的电影《牧马人》，这个扩充的过程自然要添加很多内容才能在情节上充实起来了。小说本身给电影的改编提供了广阔的历史空间。电影用与小说同样的方法回顾了许灵均的童年，并以更为形象的视觉语言生动地展现了他在父母争吵声中的惊恐和压抑。对于许灵均父子的心理冲突，电影比小说更突出了现实生活对许灵均固有生活方式的冲突。《牧马人》吸取了小说的叙事结构，从主人公的现实境遇开始进入叙事状态，镜头不断地在历史和现实之间转换，增强了历史的交错感和命运的不确定性。对比而言，电影比小说增添了些更有生活气息的细节。许灵均一家三口在马车上的对话、许灵均在马棚中用马套自杀和受到老乡帮助外出放牧等情节都是小说没有的。一些情节在小说中只有几句简单的描述，电影中却扩展为大段的故事。

在《浪漫的黑炮》中表现得更为突出，《浪漫的黑炮》本是一部"元小说"，小说的情节和人物都呈现碎片化，张贤亮在这部小说中尝试一种新的创作方法，在叙事上作者成为了小说文本无所不能的主宰者，不断跳出事件来叙述小说的荒诞性。电影的改编不会把它拍成一部"元电影"来讲什么电影技巧，而是用极端郑重、严肃的形式来逐层拆解一个荒诞不经的闹剧。电影《黑炮事件》为了达到严肃化的效果，增加了许多富有象征性的情节。比如两次大俯角拍摄的开会场面、孩子的多米诺骨牌游戏等场景，都赋予了深刻的象征意味。

由小说到电影，必须要经过审美转化的过程，由文字到图像的处理，将小说语言用蒙太奇的镜头表现出来。行动即语言，电影的语言就是要围绕着人物展开叙事，电影所展现出来的艺术弥补了小说写作的不足。

最后，小说及其被改编成的电影的成功源于那个时代的精神文化氛围。

20世纪80年代是一个充满激情的年代，是主流意识形态与民间文化形态产生交集的年代，同时也是一个充满着理想主义的年代。置身其中的知识分子或是批判，坚守启蒙主义的大旗；或是忏悔，清算长期隐匿在民族内心之中的"左"的基因。不管呈现怎样的姿态，知识分子与民众一样，从痛苦中走出来热情地拥抱这个时代。然而，当他们安静下来反思历史与感受现实的时候，才真正地发现，我们这个民族在几十年的阶级斗争中已变得"营养不良"，严重滞后于世界的发展。人们需要的不仅是物质层面的满足，更需要让精神世界变得不再苍白。在这样一个文化语境中，张贤亮的小说与被改编的电影首先表现出政治和时代的必要性，迎合了整个民族、国家的情绪需求。因此，在一个精神营养严重不足的时间段里，张贤亮小说改编成的电影犹如一杯杯的牛奶面对一群嗷嗷待哺的婴儿一样。是那个时代的精神文化氛围将张贤亮推到了时代的前列，成为了家喻户晓的作家。

二、宁夏小说影视改编及存在的问题

新时期以来的宁夏小说，特别是中短篇小说在全国都有着极高的影响力，甚至一段时间内，国内的文学大刊对宁夏作家的小说情有独钟，宁夏小说也屡次获得各类文学大奖。下面只列举宁夏小说获得全国大奖的名单。

宁夏小说获得全国大奖的目录

作者	篇名	获奖
张贤亮	灵与肉	1980 年全国优秀短篇小说奖
张贤亮	肖尔布拉克	1983 年全国优秀短篇小说奖
张贤亮	绿化树	第三届全国中篇小说奖
石舒清	清水里的刀子	第二届鲁迅文学奖
郭文斌	吉祥如意	第四届鲁迅文学奖
查 舜	月照梨花湾	第二届少数民族文学骏马奖
石舒清	苦土	第四届少数民族文学骏马奖
马宇桢	季节深处	第六届少数民族文学骏马奖
马知遥	亚瑟爷和他的家族	第七届少数民族文学骏马奖
金 瓯	鸡蛋的眼泪	第七届少数民族文学骏马奖
石舒清	伏天	第八届少数民族文学骏马奖
了一容	挂在月光中的铜汤瓶	第九届少数民族文学骏马奖
李进祥	换水	第十届少数民族文学骏马奖
马金莲	长河	第十一届少数民族文学骏马奖
季栋梁	上庄记	第十三届精神文明建设"五个一工程"奖
马金莲	马兰花开	第十三届精神文明建设"五个一工程"奖

另外，宁夏还有许多小说家多次荣获"庄重文文学奖""小说选刊奖""人民文学奖""春天文学奖""回族文学奖"等。

宁夏这么多获奖作品，除去张贤亮的小说以外，还有查舜的《月照梨花湾》被改编成为电视剧，石舒清的《清水里的刀子》被改编为电影。其中《清水里的刀子》最近获得第 21 届釜山国际电影节"新浪潮"奖，并荣获第 36 届夏威夷国际电影节"评委会最佳摄影特别奖"和"亚洲电影促进奖"。

可以说，宁夏的小说完全具备了改编为影视的能力。但为什么至今宁夏小说大多还只能默默停留在传统的纸质媒体上不能被搬上银幕？这里面有客观原因，也有主观原因。

客观上来讲，可以用"时过境迁"这一词来描述文化语境的无奈。既有的文学秩序发生了深刻的裂变。文学被市场化、媒体化和大众化——代表新市民审美趣味和价值理念的文学迅速蔓延，并且随着网络文学的兴起，中国现代文学苦心经营的深度模式土崩瓦解，文学走向了平面化、去中心化、非文学化及祛深度叙事的道路。[1]在这样一种消费时代的文化语境中，宁夏小说的那份坚守成了腻味了都市灯红酒绿的读者们的阅读调味品。调味品毕竟是调味品，成不了主食。在这个追求票房的时代里，思想和艺术坚守的影片往往票房惨淡，比如贾樟柯的作品，国外屡获大奖，国内票房惨淡。比如《百鸟朝凤》，影院放映时间安排的尴尬。宁夏小说所提供的故事虽然是一个充满着精神烛照的世界，但这个世界与大众文化的趣味相去甚远。

那么，为什么宁夏的小说家不创作那些迎合大众文化趣味的文学作品呢？这与宁夏作家们对纯文学理解与坚守有关，他们自身清楚，他们生活的那种积淀根本无法与当前的消费文化实现对接，他们的文学理性也不允许其将文学活动当作牟利的商业活动。因为在他们眼中，文学创作是有底线的，尽管不敢苟同"作家是人类灵魂的工程师"之说，尽管现在处在一个价值判断的多元时代，但他们丝毫不怀疑，文学活动终究是一项灵魂的事业。这是他们共同遵守的底线。所以，他们在创作的过程中，从未事先考虑市场和小说的商业价值何在，从未担心小说的写作是否符合剧本改编的模式。他们自身成长的经历使得他们的写作首先考虑的是如何以精神之光来照亮生活在这片土地上的人们生存的艰难、琐碎与平庸，以及在这些艰难、琐碎与平庸中生成的美感与诗意，从而给人一种生存的勇气与精神的敞亮。所以，宁夏作家成不了刘震云，也不想成为刘震云。

---

[1] 赵学勇,王贵禄.守望·追寻·创生——中国西部小说的历史形态与精神重构[M].北京:北京大学出版社,2012:210.

再者，钟情于票房的投资方的欣赏口味与宁夏小说关注的题材和主题有很大的差距。宁夏小说以乡土见长，多表现出底层民众的社会生存状态。

宁夏引以为傲的电影《画皮Ⅰ》《画皮Ⅱ》创造了票房奇迹，但这两部电影与我们的日常生活，尤其是底层民众的艰辛生活和生存体验又有多大的关联？这两部影片又充满着多少人文关怀和意义的追求？娱乐化时代的文化产品首先考虑的是娱乐化的要旨，真正那些蕴含思想内涵与艺术价值的作品往往被边缘化。所以，宁夏小说的影视改编，文本和编剧都不是问题，问题是影视的投资方。投资方的口味决定了改编的成功与否，决定了小说是否能成为电影。

主观上，21世纪以来的宁夏小说在创作过程中确实存在技术问题。比如小说的整体画面感不强。之所以张贤亮的小说能被改编，一个重要原因是张贤亮的小说充满着画面感，他的小说借鉴了电影中的蒙太奇艺术形式，《灵与肉》《肖尔布拉克》等作品无不如此。然而，随着"内在性"这一理论概念的兴起，21世纪以来的小说越来越倾向于内心世界的展露，宁夏小说也是如此。小说中大量的心理描写固然能够凸显出分明的人物性格，这样的艺术处理对于小说创作而言无可非议，但对于讲究镜头感的电影艺术而言，凸显人物性格依靠的是人物行动。因而，电影剧本往往倾向于那些靠戏剧性的故事情节来演绎的小说。

另外，宁夏小说中有大量的涉及民族题材的小说，因为涉及宗教信仰和宗教禁忌的问题，小说在影视改编方面面临着巨大的难题。有些细节形成小说文字可以，但形成电影镜头则成为棘手的问题，甚至成为改编的禁区。比如回族作家李进祥的短篇小说《换水》，就曾被试图进行影视改编，但顾忌到小说中回族女性杨洁在洗澡中展露出来的被烟头烫伤的裸体，这一情景对于回族观众而言，是绝对不允许用电影镜头来表现的，故此，《换水》的电影改编便没能实现。

在消费文化盛行、产业化的时代里，如何来解决宁夏小说影视化生产的问题确实是一个难题。

首先是国家对于当前的电影不能一刀切式地推向市场，要对艺术类电影予以政策保护。如果让市场成为一块试金石，那么，那些纯艺术类的电影或者反映精英文化的影视作品可能面临着极为尴尬的生存境遇。因此，可以借鉴西方发达国家的电影政策，比如法国。对于艺术类型的电影，政府要予以资金补偿和政策保护。法国政府规定，每制作一部商业电影出来，盈利的一部分也得拿出来投入一部非商业电影。在政府的干预之下，商业片和艺术片之间形成了某种循环机制。这些政策对于我国电影的发展是一个很好的启示。如果不能给艺术类电影一个发展的空间，形成不了一个适宜艺术影片生存的良好大环境，那么，那些坚守灵魂写作的作品只能在低端运行。

其次，宁夏要自觉形成从小说到电影的产业链条，从小说到剧本，从剧本到上影，这中间的各个环节都要有专业的团队来具体操作，显然，对于小省份的宁夏来讲，达到这样的要求还存在很大的难度。以最近获奖的电影《清水里的刀子》为例，看看打造这样一个奖项需要什么样专业团队？导演王学博曾担任耿军执导作品《锤子镰刀都休息》和万玛才旦执导作品《塔洛》的制片人。两部影片分别斩获第五十一届台湾金马奖最佳短片奖、第五十二届台湾金马奖最佳改编剧本奖。影片由著名导演尔冬升、张猛、万玛才旦共同监制，《锤子镰刀都休息》摄影师王维华掌镜，《刺客聂隐娘》剪辑师廖庆松和青年剪辑师郭晓东共同剪辑，《推拿》声音指导富康设计声音，《路边野餐》制片人王子剑担纲制片。剧本是由宁夏作家石舒清、马金莲、马悦来负责改编，可从剧本到电影上映这中间的一系列的环节所需要的专业团队和投资，对于宁夏而言是很难提供出来的。

最后，作为作家要在创作技艺上加以锤炼。过去引以为傲的乡土写作已经产生了严重的审美疲劳，因此，需要作家们在题材的选择上，在艺术方法的运用上，在思想主题的表达上都要来一次革新。革新的前提是要建立在对这个社会充分认知基础上的，乡土题材不是不能再写，而是要求宁夏作家们要摆脱以往写作乡土题材固有的模式，不能还停留在"苦难加诗意"的模式上。新的乡土写作要建构在社会转型对乡土社会所带来的震荡以及在这一过程中农民所发生的变化。在艺术手法上，宁夏作家应该借鉴电影艺术的有关经验，在小说的写作中增加文字写作的画面感，让人物形象更为清晰明朗。在思想主题的挖掘和表达上，要善于凸显人性的深刻，尤其是要捕捉到人在社会变化之中所产生的那种无奈和矛盾的存在状态，以此来追求一种更广泛意义的社会认同。

固原回族文化产业发展现状、问题及对策

自治区政协文史和学习委员会

在经济全球化与科技现代化不断发展的今天，国家、民族之间的竞争，不仅是经济、科技的竞争，也是文化实力和民族精神的竞争，文化的软实力作用已越来越明显。

"十二五"以来，文化强国的蓝图将文化产业提升到战略的新层次。按照中央的决策部署，各省区对文化建设的重视程度、推动力度前所未有。少数民族文化产业在《文化部"十二五"时期文化改革发展规划》政策措施扶持、推动下，呈现出快速健康稳步发展的良好态势。云南、广西、贵州等地少数民族文化产业发展势头强劲，对提高当地群众文明素质、促进民族团结进步、发展经济、扶贫脱困等方面发挥了积极的重要作用，为我们提供了很好的参考和借鉴。作为回族自治区，如何抓住机遇，趁势而为，把回族文化资源优势转化为经济优势，推动回族文化产业发展，把回族文化产业培育成为新的经济增长点，为加快"四个宁夏"建设、全面建成小康社会贡献力量，显得非常迫切和必要。

本文通过对固原市（固原市总人口 149.77 万，其中回族人口 69.99 万人，占总人口数的 46.7%）回族文化产业发展现状的调查研究，深入查找问题和原因，分析总结其普遍性和规律性，对促进全区回族文化产业发展提出对策建议。

一、固原市回族文化产业发展现状

（一）主要措施和成效

近年来，固原市党委、政府认真贯彻落实习近平总书记关于弘扬中华优秀传统文化的重要指示精神和国家有关促进少数民族文化产业发展的政策措施，深入挖掘回族文化资源，坚持创造性转化、创新性发展，在自治区党委、政府的关心支持下，回族文化产业呈现出稳步发展的良好态势。

1. 加强文化事业建设，夯实文化产业发展基础

理顺文化管理体制，完善文化基础设施，注重挖掘培养文化专业人才，大力实施文化惠民工程，不断丰富群众文化生活，全市文化事业呈现出繁荣发展的良好局面。目前，全市共设市、县（区）文化行政机构6个，县（区）均建有文化馆、图书馆、文物馆、文物管理所（博物馆）。有乡镇文化活动中心62个，社区文化活动室32个，村级文化活动室及农家书屋838个，农村文化大院114个。全市有各类文化专业技术人员637人，其中高级职称58人，中级职称155人。近年来，为展示固原文化，创编了大量文艺精品剧目，有力推动了全市文化事业发展，为发展文化产业奠定了良好的基础。

2. 打造文化产业基地，助推回族文化产业发展

从2014年起，投入4亿多元，在西南新区开发建设了固原九龙国际文化城，现已进入全面招商运营阶段，引进经营单位30余家，吸纳社会资本2000多万元。彭阳县大力推动建设民族文化产业园，扶持壮大"百里香茶"文化园，开发出纸织画、地椒茶、刺绣、药枕等文化产业。隆德县投资2000多万元建成六盘山（隆德）文化城，引进书法、绘画、砖雕、篆刻等文化经营户48家，打造成集民俗文化作品展示交流平台、产品开发经营专业市场、全民文化创业载体、文化旅游新生景点四项功能于一体的文化产业基地。2015年，市财政安排500万元文化发展专项资金，用于推动文化产业基地建设。目前，全市已有14家文化产业经营单位获评自治区级文化产业示范户，2家文化城被确定为自治区级文化产业示范基地，为回族文化产业发展搭建了良好平台。

3. 加大政府支持力度，推进回族文化保护性的生产传承

把花儿、剪纸、刺绣等回族文化遗产作为非物质文化遗产保护传承的重点，认真组织进行挖掘整理，积极申报非物质文化遗产保护项目。出台了非物质文化遗产保护工作意见，积极挖掘整理非物质文化遗产，编辑出版了《固原市非物质文化遗产名录》《泾源县回族非物质文化遗产系列丛书》《六盘山民间剪纸》等 8 部非物质文化遗产保护丛书。目前，已有西吉回族花儿、泾源坊棋、泾源回族故事、隆德回族剪纸等 77 项非物质文化遗产列入国家、自治区、市级保护名录，确定了西吉县回族花儿歌手李凤莲、隆德县杨河乡回族剪纸艺人虎凤英等 99 名非物质文化遗产传承人。市财政每年划拨 25 万元专项资金扶持"非遗"传承人，原州区每年拿出 15 万元采取"以奖代补"形式对非遗传承人予以扶持。泾源县将"回族踏脚"编排成韵律操，列入中小学体育课程，进行传承普及。同时，充分利用各种节庆赛会活动展示宣传回族文化，回族花儿成为我市文艺演出的主要节目，一批优秀的回族艺人在自治区、市各类节庆活动中登台献艺，泾源县"回族踏脚"回族舞蹈多次参加国家级比赛并屡获大奖。

4. 突出重点企业扶持，培育回族文化产业壮大

把扶持重点回族文化企业发展作为壮大回族文化产业的主要抓手，在发展资金、建设用地、人才培训等方面给予大力支持。扶持固原古韵雕塑有限责任公司发展抟土瓦塑产业，开发旅游产品，公司从业人员 100 余人，年创收超过 1000 万元。泾源县积极扶持泾水文化传播公司，成功开发了"泾源十八民俗"剪纸系列、"泾源山水风光"麦秆画等系列产品。西吉县重点扶持马兰回乡刺绣有限公司采用集中加工和提供样式分散加工相结合的模式不断发展壮大。公司总资产 1075 万元，厂房 1400 多平方米，现有员工 223 人。产品主要有宁夏旅游风光手工刺绣、手工刺绣花服饰、回族盖头等。2015 年实现销售收入 698 万元，利润 80 万元。公司技术力量雄厚，常年举办刺绣培训，截至目前，已免费向社会举办培训班 102 期，带动全县 600 余名农村妇女长期就业，使手工艺制品成为西吉农村妇女增收致富的支柱产业，创出了"绣娘经济"品牌。为进一步扶持企业发展壮大，西吉县多方帮助融资贷款，提供建设用地，支持该公司投资 6100 多万元建

设刺绣示范基地，总建筑面积 1.4 万平方米，将于年底建成运营，年可培训刺绣员工 4000 人次，生产 5000 件刺绣服饰和工艺品，实现销售收入600 万元以上。

（二）存在的问题和困难

1. 规划亟待完善，各种扶持滞后

一是规划引领不力。有些回族文化产业要在市级层面统筹规划，有些要在县级层面统筹规划，但在实际工作中，因资源零散、投资分散，造成单打独斗、效益不优。实现文化产业成为支柱性产业，产值占全市 GDP 比重 5%以上的目标任务还很重。

二是政策扶持不够。市、县尽管制定了扶持回族文化产业发展的相关政策，但投融资、税收政策、资金环境和行业协会都还不够完善，企业遇到的一些困难和问题不能得到及时有效解决。多数回族文化企业因规模小、底子薄，在金融信贷、政策补助等方面得不到及时的帮扶。

三是资金投入不足。市、县财力有限，没有扶持回族文化产业的专项资金。涉及文化方面的经费主要用在文化公共基础设施建设上，在回族文化产业面投入的资金较少。

2. 企业规模偏小，产业基础薄弱

一是规模普遍偏小。回族文化企业大多处于初级、分散、低产、摸索阶段，经营规模体量小。有的是个体或民间组织自发形成，有的是以劳动力换取产值，产品深加工不够，产业聚集度低、链条短、附加值低。

二是产品缺少特色。由于缺乏专门从事回族文化产业的研究机构和人才，一些回族文化资源不能有效转化为产业资源。比如，花儿、踏脚、坊棋、民间故事等文化形式缺乏转化为经济产业的市场基础和有效渠道，剪纸、刺绣等工艺、服饰文化虽然已开发出一些产品，但回族特色体现不够，市场竞争力不足，缺乏进一步做大做强的基础和实力。加之生产企业设备和工艺科技含量不高、信息化水平低、创新能力不足，造成产品品类单一、回族特色不明显。

三是企业融资困难。回族文化企业大都是中小微企业，知识、技术资本所占比例较大，能够抵押的固定资产缺乏，造成虽然银行认可其业绩，但通不过最低信用等级评价，无法得到银行贷款，只能通过社会其他渠道融资，造成融资难、融资成本高，影响和制约企业发展。

（三）发展后劲乏力，管理方式落后

一是专业人才较少。回族文化人才奇缺，尤其是回族文化艺术编剧、导演、作曲、指挥等人才匮乏，歌舞类演员流动率高，戏剧类行当不全，创意产业人才少，会管理、善经营、精通商务的复合型人才紧缺。职业技能培训力度不够，职业技能鉴定机制不健全，工人技能整体水平提高慢，影响产业发展壮大。

二是品牌意识不强。部分回族文化企业品牌意识不强，在设计开发、市场开拓等方面存在着产品吸引力小、消费选择性少等突出问题；文化和旅游、科技等行业融合欠缺，文化产品同质化、低层次竞争较为突出，尚未形成品质互补、产业优势互补。

三是市场开拓欠缺。企业对产品宣传少、营销方法单一、销售渠道窄小、电子商务不够普及。多数产品销路仅限在区内及周边省份，不能吸引外埠客商。部分企业没有充分利用各类经贸洽谈会的作用，在参会布展方面投入不够，企业开拓市场的力度不大，参加国际市场产品竞争的能力较弱。

二、对促进固原回族文化产业发展的对策建议

（一）加强领导，增强回族文化产业发展基础

一是提高认识。积极推进固原回族文化产业发展，对于回族文化的保护与发展，对促进回族团结进步，发展经济，提升知名度和影响力等方面有着重要的现实意义。回族文化产业是加快"四个宁夏"建设、全面建成小康社会的一份重要力量。各级政府应进一步提高认识，加强组织领导，将回族文化产业发展摆上重要议事日程。

二是科学规划。建议自治区政府加强组织领导和统筹协调，使各职能部门、市县政府在推进回族文化保护发展中树立"一盘棋"思想。根据国家文化产业发展战略规划，加强对固原回族文化研究，组建高素质的专家团队参与产业规划指导，突出差异性、互补性、特色性，着眼回族文化与

科技、信息、旅游、体育、金融等产业的融合发展，进一步明确发展思路、功能定位、空间布局和发展重点，高起点、高标准做好各级回族文化产业发展规划。

三是宣传引导。有效利用现有文化资源，广泛宣传保护民族民间文化的相关法律法规，增强全民参与意识。积极宣传回族优秀传统文化中热爱祖国、勤劳勇敢、自强不息等精神，增强回族文化的认同感和自豪感。

（二）多措并举，增强回族文化产业发展活力

一是完善政策扶持体系。建议政府各相关部门通力合作，研究制定和完善民族文化企业在国土规划、立项审批、资金申请、税收优惠等方面的政策支撑体系，理顺服务管理机制，强化政策落实和执法监管，不仅要大力引导和扶持本地企业发展，也要通过优惠政策吸引区内外企业投资、经营、合作。

二是加大资金扶持力度。建议自治区政府从国家支持的民族文化事业发展经费中安排一部分，自治区财政投入一部分，建立回族文化产业发展专项资金，市县也应结合当地回族文化资源及产业发展建立相应的专项资金。以贷款贴息、扶优扶强、以奖代补等方式支持回族文化产业发展。重点扶持体现浓郁回族特色、地域特色、艺术水准较高、市场竞争力较强的回族文化企业。对重大项目给予前期启动经费补助；对回族文化产业研究、开发给予资金扶持；扶持和奖励重大题材回族文艺作品的创作研究。

三是健全投融资机制。建议建立多渠道融资的文化产业发展机制，加大对回族文化企业的信贷支持力度。鼓励社会资本、民间资本和外资参与回族文化产业的投入，引导各类风险投资机构进入回族文化产业领域，优化回族文化产业投资结构，解决企业融资难题。

四是实施回族文化人才战略。重视回族文化产业人才培养和引进，特别是回族文化企业家、创作人、经纪人队伍的建设。大胆培养和使用现有人才，除营造良好创业环境外，要用优厚的条件引进文化产业策划、管理、营销等方面的人才。加强与高校、专业培训机构、创意企业的专业人才培养合作，促进产、学、研一体化。积极保护和扶持回族文化优秀民间艺人和濒危项目传承人，支持他们开展授徒传艺和教学交流活动。

（三）培育产业，增强回族文化产业发展竞争力

一是深入挖掘，深度融合。建议自治区、市两级成立专门的回族文化产业研究机构，搭建回族文化产业发展的智库平台，把机构设立在回族文化产业园区或文化创意园区内，深入梳理回族文化资源，持续跟踪研究产业和品牌发展，为回族文化产业发展提供智慧参考。开发整理的回族民间文化资源应与社会主义核心价值观所代表的主流意识形态结合起来，吸纳融合多元文化，形成具有鲜明回族特色的文化产品并推向市场。

二是整合资源，培育龙头。建议各级政府要因地制宜、强化优势，积极创造条件鼓励小微企业、文化个体户向产业园区集中，抱团发展、聚集发展。鼓励和支持回族文化企业运用高新技术改造升级，鼓励优势企业兼并联合，加快改造重组，探索跨地区、跨行业联合，支持优势企业、骨干企业倍增发展，培育一批综合实力强、发展前景好的龙头企业，提高回族文化产业规模化、集约化、专业化水平。

三是注重创新，打造品牌。建议各级政府大力支持发展创意型文化产业，培育面向旅游、信息、制造业、动漫、影视等专业设计创意机构，促进现代技术手段应用于回族文化产业，推进其结构升级。引导和支持企业积极推进供给侧改革，避免盲目生产，加快转型升级，促进回族文化产业向规模集约型、质量取胜型、高附加值转变，创作生产更多适应市场需要、满足现代消费需求的文化产品和服务。引导企业强化回族文化产品品质，推出一批具有引导性、带动性、有竞争力的回族特色文化产业品牌。

宁夏回族文化消费特点、趋势及问题分析

马　燕

消费是联结经济与文化的社会活动，是经济生活、文化生活和社会生活的连接点和汇结地。消费既是经济领域与日常生活领域进行交换和沟通的渠道，也是资本与日常生活实践相结合的领域。因此，消费不仅具有经济意义，而且具有重要的文化和社会意义。应该说，消费不但是物质生活的过程，而且也是文化、交往和社会生活的过程。伴随着假日经济的到来，小康生活水准和生活方式的兴起，我们深切地感受到，消费已渗透到日常生活的每个角落，我们正进入一个特征渐趋明显的消费社会。正如美国著名理论家杰姆逊所言：消费社会这个概念不只用来描述一种特定的风格，它也作为一个时期的概念，把文化上出现的新的方式、特点与一种新的社会生活和新的经济秩序联系起来。

文化消费，顾名思义，是对文化的消费，主要是指人们为了满足自己的精神文化生活而消费精神文化产品和精神文化性服务的行为，换句话说，文化消费就是指对精神文化类产品及精神文化性劳务的占有、欣赏、享受和使用等。其实质是对社会及他人提供的精神财富（物质形态和非物质形态）的消耗。文化消费具有多种内容和形式。具体内容主要包括：文化教

作者简介　马燕，宁夏社会科学院回族伊斯兰教研究所副研究员。

育、书法、绘画、雕塑、影视、戏剧、音乐、舞蹈、杂技以及文物、出版读物、音像、体育、健身等等。文化消费的形态包括两个基本方面，即物质形态和劳务形态。前者如音像制品、文化用品及娱乐设施等；后者如杂技表演、音乐演奏、综艺晚会等。

　　一个民族的消费方式是其生活方式的重要内容。对民族社区开展一系列的消费文化的调查研究不仅是一种理论上的探索也具有一定的现实意义，应该得到学界的重视和提倡。宁夏民族众多、文化多元，宁夏作为全国唯一的省级回族自治地方，回族聚居，更是因其民族文化而呈现出独特的消费特点。

一、宁夏回族文化消费的特点

（一）大分散小聚居特点对回族文化消费的影响

　　回族是在全国分布最广的少数民族。回族有小聚居、大分散的居住特点。在内地，回族主要与汉族杂居；在边疆，回族主要与当地少数民族杂居。分散在全国各地的回族在一个地方居住都是相对集中的。

表 1　宁夏全区人口分布

名称 数量	全　区 （万人）	银川市 （万人）	石嘴山市 （万人）	吴忠市 （万人）	固原市 （万人）	中卫市 （万人）
总人口	667.88	216.41	78.8	141.41	149.77	113.35
回　族	240.74	55.71	18.05	74.82	69.99	39.27
比　例	36.1%	25.7%	22.9%	53.3%	46.7%	34.6%

注：表格根据《宁夏年鉴2016》中的数据绘制，其中人口数为常住人口。

　　宁夏区内的回族也是呈回汉大杂居、小聚居的特点。一般来说，回族围寺而居，各地的一个清真寺的周围就是一个回民居住小区，就是一个教坊。因此，回族的文化消费在不同地区呈现出不同的特点。在回汉杂居区，回族与汉族群众一样，共同生活，共同享有公共文化设施和文化产品。在回族聚居区，回族以清真寺为活动中心，其他的活动中心一般比较弱化。如整个中卫市有穆斯林群众40万，其中主要聚居在海原县，海原总人口45.178万，其中有回族人口32万，占70.9%，汉族人口13.057万，占

28.9%。[1] 海原县共有清真寺 1000 多座，平均 3000 人就有一座清真寺。可见清真寺在回族群众中的重要地位。

（二）城乡差异性对回族文化消费的影响

长期以来，受社会分工和地域差异等各种因素的影响，城乡居民收入水平悬殊，消费水平存在很大的差异。2015 年，宁夏农村居民人均消费支出 8415 元，比上年增加 738 元，增长 9.6%。城镇居民人均消费支出 18984 元，比上年增加 1768 元，增长 10.3%。城镇居民人均消费支出不仅增幅比农村居民快 0.7 个百分点，支出绝对额也比农村居民多 1.3 倍，城乡居民消费仍有比较大的差距。[2]

同时，在消费观念、消费环境和消费需求等方面城乡居民也有很大的不同，对于文化成果的分享程度依然有很大的差别。农村公共文化基础设施不完备，文化消费支出少，形式单一。而城镇居民的文化消费设施建设、文化内容更新、文化产品消费市场的综合性发展指数明显高于农村居民。总体来看，城市居民的精神文化消费水平明显地高于乡村居民。农村受基础设施建设和经济条件限制，较少有对网络等新媒体的消费。近些年来，农村居民的公共文化服务条件得到了很大的改善，广播电视村村通工程取得成效，电视以其方便观看、节目丰富、花费相对较低而成为绝大多数农民家庭生活的必需品。也就是说，看电视仍然是农民主要的文化娱乐活动。

总的来说，农村文化消费市场中文化消费品的种类较少、质量欠佳，不但没有创新项目，甚至连一些传统的消费项目如旅游、电影院也难以保证其存在。另外，乡村居民也很注重精神生活的提高及对自身和子女的文化教育。而且，乡村居民家庭的精神文化消费支出主要集中在子女的学杂费方面，其他支出很少。

（三）性别差异对回族文化消费的影响

中国传统文化千百年来一直比较注重性别界限，曾经在男女不同性别之间规定着许多繁琐的礼仪，实行着许多严格的回避与禁忌习俗。无独有偶，信仰伊斯兰教的中国回族亦有类似的礼仪、回避与禁忌习俗（当然中

---

[1] 数据由《宁夏年鉴 2016》与调研材料整理所得。

[2] 《宁夏年鉴 2016》，P74。

国传统文化与回族文化中的这类习俗的社会背景、文化含义既有相近的一面，又有差异的一面）。时至今日，回族尤其是西北地区的回族家庭内外性别回避与禁忌特征仍然十分明显，对回族的民族心理、文化传统以及社会生活都有着重要的影响。西北回族性别回避与禁忌习俗的内容形式较之其他地区（如东南沿海地区）的回族以及国内其他一些民族（如汉族和有的少数民族）而言，西北较偏僻地区的回族穆斯林对于不同性别的差异较为敏感，因此男女性别之间的回避与禁忌也比较多。

一般情况下，除了夫妇、母子、父女等至亲外，其余的家庭成员大多要有一定的"非至亲回避"限制。家庭之外，回族女子不见外男，家中有客造访，通常异性间要回避。在西北回族社区，类似汉族地区那样不顾忌场合而男女混杂、出行、坐卧、交往、叙谈等现象，都是较为少见并受到社会舆论强大压力的。

女性在家庭和社会中的特殊角色，不仅要工作，更要照顾全家人的起居生活，她们是妻子、母亲或者女儿，她们把整个家庭紧密地联系在了一起。她们通常是家庭的"首席采购官"，因此，她们的文化消费活动或者行为，不仅影响到丈夫、老人，对下一代更是有着潜移默化的影响。随着社会的发展，回族女性的地位不断加强，其独立性不断增加，社会地位得到明显提升，女性消费的需求得以充分释放，其消费水平也显著提高。但是，相较于男性，回族女性更加内敛。

（四）年龄差异对回族文化消费的影响

回族的文化消费因为年龄阶段的不同也呈现出差异性。

回族的老年人闲暇时间要去清真寺礼拜，一日五次，或者念《古兰经》，这一群体非常注重自己在宗教上的功修，很少去消遣，也不愿意出门去旅游，觉得意义不大，但是他们却希望去麦加朝觐，认为那是一个穆斯林一生的夙愿和精神追求。

回族的中年人经济负担重，正值上有老、下有小的人生阶段，很少有时间去消费文化产品。这一群体主要的消费行为在教育投资上，比较注重下一代人的教育和培养。有能力送孩子读书的绝不让孩子去打工，有能力送孩子去城里读书的绝不让孩子在乡下读。有条件的家庭还会让孩子课余时间去学音乐、舞蹈、绘画等艺术课程。

回族的年轻人比较活跃，与时俱进。现代回族家庭中，年轻人与其长辈的消费方式有很大差异。青年人的消费观念有了更加适用于广泛空间和范围。他们对精神消费的需求更多，更注重精神文化消费的比重和质量。

（五）教育水平差异对回族文化消费的影响

教育是回族文化消费中非常重要的一部分，反之，良好的教育又促进了回族群体的文化消费。由知识阶层组成的消费群体，他们喜欢阅读，取向自我欣赏，注重精神享受，休闲活动较为克制，日常生活追求节俭，金钱大多花在文化消费上。传统观念较为淡薄的消费人群，他们喜欢看电视和一些游戏娱乐。

（六）职业差异对回族文化消费的影响

回族文化消费的差异性还体现在职业或者说社会分工的不同上。如工薪阶层，收入比较稳定，有双休日，所以有经济能力也有时间保证，一般来说文化。消费方面比较积极；农民或者打工者，这一群体收入不稳定，所以用于生活上的物质必需品的消费比较多，文化上的消费行为比较少；学生或者求学的人，没有工资收入，一般就是看书、看电影、上网等；还有一些高收入人群，比如商人、企业家或者个体经营者等，他们闲暇的时间少，但是文化方面的消费需求却很大，一般多为休闲、旅游、健身等。

二、宁夏回族文化消费的趋势

（一）总体呈上升趋势

随着人民生活水平的不断提高，宁夏回族人民的文化生活也日益丰富，文化消费水平不断提高。一般来说，文化消费主要包括用于文娱、教育、书报杂志、旅游、休闲以及游园、看影剧等在公共娱乐场所的消费，其消费水平的高低从一个侧面反映出居民生活质量和精神文明水平。近几年来，丰富多彩的文化消费市场为每个消费者提供了越来越多的个性选择，城市居民的精神需求愈来愈呈现出多样化、大众化和市场化的趋势。

（二）教育消费在文化消费中所占的比重很大

在文化消费方面，回族家庭往往把子女教育和自身素质的提高放在第一位，因而教育投资已成为回族居民消费生活的重要组成部分。教育消费快速增长的原因很多，主要有：一是家长们望子成龙，培养孩子不惜重金；二是一些家长注重子女的专长培养和教育，课余安排子女参加文化提高班以及书法、乐器、舞蹈、体育班的学习，这是学杂费增高的主要原因；三是社会上涌现出许多条件好、师资力量较强的学校和幼儿园，择校、择优使教育投资增加；四是这一时期在职人员为了提高文化素质和参加职称考试，进一步深造提高，继续接受成人教育、继续教育，使教育消费增加；此外，教育改革带来的教育收费制度也是重要原因。

（三）旅游消费持续升温

近些年来，回族人的观念已经悄然发生着变化。以前，人们以满足生存需要为主，即要吃饱穿暖，旅游是有钱人干得"烧钱"的事。现在外出旅游已经逐渐成为回族居民精神文化生活的一种普遍爱好，尤其是在节假日期间，一家人出去旅游的兴趣更是高涨，平时一直忙碌的公务员和工薪阶层，更是利用节假日抓紧时间出去旅游。居住地周边游、区内游，国内游，到现在也有国外游。

（四）休闲消费趋热

双休日制度的实施和家庭生活的日趋社会化，为人们提供了更多的自由支配时间，生活质量进一步提高。自由支配时间的增多，是社会进步和生活水平提高的标准之一。有了自由支配的时间，人们就用来提高自己的生活质量，追求悠闲自在的生活。主要的活动方式有：业余时间越来越重视学习；看电视放松；增强体育锻炼；休闲烧烤等。在此值得一提的是，体育锻炼逐渐受到人们的重视，花钱买健康或者说加强锻炼逐渐成为人们的消费新时尚。

受伊斯兰教的影响，回族不提倡棋牌、歌舞等娱乐，更是禁止赌博、算命、饮酒，反对进行偶像崇拜，反对一切低级趣味的、有性意味和淫荡的歌曲、绘画、雕塑以及诸如此类的舞蹈、游戏娱乐等等，所以，在社区内回族很少去打麻将、玩棋牌，也极少有人去夜店、酒吧等。当然，也有一些人会去看电影或者上网等。随着网络时代的到来，纸媒衰落，网络更加便利，所以读书看报的人不多，大多数信息和资讯都从网上和手机微信、

QQ 中获取。

三、宁夏回族文化消费存在的问题

(一) 文化消费结构单一

虽然现阶段各种文化设施比较多，但是居民文化消费的结构还是比较单一。文化产品供给不够丰富，还要加强。文化消费环境有待改善。居民文化消费活动主要集中在看电视、报纸、影碟，上网、听广播、逛公园、体育锻炼、旅游等，除了上网和旅游属于比较新兴的项目外，其他都是比较传统的项目，消费的层次也比较低。传统项目偏多，在像文艺演出、演唱会、音乐会、展览展示等比较高雅活动上的消费情况不是很普遍。文化产品的供给情况和价格的制约也是影响文化消费的重要因素。一方面，当消费者没有找到特别能满足其需求的产品时，他们不会花时间去消费；另一方面，由于该产品价格高于其心理预期的价格时，消费也可能终止。所以，只有当文化产品的供给充足，能够满足不同消费者的需求时，文化产品市场才能更快更好地发展。

(二) 经济收入水平对文化消费有一定的制约性

投资、储蓄对文化消费产生的挤出效应。受传统观念的影响，人们总是倾向于把收入转为投资和储蓄，而用于消费特别是文化消费方面的支出就相对比较少。人们总是追求更加稳妥的生活方式，认为把钱投入银行是很保险的做法，减少不必要的消费。

文化消费作为一种较新的消费观念，还没有被绝大多数人接受。文化消费受到消费者传统思想的禁锢以及宗教、心理状态的影响，会对消费者对文化消费新观念产生一些偏差。相对于其他产品的消费，文化消费更具有娱乐性、享受性、消遣性、智能性等，是一种体验消费、精神消费，只有人们满足了最基本的生理需求之后才会滋生出的需求。

(三) 文化消费区域发展不平衡

不同区域的文化消费存在差异，经济发展较快的区域较经济发展较慢的区域人均消费支出要高。文化消费的区域发展不平衡对于我区文化消费区域协调发展有一定的影响。

（四）与汉族相比较，回族教育消费比重相对偏低

文化消费的内容很多，每个人的偏好和兴趣不同，因而会选择不同的消费活动。在众多文化消费支出中，教育消费的比重较大，这也说明了城镇居民对文化产品的消费还是偏向于"实用性"。但是回族的教育消费的比重相较于汉族的教育消费比重还不是很大。从另一方面讲，教育对文化消费也有促进作用。教育既是提高人力资本的途径，又是提高国民素质和文化鉴赏力的有效方法。国民素质和文化水平的提高，无形中提升了居民的生活品位和文化消费需求，最终迎来文化消费逐渐增长的局面。

四、促进宁夏回族文化消费的思考

（一）针对不同层次和需求的回族消费者，应推出不同的文化产品与服务

由于回族群众文化消费具有自身的特点，应针对不同层次和需求的回族消费者要推出不同的文化产品与服务。提倡差异性市场供给，即将文化消费群体细分一下，提供具有针对性的文化产品和服务，使回族消费者的需求更好地得到满足。对宁夏回族群众而言，除了共享公共文化服务，如公共图书馆、博物馆、文化馆、纪念馆、美术馆、科技馆、工人文化宫、妇女儿童活动中心以及青少年校外活动场所等基本公共文化服务项目外，宁夏还应开展回族文化产业发展模式，大力发展具有地方特色的文化产业品牌，如回乡文化园就是成功的典范。也可加强宁夏回族民俗展览，促进回族的节日文化消费等，为宁夏回族群众提供更加丰富多彩的文化消费项目和设施。在农村，回族受宗教信仰和风俗习惯的影响，回族在打工、务农的闲暇时间去的最多的公共场所是清真寺，清真寺是他们履行功修、学习知识、交流信息、沟通感情的重要场所，所以，在回族农村社区可依托清真寺建立农家书屋或阅览室。考虑到回族妇女平时深居闺房，不见外男的传统习俗，可在建立活动中心时为她们增加一些技能兴趣班，如刺绣、剪纸、针织等，让她们既能在一起交流感情，又能学一些技能。

（二）引导和培养回族群众多元化的消费观念

我区应当加大对回族群众合理消费观念和行为的引导，鼓励适度消费，提倡理性消费，优化消费环境，支持发展养老、健康、家政、教育培训、

文化体育等服务消费。回族传统观念认为人的欲望是无穷的，过分的追求享受只能使人变得自私、冷酷、贪婪，所以，人们在使用财产时应该有节制，有效利用资源。在回族看来，一切用度都应当从长计议，根据自己的能力去消费，不欺瞒、不攀比，不要造成过犹不及或者物极必反的后果。这些消费观念都是值得提倡的，但是，也有一些回族群众的消费观念太保守，消费意识还停留在"实用消费"的阶段，应以多元化的文化产品供给，逐步引导和培育回族群众多元化的消费观念，让他们树立起多元化的消费理念。

宁夏旅游业供给侧结构优化探讨

任 婕 姜 淼

2015 年 11 月，习近平总书记在中央财经领导小组第十一次会议上强调，"着力加强供给侧结构性改革，着力提高供给体系质量和效率"，同时指出了供给侧改革对适应和引领我国经济发展新常态的重要战略意义。2016 年，"供给侧改革"成为"十三五"开局之年引领发展的指南。

2016 年，宁夏全域旅游会议， 2016 年宁夏成为全国第二个省级全域旅游示范区，2016 年"宁夏旅游局"改"宁夏旅游发展委员会"…中美旅游高层对话在宁夏召开，这一年，宁夏旅游已经整整走过了三十年历程。

"十二五"期间，宁夏接待游客总人数年均增长 12.49%，旅游总收入年均增长 18.92%[1]。宁夏旅游业从经济建设的边缘转向主战场，从传统粗放型、数量型发展方式向文化创意型、智慧型推动方式转变。当旅游需求向文化旅游转变，游客对高层次文化旅游产品的需求日益增加。旅游业供给侧改革的实质是针对旅游市场需求进行的转型升级，是发展战略的选择。

作者简介 任婕，宁夏社会科学院文化研究所助理研究员；姜淼，阿拉善盟左旗旅游局科员。

[1] 国家旅游局. "十三五"宁夏旅游总收入瞄准 300 亿元[EB/OL]. 2016-2-3.

一、宁夏旅游业供给侧结构性改革的必要性

(一) 扩大宁夏对外开放，成为"一带一路"建设的突破空间

宁夏曾是丝绸之路上东西方交往最活跃的地区之一，"一带一路"战略背景下，旅游业促进社会、经济、文化等合作交流的作用更加凸显。通过旅游业供给侧结构性改革提升宁夏便利化程度和产品质量，是推动宁夏对外合作开放、建设"一带一路"的突破口。

(二) 品质化休闲度假产业发展的机遇和旅游促扶贫的需要

我国正处在工业化中期，成为中等收入国家，休闲度假成为刚性需求[1]。这为宁夏利用优势资源发展品质化旅游度假产业，以旅游促扶贫提供了机遇。从投资角度看，近年来宁夏旅游投资需求旺盛、领域广、潜力大，正在吸纳更多的社会资本进入旅游业。作为经济欠发达地区之一，旅游业供给侧改革是要从根本上拉动旅游业发展，带动社区和农村通过积极参与旅游业脱贫致富。

(三) 从交叉领域推动深化改革的可能性带来了管理改革的机会

旅游业的综合属性能够从交叉领域推动改革举措的创新与落实，典型的如职工带薪休假制度的完善、旅游企业"营改增"的实施等。宁夏旅游业供给侧结构性改革有利于引导现有掣肘体制机制的改革创新，或可改变部分搁置多年的管理问题。典型的如沙湖、六盘山自然保护地等分属不同部门，管理交叉重叠、责权不清的问题在实际旅游管理过程中尤为突出。深化改革或可建立权属清晰的管理体制，围绕所有权与经营权、经营权与管理权、资金管理等问题不断探索和完善，形成能兼顾多方利益且行之有效的机制。

(四) 大众旅游时代的到来对旅游供给提出了新的要求

大众旅游时代的到来对旅游供给提出了新的要求，从传统景区（点）模式向全域旅游的转变、从门票经济到产业经济的跨越，从矛盾凸显到促

---

[1] 魏小安. 中国度假产业发展趋势与模式[A]. 宋瑞等. 2015—2016 年中国旅游发展分析与预测[M]. 北京：社会科学文献出版社，2016.

进新的供需协调，都要求整个行业的转型与升级。据世界旅游业理事会预计，未来十年，旅游业仍将保持快速增长。第三产业达到60%是迈入国际大都市行列的达标线，我们需要触摸国际化的脉搏，积极拥抱变化，在发展全域旅游建设过程中须清晰认识旅游领域的供给侧结构性改革，把握结构性机会，发力全域旅游，以全方位、高品质的旅游服务擦亮城市品牌。

二、当前宁夏旅游结构及特点

旅游结构包括旅游资源、旅游规模、产业要素、游客活动行为、市场和接待服务设施等，涉及面广。

（一）旅游资源结构

旅游资源结构是确定区域旅游发展优势和战略方向的基础。宁夏陆地面积虽小，但有类型多样的自然景观、独特的历史环境和民族风情，旅游资源特色鲜明，差异性优势大。在全国十大类、95种基本类型的旅游资源中，宁夏占八大类、46种，素有"中国旅游微缩盆景"的美誉。宁夏文化积淀深厚，西夏文化、回族文化、黄河文化、丝路文化、影视文化等已经逐渐发展成为独特的品位极高的多元文化旅游资源。

（二）产业规模和实力迅速壮大，职能从扩大就业岗位向旅游扶贫延伸

相比"十五"和"十一五"，截至"十二五"末，宁夏旅游业产业规模迅速壮大。从业人员分别是过去的2.5倍、1.7倍，旅游业年收入分别翻了9.1倍、2.4倍，年接待人数翻了4.3倍、1.8倍，现有A级景区数量分别是其8倍、1.75倍，星级饭店数量分别是其2.2倍、1.7倍，旅行社数量增加了1倍以上。

还需注意的是，旅游业职能正从扩大就业岗位向旅游扶贫延伸转变。旅游业每增加一个直接就业机会，社会就能增加5.8个间接就业。《宁夏全域旅游示范区创建工作实施方案》明确提出：到2018年，宁夏游客接待量突破2500万人次，达到本地常住人口数量4倍以上，旅游业总收入达240亿元，占全区GDP的6.7%，旅游直接和间接从业人数达33.6万人，占本地就业总人口的20%以上，农民年纯收入20%以上来源于旅游收入，旅

游税收占全区财政税收的 10%。计划到 2020 年全区将扶持 72 个贫困村展开乡村旅游，农家乐带动贫困人口脱贫致富。

（三）产业微观要素集聚，旅游综合功能优势日益凸显

产业发展的微观要素集聚，以旅游企业和旅游服务为依托的，包括景区、交通、住宿、餐饮、购物、娱乐、旅行社及其他相关辅助设施在内的旅游要素快速发展起来，并与多个行业相关、融合发展起来，对调结构、稳增长、惠民生都起到积极作用。景区发展层次提高，5A 级景区增加到 4家，4A 级景区增加到 16 家。四星级饭店达到 35 家，五星级农家乐增加到 10 家。首家观光夜市开街，旅游美食类微信公众号在"宁夏新媒体指数周排行榜"的排名快速上升。以地域特色文化为素材的旅游商品初成体系，"宁夏礼物"的响亮度逐步提升。旅游娱乐新开发了代表西夏文化的大型旅游演艺《西夏盛典》。旅行社数量稳步有序增长。旅游交通大通道的建成是助力旅游业发展的前提和基础。宁夏基本形成了以高速公路、国省道为主骨架的公路干线网络；干支结合的航空网格局正在形成；尚没有高铁和动车，各市县间未通城际铁路。大众旅游时代的到来迫切需要区域可进入性和便捷性的极大提升。

（四）旅游客源市场结构情况

1. 游客需求变化

近年来，宁夏旅游业发展由观光旅游向休闲度假旅游过渡，由商务旅游向自驾旅游转变。入境游客以风土文化体验、自然景观欣赏为主。综合来看，多功能的文化休闲游逐渐受到国内外游人青睐。

2. 游客结构变化

目前，宁夏只能分析国内游客的性别、年龄、职业构成等，穆斯林和非穆斯林游客的性别、年龄、职业及收入等无可考资料。性别构成依然是男性游客出游比例整体高于女性，但女性旅游群体在逐年增长。年龄构成来仍以青年游客（25~44 岁）居多。突出变化是，职业构成"十一五"期间销售服务人员占比最高，截至"十二五"末文教科技人员位居第一位，其次为企事业管理人员、服务销售人员、学生和工人等。短短 5 年时间，游客的文化层次、文化需求都在不断提升。

3. 空间市场细分改变

一直以来，西部地区的海外客源主要是东亚、北亚市场和传统欧美市场。2015 年至 2016 上半年，美国成为宁夏最大国际客源市场，中国台湾、中国香港、日本、韩国、阿拉伯国家是宁夏重要入境客源市场。从国内市场来看，2011—2015 年西北地区（除宁夏）游客占宁夏接待区外游客的 19%~25%，2016 年第一季度快速上升至 36.42%。

4. 游客时间分布走势变化

宁夏旅游舒适期为 6 个月，舒适月为 4—9 月。从 2016 年来宁团队数量的时间分布走势来看，3—11 月来宁团队数量较为集中，冬季较少。从游客数量的时间分布走势来看，近年来宁夏针对冬季严寒，加大拓展以民俗文化、冰雪文化等为主题的旅游市场。2015 年 12 月至 2016 年 3 月，宁夏冬季接待入境旅游团队和个人同比分别增长 322% 和 472%，冬季入境旅游结构变化突出。

5. 从行政空间结构向文化旅游空间集聚区（群）转变

文化差异化发展从根本上推动了区域文化旅游产业从行政空间结构向文化旅游空间集聚区（群）转变。宁夏"一核两带三廊七板块"（以银川市为核心区，重视黄河金岸旅游带、古城历史文化旅游带发展，推动形成成熟的贺兰山东麓葡萄文化旅游廊道、清水河流域旅游廊道、古军事文化旅游廊道，抱团打造大沙湖度假休闲板块、西夏文化旅游板块、塞上回乡文化体验板块、边塞文化旅游板块、大沙坡头度假休闲板块、韦州历史文化旅游板块、大六盘红色生态度假板块等七大文化旅游板块）的旅游空间布局基本就位，从过去以行政区域为单位的文旅空间结构向以文化为主导的旅游空间聚力发展。文化差异化从根本上推动了区域文化旅游产业从行政空间结构向文化旅游空间集聚区（群）转变。

此外，根据笔者"十一"期间的调查结果，自驾、自助游仍然稳居游客出游方式榜首；游客对旅游要素行业满意度最低的是长途铁路交通；有意向购买本地农产品的游客不足一半；游客建议"进一步加强旅游公共服务设施升级"的较多。

三、旅游业供给侧结构性改革视角下宁夏旅游业供需不匹配问题

正视当前旅游结构及其变化，我们需认识到宁夏旅游业供需不匹配矛盾将逐渐凸显，且集中表现在旅游业结构与市场需求不匹配、旅游公共设施无法满足实际需求、旅游公共服务滞后于需求等方面。

（一）旅游业结构与市场需求不匹配

在宁夏，观光旅游产品多年以来一直是最主要的旅游产品，新兴的文化旅游产品同样缺乏创新和互动体验，旅游收入的主要来源依然是门票经济。乡村旅游资源虽然丰富，但大多呈粗放型发展状态。乡村基础服务跟不上乡村旅游发展需要，多数农家乐起步晚、规模小、接待水平低。旅游产品开发滞后。缺乏有竞争力的文化型、度假型旅游产品；南部山区旅游纪念品主要为初级农产品；县一级景区开发滞后，难以形成覆盖全域的精品路线。

（二）旅游公共设施无法满足实际需求

尚未建成连接周边大城市的快速交通网，铁路交通建设严重滞后。铁路等级低、速度慢、始发班次少。现有交通系统无法满足游客多层次、快捷、舒适的出行需求，成为阻碍研究区旅游业发展的主要瓶颈。此外，旅游公共基础设施建设滞后，游客集散中心、咨询中心、旅游厕所等接待能力不足。

（三）旅游公共服务滞后于需求

自助游时代的到来使得旅游公共服务的重要性日益凸显。当前宁夏旅游服务质量总体水平不高，从整体上提升旅游服务质量和水平任重道远。以"十一"黄金周为例，宁夏须弥山景区因"旅游市场秩序最差"上了全国"十一"旅游"黑榜"，宁夏招商国际旅行社固原分社因服务问题，上榜"不合格旅行社"。另外，智慧旅游推进速度慢，尤其是面向游客的投诉服务、安全预警尚不完备。

四、宁夏旅游业供给侧结构优化建议

我们应该正视宁夏旅游业"供需不匹配"矛盾，进一步促进行业发展

经营理念与服务水平的整体提高，应被提到推动行业进步的重要日程。建议宁夏立足于"补短板"来解决问题，合理优化产品结构，全面提升旅游服务质量和水平。

（一）释放潜力：调整产品结构

第一，要从根本上转变发展理念，彻底扭转"追求规模扩大"的局面，转而"寻求结构的优化发展"。从顶层设计层面合理布局观光游、度假游、文化体验游以及特色主题旅游产品的产品体系，继续拓展冬季旅游市场。第二，以旅游促扶贫，大胆创新生态旅游与文化创意的融合模式，绿色发展与村落文化相互渗透，重视回族地域文化特色的乡土景观营造，重点在农产品的包装环节导入创意理念和文化符号。第三，扩大免费旅游资源开放度，更加重视游客以及市民的旅游体验。为未来打破门票经济，告别过分依赖景区观光功能的状况奠定基础，倒逼景区从游客需求和服务层面进行供给侧改革。第四，须密切关注游客行为，依据游客需求喜好设计开发项目、产品。旅游消费有着个性化、分层化的特征。当前宁夏旅游业的发展从政府、企业、景区等层面都在不断挖掘文化内涵，但却鲜有密切关注游客的接受力和消化力。建议统计出几款销量最好、最受欢迎的旅游纪念品，结合文化创意产业，重点打造升级为独具特色的宁夏礼物；及时有效地反馈游客游后信息，使旅游管理部门全面了解游客需求、旅游目的地动态、投诉建议等内容，帮助实现科学决策和管理。

（二）激发活力：重点解决旅游基础设施问题

从行政空间结构向文化旅游空间集聚区（群）的转变，首要显示条件是旅游交通的可达性。建议加快建成完备的快速铁路网，重点通过高速、快速铁路项目实施，扩大铁路交通辐射能力；增开列车始发班次，争取实现与国内较多省会城市铁路通达。尽快建立完备的自驾车服务体系。修建或改造各市通往县乡 3A 级以上旅游景区的高等级公路。加快交通节点上旅游集散中心、旅游咨询中心、旅游公交线路等公共服务设施升级。

（三）合成动力：找准突破口，升级公共服务水平

建议基于"游客的文化层次、文化需求都在不断提升"，重新定位公共服务中的权益满意度服务、安全服务、信息服务。首先，营造良好的公共

服务环境。这包括对旅游者满意度的调查，确立第三方评估机制独立评估的绩效评估制度，对业内欺诈行为的严惩，面向清真市场的清真主题酒店的设立等。其次，以旅游者对旅游安全、品质的追求为出发点，重视旅游公共安全服务，包括旅游饮食安全监管、旅游设施安全保障、旅游救援机制构建等。还要通过更完善的智慧旅游体系，推进交通、旅游、公安等涉旅数据信息共享，提升旅游公共服务、市场营销、行业管理的智能化水平。

银川 iBi 育成中心文化企业发展现状及发展建议

李春艳　　刘玉华

近年来，文化创意企业在银川 iBi 育成中心快速聚集发展，形成了一定规模，成为宁夏文化产业发展新动力。为全面了解园区文化企业现状，总结经验，推动全区文化产业快速发展，我们对园区文化企业发展的基本情况进行了全面了解、对园区文化企业发展的一些主要特点和存在的问题进行了梳理，提出了意见建议。

一、基本情况

银川 iBi 育成中心位于银川市金凤区宁安大街 490 号，是由银川经济技术开发区于 2013 年初规划建设，总面积 1.02 平方公里，规划建筑总面积 145 万平方米，预计总投资 80 亿元，分两期建设，一期 2013 年底投入使用，二期建设已进入招商入驻阶段。按照 "一园两区" 的发展模式，2014 年 2 月在 "宁夏软件园" 的基础上成立银川育成广告文化产业园，成为银川 iBi 育成中心园中园。截至 2015 年底，一期入驻企业 213 家，主要涉及影视动漫制作、广告策划、软件研发、电子商务、云计算、物联网、知识产权转化、卫星地面接收服务、教育培训、中阿图书互译、特种行业监管、

作者简介　李春艳，宁夏司法警官职业技术学院基础部副主任，副教授；刘玉华，宁夏文化厅文化产业处副处长。

环保科技、生物科技、大宗商品（白银）、农副产业、文化艺术品线上交易等业态。其中文化企业的基本情况为：动漫影视类企业 46 家，广告服务类企业 18 家，软件开发类企业 36 家，中阿文互译及版权转让企业 1 家，卫星传输服务企业 9 家，文化艺术品线上交易企业 1 家，新三板挂牌文化企业 8 家，规模以上文化企业 19 家，获得国家级文化产业示范基地荣誉称号企业 2 家，被文化部、财政部、国家税务总局联合认定为动漫企业 5 家，获得免进口关税资格动漫企业 1 家。

二、主要特点

一是自主创新产品丰富。近年来，园区动漫影视企业在原创精品上下功夫，努力提升本地动漫影视产业原创水平和行业影响力，创作了一批具有本土特色的作品。如成立 6 年的新科动漫产业有限公司各项业务得到了快速发展，目前已经拓展到动漫设计、动漫电影、电子商务等多个领域。2012 年公司设计的《小哈家族》卡通作品，在国内 7000 件参赛作品中胜出，获得中国十大卡通形象大奖，2014 年建成 4D 观影厅，顾客乘坐"高速列车"6 分钟"遨游"宁夏全境，成为开创宁夏全域旅游的另类体验。目前公司正在抓紧制作 40 集动漫影视作品《西夏权杖》，届时一部放映本土西夏文化具有自主知识产权的动漫影视作品将呈现在观众面前。宁夏乐众影视文化传媒有限公司通过自主研发，利用"互联网+娱乐"的方式，根据客户需求，以图片、文字、动画等介质，实现文化娱乐产品的私人定制服务，是宁夏首家拥有虚拟演播室场景模拟系统技术与设备的影视企业。目前已经投入运营，具有较强的市场竞争力。宁夏伊兰传媒文化有限公司制作的微电影《1970 年的爱情》《报春的毛芽》《清晨》《世界上最好的家》等影视作品已引起社会强烈反响，获得业内的一致好评。其中《1970 年的爱情》荣获第四届北京国际微电影节优秀作品奖和影视工业网"瑞鸽杯"短片大赛最佳作品入围奖；《报春的毛芽》《清晨》分别荣获"金河杯"首届微视大赛微电影优秀作品奖和微视频三等奖，禁毒题材作品《世界上最好的家》、网络剧《小腰来了》已拍摄完成，进入后期运营阶段；2015 年 6 月，企业被银川市经济技术开发区评为"宁夏最具特色原创微电影制作基地"，授予"转型升级，创新发展"示范企业。

二是外向型发展方向明显。首先，扩大文化产业合作，打通面向阿拉伯国家和穆斯林地区中阿文互译、文化贸易、版权输出、文化影视等文化产业合作新通道。成立于 2011 年的宁夏智慧宫文化传媒有限公司抓住国家"一带一路"战略机遇，按照"中阿合作，文化先行"的发展理念，通过"互联网+文化"的新模式，在阿文翻译出版、版权转让、中阿文在线阅读等方面逐步形成中阿文化产业新的业态，该公司 2013 年 2 月创办了智慧宫阿拉伯语培训学校，2014 年 1 月创办了埃及希克迈特文化投资（出版）公司和阿联酋智慧宫文化产业投资公司，2015 年创办了宁夏智慧宫互联网文化传播有限公司，现已形成出版翻译、国际会展、国际代理、阿语教育、互联网阅读平台五大核心业务板块。目前，该公司已翻译出版并版权输出中阿文图书 600 余册，占中国—阿拉伯国家互译市场 70% 以上的市场份额。2015 年 9 月 2 日，全国首家阿拉伯国家文化出版业驻中国机构——阿拉伯出版商协会驻中国办事处落户宁夏智慧宫文化传媒有限公司，开启中国与阿拉伯国家文化出版业合作的崭新历程，直接打通了中阿翻译市场合作的"宁夏通道"。其次，利用我国卫星研发优势，搭建空中丝绸之路。2016年，中国卫星全球服务联盟打造的中阿卫星服务产业示范园项目即将在 iBi 园区投入使用，项目建成后将为"新丝绸之路经济带"沿线国家和城市开展卫星广播电视信号传输、定位应用、数据传输、远程医疗、遥感测绘、地理勘察等服务，形成面向阿拉伯国家等丝绸之路经济带沿线国家的空中文化产业合作新通道。目前，已有中国卫星全球服务联盟、航天科技、华宇卫星、中国铁塔、中国北斗、神马航空、北星卫星通信、多闻网络、众力北斗等 9 家卫星技术开发、数据处理、应用领域的示范骨干企业，在卫星通信、广播电视信号传输、遥感测绘、电子地图、航空航天、物流、气象监测等领域发挥着天基网络枢纽的作用，成为宁夏搭建"一带一路"天基丝绸之路的重要节点。

三是文化产品科技含量高。近年来，企业积极搭建互联网、移动终端等新型综合服务平台，适应产业发展新趋势，突破技术难关，加大文化与科技融合发展，实现了产业转型升级。成立 2 年的宁夏秒银科技有限公司，

领域篇·文化产业

自主研发的秒赚广告——全球首创的手机广告精准分配平台,为数亿用户提供精准信息匹配服务,为各类企业提供广告精准投放服务,成为移动互联网手机广告传媒第一品牌。宁夏网虫开发的"社区 HI 生活"O2O 电子商务服务平台,为本地居民在餐饮、娱乐、旅游等方面提供了交流和服务,同时积极发展线下体验项目,在银川市各大小区设立线下体验店,实现线上购买与线下互动体验相结合,极大地方便群众。宁夏希望信息产业有限公司开发"小事儿"城市生活服务平台,突破技术难关,利用云计算、物联网、移动互联网等先进技术,搭建综合型便民一站式服务平台,市民可以在该平台上享受交水费、天然气费、有线电视费、手机话费、医疗挂号、在线查询公积金、人事考试成绩、车辆违章、热门影讯、在线订机票、在线办理老年证、五保证等服务,提高了人民群众生活品质、创新了社会管理方式,实现人、物、城市功能系统的无缝对接和协同联动。2015 年 4 月宁夏文化艺术品交易中心上线运营,该公司搭建互联网平台,将各种纪念章等文化产品进行线上交易,在短短的 8 个月时间,实现网络交易额 200多亿元,利润总额 3000 多万元,实现了文化艺术品由线下交易到线上交易的转变,促使文化艺术品产业传统销售方式的转型升级。

四是注重企业品牌形象塑造。近年来,园区企业走出去参加国内外各种节庆会展,全面推荐、宣传自己,同时进行项目洽谈、贸易对接,提高了企业知名度和品牌影响力,有力地促进企业发展。新科动漫、视景映化、宁夏高新软件动漫发展有限公司等企业先后组织策划了银川动漫节、首届中国西部主题文化电影节,承接 2016 年国家原创动漫推广计划展会活动(宁夏动漫展)等活动,积极参加北京文化创意产业博览会、厦门文博会、西部文化博览会等展会,展示和宣传自己,打造了自己的品牌。银川幻影重工、宁夏飞通科技等动漫企业多次代表宁夏参加了杭州动漫节、东京动漫节,走出去寻求跨区合作,达到了市场推广和宣传的作用。宁夏计服、希望软件等软件服务企业连续多年参加中国软件服务大会、中国软件和信息服务大会、中国云计算大会等各类专题展会,进行企业成就展示、贸易洽谈等活动,提高企业影响力。2016 年在习近平主席访问埃及时,宁夏智慧宫文化传媒有限公司委托宁夏非遗传承人朱小平量身为塞西总统雕塑的泥塑作品《塞西泥塑像》成为塞西总统最喜欢的至尊国礼，为中埃友谊增添了正能量，同时也提升了宁夏文化产品的影响力。宁夏网虫、银川方达电子等企业走出国门参加德国汉诺威电子消费展、美国拉斯维加斯国际消费类电子产品展等活动，与美国、新西兰、澳大利亚、阿曼、埃及等国企业进行贸易洽谈、产品推介、技术交流，实施版权输出、中阿跨境电商、清真化妆品等重大项目。宁夏网虫科技有限公司出色的表现得到了国务院副总理马凯的亲切接见。新科动漫、宁夏盛天彩等文化企业先后获得国家文化产业示范基地、国家电子商务示范基地等10多项称号。同时多家文化企业组织文化产品参加国际国内各类评比，先后有10余家企业获得最具发展潜力企业奖、最具竞争力产品奖等奖项，这些荣誉和称号，在全国同行业中或相关产业领域获得高度认可，品牌效应明显。

五是外引内联促发展。近年来，园区文化企业积极探索创意产业发展之路，采取引进国际知名的创意集团进行合作，同时进行校企携手合作，培养本土创意人才，为宁夏创业者提供创新的空间，在西北地区形成了最大的创业创意聚集区。2015年，银川创意产业促进会引进国际知名公司东道创意集团（北京总部2014年被文化部命名为国家级文化产业示范基地），在宁夏联合成立东道·宁创品牌创意创新中心，从品牌策划、设计、制作以及传播等完整产业链上，帮助宁夏企业构建卓越的品牌建设和管理体系，协助宁夏企业塑造国际化的品牌形象。银川方达电子系统工程有限公司和宁夏职业技术学院共同发起众咖文创空间项目，采用高校+龙头企业共建的模式，以众扶基金为核心，结合众创、众包、众筹、众扶，为创业者提供创业创新空间，满足不同成长阶段的创客、极客、大学生和科研人员需求，聚集各类创新要素，提供全方位、多层次和多元化的服务，营造良好的创新创业生态环境。宁夏本土创意企业宁夏盛天彩数字科技文化有限公司从成立以来就致力于宁夏文化创意产业的发展，公司作品荣获2008年第四届中国国际动漫节美猴奖"最佳形象奖"，实现了宁夏乃至西北地区动漫国际大奖零的突破；公司从2008年至2012年连续举办5届动漫插画展，每年出版一期《宁夏插画年鉴》，在动漫插画展方面走在周边地区的前列；

2014年公司被国家发改委授予全国唯一一家国家级工业创意设计产业服务平台；2015年公司在全国中小企业股份转让系统（新三板）挂牌交易，成为西北首家文化创意新三板挂牌企业；2016年3月，公司又成立了宁夏文化创意产品研发中心，积极引进区外优秀文化创意人才和团队，提升宁夏文化创意研发的能力，目前已研发拥有自主知识产权的原创动漫衍生产品嘉漫优品系列20余款，同时，搭建网络销售平台，拓宽销售渠道，实现线下创意设计制作与线上展示销售的完美对接。

三、园区文化企业发展中存在的问题

（一）机制问题

文化产业发展的趋势是融合发展，特别是园区内的不同业态企业融合较深，企业你中有我，我中有你，但企业主管部门各自为政，很多扶持发展的政策单打一，关联度不高，形不成加快发展的合力，在一定程度上阻碍了园区企业的快速融合发展。

（二）人才问题

为加快园区企业发展，自治区、市政府和企业虽然制定了大量引进人才、留住人才、培养人才的政策举措，但是面对文化创意设计、软件开发、大数据应用、中阿交流等不断向高层次迈进的新形势，上述领域急需的各种专门人才紧缺，成为制约园区企业发展最大的问题。

（三）统计问题

一是由于2013年经济普查中园区企业没有被整体纳入普查范围，以至于园区内大量规模以下和新增文化企业没有纳入文化产业统计范围。二是因统计部门每月需要企业提交财务报表等资料，增加企业人力负担，同时企业担心增加缴税负担，造成企业对争创规上文化企业积极性不高。

（四）用电问题

园区内的文化企业大多是经济转型升级和生产性服务型企业，企业机房和后台管理设备耗电量大，电费在企业成本中占比很高，园区文化企业所用电执行的是商业电价标准，造成文化企业经营成本高、负担重。

（五）资金问题

在调研中企业反映比较集中的问题就是资金问题，由于文化创意企业都是轻资产型企业，宁夏的金融创新产品不多，放贷手段传统，园区文化企业融资更是难上加难。

（六）平台问题

公共技术服务、园区管理服务等平台建设是园区发展的吸铁石，目前园区还没有建立起支撑园区发展的公共技术服务平台，公共管理方面还存在着"严进、宽管、轻罚"现象，"一站式"审批和工商税务部门存在服务不到位的问题。

四、对加快园区文化企业发展的建议

通过对银川 iBi 育成中心文化企业调研，我们认为，发展宁夏文化产业要树立抓产业必须抓园区、抓园区必须抓服务的发展思路，当务之急，必须做好以下几个方面的工作。

一是鼓励发展。号召市县区相关部门考察、调研、复制园区推动文化企业发展的经验和做法，抓住当前调整产业结构，转变经济发展方式的机遇和当前加快文化产业发展的政策利好，发挥当地文化资源优势，引进投资主体，打造文化产业园区、街区、特色村镇，出台支持政策，创造条件鼓励小微企业、文化个体户向产业园区集中，聚集发展。在自治区层面重点抓好中阿文化园、中阿文化创意产业园加快发展。支持打造海原回族文化创意产业园、西吉马兰回乡刺绣示范园、沙坡头水镇文化产业园、大麦地阳光文化产业园建设。

二是落实政策。建议进一步明确相关部门的工作责任，加大对接协调力度，落实文化产业、生产性服务业等优惠政策。对银川 iBi 育成中心，重点落实文化企业用电用水执行工业用电用水价格的优惠政策。完善行业制度体系，创新文化产业统计监测工作方式，实现文化企业应统尽统。加快制定文化产业各领域技术标准、服务标准，加强对各类市场主体经营活动的组织引导。联合统计、税务、园区管理部门举办针对企业培训班，宣传普及文化产业统计、税收等方面政策法规，营造发展文化创意产业的政策氛围。

三是重点扶持。对园区聚集区的文化企业实行重点扶持。对规模以上的文化企业进行授牌并给予资金奖励；积极帮助企业申报国家级特色、重点文化产业项目，中央、自治区文产资金支持。鼓励企业争创国家级、自治区级文化产业示范基地、示范户。扶持有实力的文化企业积极打造技术研发服务平台建设，为园区发展提供公共技术支撑。

四是搞好服务。适应"大众创业、万众创新"发展氛围，建议银川 iBi 育成中心要进一步优化行政审批流程和信息技术的支撑。不断弱化行政审批，全面推行标准化、规范化审批，变"严进、宽管、轻罚"为"宽进、严管、重罚"。同时，构建起事前、事中、事后全方位、多角度监管体系。建设"宁夏文化云"服务平台，利用 iBi 育成中心软件开发企业优势，开发建设集文化系统办公自动化、全区文化产业统计、文化市场综合执法、公共文化服务、重点文物保护，对外交流等功能于一体的综合性 "宁夏文化云"平台，与"智慧宁夏"全面对接，提升宁夏文化系统的综合服务能力。争取财政部门的支持，成立"宁文贷"，提供文化企业小额贷款，解决小微文化企业融资难、贷款难问题。

宁夏报业媒介融合发展及对策

薛雯乔

一、媒介融合对新闻生产的重塑

根据互联网信息中心的调查，截至 2016 年 6 月底，我国网民规模达到 7.1 亿，我国手机网民规模达到 6.56 亿，均比 2015 年有所增长。新媒体发展态势迅猛，随着数字技术的日益成熟和发展，传统媒体和新媒体之间的界限与壁垒逐渐消融，多种媒体形态共生共存，相互交融，传媒产业进入了媒介融合时代。而媒介技术的日新月异，更为新媒体传播提供了强大的技术支持和变革动力。

媒介融合背景下，报业为了适应新的传播生态和受众需求，改变原来的生产流程，表现为从刚性出版、单一形态、单向传播转变为动态出版、多媒体形态以及互动传播，实现以客户需求为导向的新的生产流程。传统媒体的"刚性出版时间"和"线性流程"被打破，过去白天采集、撰写、发布信息，到夜里编辑修改版面，在凌晨出版截稿时间之前最终定稿定版面的线性流程，将被 24 小时的滚动播放流程替代。由于网络出版不受截稿时间限制，记者在获得消息之后必须第一时间发回报道，并根据事态的变化在网上不断更新消息。采编人员的思路也将发生变化，要想着自己的稿

作者简介 薛雯乔，宁夏社会科学院期刊中心编辑。

件第一时间在网上刊登,而不是拖到第二天见报。

传统新闻业的缺陷在于传播终端和形式单一,传播互动性差。根据媒介演化的补救性理论,新媒体是旧媒体功能的补救。报业与互联网融合发展中,吸收了互联网多媒体、时效性、交互性的特点,补救了报业的缺陷,在新闻报道上实现了内容的纵向一体化和终端的横向一体化。

在媒介融合中,用户参与内容生产,报道互动性增强。在《未来是湿的:无组织的组织力量》一书中,美国作家克莱舍基分析了因互联网而改变的新闻业。他认为,社会化媒体引入了出版的"大规模业余化",信息的生产不再稀缺,从而也改变了新闻记者拥有报道新闻的特权。专业人士与非专业人士的界限越发模糊,新闻不再借助传统媒体闯入公众的意识,新闻的定义也从一个机构特权转变为信息传播生态系统的一部分,各种正式、非正式的组织和个人都处在这个生态系统中。

在此背景下,宁夏越来越多的传统媒体纷纷借助新媒体平台扩大传播与影响,也取得了不错的成果。宁夏日报官方微信的正式上线,宁夏日报微博运营中心成立宁夏日报记者群、宁夏日报粉丝群、宁夏日报微信用户群。在微博、微信开设宁报快讯、微镜头、出行小贴士、宁报速览、监督台等近 20 个贴近民生、反映民意的栏目。在微博、微信共开展践行核心价值观、两会、关注盲童、世界杯、中阿博览会、试吃、健康大讲堂、抢票等多次报网互动活动。在中阿博览会期间,宁夏日报社官方微信编发的稿件《中阿博览会最全指南》一经推送就很快获得了 10 万次阅读量。在"宁夏新十景"宣传活动中,通过访谈节目、网络、微博和微信的多方报道,网友访问量突破 1000 万次。另外,宁夏报业传媒集团也调整产业结构,拓展经营范围,例如扩展小额贷款公司的经营区域和市场份额,创办宁夏报业不种田商贸有限公司,尝试电子商务,开办宁夏报业小龙人幼儿园。

银川日报社开发了手机 APP 银川发布,建立了银川日报社微信矩阵,矩阵由银川发布、银川新闻网、银川晚报、银川晚报生活汇和银川晚报第一地产组成。同时,银川日报社也在报道外发力,2015 年推出小事儿APP,通过一年多的不断优化,不断提升手机 APP 对使用者的全方位生活服务质量。

吴忠市、中卫市、石嘴山市、固原市的部分报纸也推出了二维码，供读者扫描阅读。根据北京清博大数据对地区纸媒公众号的统计，宁夏地区长期位列前三位的分别是：银川晚报、新消息报、固原日报。总体观察，宁夏报业集团与银川日报社在媒体融合与转型方面发展最快，表现突出。

二、优势与不足

在当今的媒体传播格局中，传统纸媒仍然具备一些优势。第一，公信力与品牌优势。读者对经营多年的报纸有深厚的感情，对报纸品牌具有一定忠诚度，阅读行为稳定，宏观认知度较高。第二，团队优势。报社拥有一支新闻素养过硬的专业队伍。第三，资源优势。常年的报道需要让报社和当地党政机关、企事业单位有着多年良好的合作关系。

市场化报纸传递的信息不像党报带有方向性，而是贴近于大众、能迅速实现其新闻价值的身边事。在此环境下呈现的事实是，受众人群中的潜力人群（会使用网络的人）大都已经习惯通过订阅号、APP、网页等互联网方式浏览资讯等信息，这类人群滚雪球般的带动很多有条件的报纸读者间接加入。大众获取信息的习惯变了，再将一份崭新的、即使是他很感兴趣报纸放在面前，他也会觉得信息量很小。网络既免费又自由，在各种新媒体平台上，人们既是受者也是传者。网络平台为之前处于被动接收信息的报纸读者，保留其获取各种信息的权利，同时也赋予其及时发表意见的福利，无名小卒成为意见领袖，大批认同自己观点的粉丝让其在虚拟环境中获得了名誉和威望。这种体验，是报纸无法给予的。另一方面，未受互联网洗礼的一代人逐渐老龄化，新生的一代人又是伴随网络的熏陶长大。

三、发展对策

在媒介融合时代，传统纸媒应顺势而为，借力新媒体提升传播力。

（一）坚持"内容为王"，充分利用好纸媒的精品报道

无论是移动互联网发展带来的用户习惯的变化，信息传播载体的变化，信息呈现方式的变化等，背后不变的是人们对新闻资讯的需求，对新闻的需求只会比以往更强烈和迫切，对内容质量的要求只会更高。对资讯信息

内容的组成，包括文本、图片、视频的要求只会更细致，喜欢的长文本、短文本、图文配合，信息可视化，视频、离线视频等等各种形式的内容更精彩。新媒体没有了传统媒体的生产流程和固定周期的限制，追求时效性的同时大多让渡了内容的深度，但作为用户并不会因为换了信息获取的平台而改变他们对于原创、深度、优质内容的需求。刘勰在《文心雕龙》里也曾提出过"文附质也""质待文也"。意即美好的外形只有与充实的内容相契合，才有相得益彰的效果。在媒介信息已呈海量化的今天，如何吸引到读者，归根结底，仍是要靠让读者"拿得起、放不下"的精彩内容。

（二）加强评论意识

随着互联网的发展，社会已经进入信息高速传播的时代，微博、论坛、跟帖等建造了一个自由表达的"声音广场"。随着新闻竞争的日趋激烈，现代媒体对新闻时效的追求，不仅使通常意义上的独家新闻趋于萎缩，也使报纸在这一竞争中越来越不占优势。评论则成为近年来新闻竞争的一个焦点，从某种意义上说，谁抢占了评论的"核心"阵地，谁就占有了受众、占有了"粉丝"，甚至占有了时局。学者喻国明认为，新闻资讯便是告诉人们其价值何在。即通过对这些事实的介绍、组合、结构，不断实现一种良好的社会秩序、社会规则，一种把握问题的世界观、方法论。这是媒介的三种价值。可见，对新闻的独家评论很重要。以微信公众号为例，在运营微信公众号时，可充分利用空间组织手段，利用超链接，将评论及相关事件的来龙去脉组联成一个信息网络，不但有助于增强用户对评论的认可度，还有利于增强用户黏性。

（三）以用户需求为导向

用户对各类媒介平台使用性的需求，例如内容呈现形式、操作方式、推送等体验，从用户编排模式，文字配图，到操作方式，怎样更方便适应一般阅读习惯，一些看上去不起眼的细节，有时候可能会决定用户最终的选择。

在整个信息接触的过程中，受众拥有很大程度的信息自主选择权，用户不仅有选择不同的新闻信息的权利，甚至细化到对新闻事件报道中不同新闻点进行选择的权利。个性化的内容在本质上依然是经过精心编辑的各种内容的大杂烩，分类后供用户自由订阅。新闻聚合类的平台这一特点则更明显。

(四) 全媒体记者队伍的培养

培养适应全媒体报道的记者队伍，通过全媒体记者的编辑加工，一件新闻事件以不同面貌在不同媒体平台发布。全媒体记者需要全中有专，"专"不仅仅体现在能够熟练操作硬件设备，更体现在能够将新闻做深，做深体现在对新闻事件深度报道的把握上。需要具备全媒体思维，拥有全媒体语境下的大局意识，要通晓新闻事件报道在各种媒介传播的样式、特色，树立网路互动意识，并且要把握好在不同媒介传播过程中所造成的不同影响，要重视对社会舆论的引导和平衡。同时，全媒体记者需要树立良好的团队合作意识和分工意识，在从事新闻报道工作中相互沟通，相互了解，相互配合，这样才能真正掌握全媒体条件下的新闻报道业务。

(五) 利用大数据，精准投放广告

当今时代，整个的经营环境、商业模式和消费者心理、行为等都在发生着巨大的变化，各种新媒体平台相继崛起，包容、参与、合作，共生共荣已是社会发展主流。产品单一、经营封闭的市场化老路已经日益无法立足，而新媒体的传播就为商家开辟了新的模式、市场和商机。

传统的纸媒走的是规模广告路线，以庞大的受众群为砝码，以规模投放为特色达到规模广告效益。而数字时代的媒介平台恰恰可以走"精准广告"路线，以聚焦投放赢得广告客户。大数据技术的应用为精准投放广告提供了可能。通过使用语义分析软件、语言处理软件、机器认知软件、集群分析软件等大数据技术，媒体可以对受众精确描述，揭示出在线市场行为的真实结果，让精确的锁定成为可能。美国《芝加哥论坛报》就是通过分析研究受众阅读和消费行为的大数据，针对不同的受众实行分类别的内容发行，通过数据发现了读者可以接受"内容增加，报纸提价"的改版方式。通过数据对受众不同阅读行为的分析，《芝加哥论坛报》得以掌握受众的阅读偏好和行为习惯，不仅可以推出符合受众需求的内容产品，还可以为广告客户提供精准的数据指导。《芝加哥论坛报》从 2008 年宣告破产到 2012 年结束破产保护状态，发行广告止跌上扬，得益于借助"大数据"对内容生产和经营的变革。大数据分析已经为未来报业的内容生产、发行

与广告营销展现出了广阔的前景。

（六）打破信息同质化

第一，都市化报纸在报道内容方面尽量减少同质化信息的发布。当今社会的新事物和新现象层出不穷，社会问题复杂且多变，应该将新闻视角触及百姓生活的方方面面，对与市民息息相关的社会活动和社会事件多加关注，这就需要记者亲身走访社区，在群众中广交朋友，通过各种渠道了解普通老百姓的担忧顾虑、情感变化、生存状况，写出反映社区生活和民情民风的报道，增强新闻的贴近性和感染力。与此同时，在社会新闻与各行各业的交叉中寻找着力点，社会新闻的报道领域相当宽泛，它不仅可以报道行业新闻无法涉及的社会生活、社会现象、社会问题，同时也可报道各行业中与人民群众密切相关的社会现象、社会事件和问题。运用广义的社会视角，通过人们思想观念的变化来阐述问题，针砭时弊。第二，提高报道深度，报道角度手法多元。在跳出题材，由近视、平视转为俯视、远视，对题材进行开掘，使消息走向深度，强调各种问题意识，加强新闻策划能力，创新思维和改变观念，在大量占有新闻资源的情况下找出最佳结合点，引入版组概念，高水平地整合新闻资源，并为受众提供最真的、最新的、最深的新闻报道，才能有利于规模效应的有效发挥，在同题竞争中做到真正的创新。第三，官视角转向民视角。由于官方消息来源指向大多具有一致性，这就造成了在同题新闻中，依靠官方消息往往新闻材料大同小异，将新闻视角下移，可以大大减少消息源重合的情况。

2016年宁夏文化会展业发展报告

马　珍　张治东

中国会展业在经历了近十年的高速增长后，当前虽然增幅有所放缓，但仍有望成为全球展览业"最令人兴奋和充满活力的市场之一"。以"城市助推器""触摸世界窗口"之称的会展业，不仅为城市带来直接的经济效益，而且增进了与外界的商业贸易、文化交流，推进了城市基础设施建设，提升了城市知名度。近年来，宁夏主动融入国家"一带一路"建设，坚定不移地实施开放带动战略，充分发挥内陆开放型经济试验区和银川综合保税区先行先试的优势，自中阿博览会会址永久落户宁夏后，全区文化会展业发展正逐步迈向国际化、品牌化、市场化。

一、2016年宁夏文化会展业发展基本情况

2016年全区举办了第十二届中国会展经济国际合作论坛、中美旅游高层对话、中国文化馆年会·文化艺术博览会暨第一届"一带一路"特色文化产品博览会、首届宁夏文化产业发展高峰论坛、中阿博览会理论研讨会暨第二届中阿智库论坛、亚洲都市景观类颁奖礼等会议和展览，通过这些会议和展览集聚了国内外著名学者、会展专家和各类人才，为宁夏文化会展

作者简介　马珍，宁夏社会科学院文化研究所助理研究员；张治东，宁夏社会科学院文化研究所助理研究员。

业发展建言献策、凝聚力量。仅银川国际会展中心举办的展览就达45次，其中文化类展览展示11次。纵观2016年宁夏文化会展业发展的基本情况，呈现以下特点：

（一）2016年举办的各类会议和展览规模不断提升，国际性会议增多，宁夏承办会议展览经验日益丰富

2010年宁夏开始举办中阿经贸论坛，2013年更名为中阿博览会并每两年举办一次。三届中阿经贸论坛和两届中阿博览会自举办以来，取得了丰硕的中阿合作成果，仅2015中阿博览会期间签约项目资金就达到1830亿元。中阿博览会正逐渐发展为中阿高层对话、经贸合作、文化交流、共建"一带一路"的重要合作机制和综合性平台。2016年，全区文化会展业除集中精力办好中阿博览会的分项会议外，还举办了其他国家级的会展合作论坛和国际会议等。其中中国会展经济国际合作论坛，在国际会展界都享有很高的知名度，本届论坛主题是"经济新支点，会展新起点"，国内外展览企业领袖、会展行业协会代表、专家学者及会展行业政府主管部门负责人等600多人参加。论坛议题包括"全球经济形势与会展业的应对之道""新兴市场的会展新机遇""会展与城市共成长""后互联网时代会展业的创新发展""海外品牌展会的成功之道""规模化、专业化、国际化展会项目转型升级的路径选择"等，针对当下全球会展业的前沿问题、热点问题展开对话，促进了宁夏文化会展业与国内外交流学习、积累经验，在国内外会展界发声、脱颖而出。

第十届中美旅游高层对话作为2016年"中美旅游年"重要活动之一，在宁夏的成功举办，是宁夏走向世界的一个新窗口，集中展示了宁夏丰富的自然资源、民族风情以及回汉各族人民的良好精神风貌。高层对话包括全国全域旅游推进会及线路产品考察、友城论坛、葡萄酒推介会和文化旅游交流系列活动，宁夏获批为全国第二个省级全域旅游示范区创建单位。中国文化馆年会·文化艺术博览会暨第一届"一带一路"特色文化产品博览会也是一次全国性的文化盛会，展会展览面积3万平方米。亚洲都市景观类颁奖礼是由联合国人居署亚太办事处等4家国际组织发起设立的一项亚洲区域的国际性奖项，该项目在2016—2020年期间将由银川市连续承办5

年。除以上国际型的会议展览外，2016年9月，宁夏国际会议展览业协会第六次会长联席会议暨银川市会展产业发展座谈会也在银川举办，会议对银川市的会展产业今后的发展进行了展望和研讨。

（二）宁夏积极走出去搭建对外交流合作平台，力促文化会展业发展

第二届中阿博览会上中阿技术转移中心挂牌成立，2016年1月习近平主席在在阿拉伯国家联盟总部的演讲中又指出中阿博览会成为中阿共建"一带一路"的重要平台。为了更好地发挥平台的作用，促进中阿之间的交流，宁夏积极走出去对外交流合作，这都将促进文化会展业在今后的发展。其中，4月在科威特大学举办的"中国日"宣传活动现场，专门为中阿博览会布置了展台，发放博览会宣传册、博览会宣传片及招商项目册U盘、宁夏旅游宣传册、中阿之窗特刊阿文报纸等材料；5月在埃及举办走进埃及综合展，期间进行了美丽中国·神奇宁夏（埃及）旅游推介会、丝路梦·回乡情文艺演出等活动；积极筹建在沙特、阿曼两地建立中沙工业园和中阿产业园，其中中阿产业园首期占地6平方公里，目前已投资的企业有10户，项目15个，总投资约260亿元人民币，通过这两个园区的建设，不仅会对宁夏对外开放产生重大的带动作用，而且为中阿务实合作搭建了新的载体；宁夏的中银绒业、塞外香等一批优势企业已在沙特、阿联酋、毛里塔尼亚等丝绸之路沿线国家投资农业、石化、采矿业项目。阿拉伯国家和穆斯林地区的一大批企业也走进了宁夏，如阿联酋投资的宁夏六盘山国际旅游休闲度假区已启动建设，埃及在吴忠清真产业园区投资近1亿美元，建设奶粉、蛋白质生产等项目。

8月在北京举办的中国—沙特经贸论坛上，全区组织了宁夏企业协会、多家进出口企业参会，为宁夏与沙特之间的交流打下基础。同月塞上江南·神奇宁夏旅游推介会也在北京举行，全区重点推进"全域旅游"战略，探索"全景打造、全业融合、全时体验、全民参与"的全域旅游发展模式。10月天高云淡，六盘山——宁夏固原脱贫攻坚·生态·文化展在北京举办，全区组织参加了在广西桂林市举办的东盟博览会旅游展，同月还参加了中国会展业发展论坛暨中国会展业联盟成立大会，在此次大会上，宁夏会展界代表通过洽谈交流，建立了与国内会展专家的联系，增进了了解，扩大了与全国会展业机构和企业的联系渠道。通过走出去引进来战略，搭建了宁夏对外交流合作平台，以文化的交流促进地区经济的发展，提升了知名度和美誉度。

（三）出台《会展业发展专项资金管理办法》，为文化会展业发展保驾护航

2015 年国务院出台了会展政策《关于进一步促进展览业改革发展的若干意见》（国发〔2015〕15 号），这是国务院首次全面系统地提出展览业发展的战略目标和主要任务，并对进一步促进展览业改革发展作出全面部署。宁夏也出台了《自治区人民政府办公厅关于加快发展会展业的实施意见》（宁政办发〔2015〕157 号）等有关规定。2016 年自治区博览局与自治区财政厅联合共同制定了《宁夏回族自治区会展业发展专项资金管理办法》，充分发挥财政资金对会展业的引导和激励作用。每年设立 2000 万元的会展业发展专项资金，资金主要用于补助符合宁夏产业发展方向并取得明显经济、社会效益的会展企业和会展项目。通过政策的扶持和鼓励，以及会展专项基金的支持，宁夏文化会展业将会有更大的发展空间。自治区博览局还制定了《宁夏回族自治区会展业发展目标任务考核奖励办法》，成立会展业目标任务考核小组，建立健全奖励机制，落实考核统计工作。每年 11 月底前向自治区博览局提交下一年度会展计划。自治区博览局按照保护重点品牌会展、3 个月之内不重复举办内容相同或相近会展等原则，确定并发布全区会展年度计划名录。

（四）大数据中心、西部云谷等大数据基地的建成，为网络文化会展业发展奠定基础

近年来，宁夏大数据产业快速发展，已形成以银川、中卫两市为核心，齐头并进的良好态势，为今后网络文化会展业的发展奠定基础。银川市是国家电子商务和跨境电子商务试点城市，正大力推进对阿拉伯国家的跨境电子商务。北京宽带资本已与中卫市共同注资成立了宁夏西部云基地科技公司，开展新一代云数据中心建设、IDC 牌照申请等业务。"优百贸"由宁夏中阿电子商务有限公司开发，设有中、英、阿三种语言，主要面对阿拉伯市场运营，带动了宁夏本地鲜花、葡萄酒、清真食品等优势特色产业的发展。银川跨境电商政务监管服务系统和国际邮件处理中心正在建设，并与迪拜已实现直航。在大数据应用上，全区还相继建成电子物流、农村沼气在线、奶牛养殖、消防物联网 4 个全国数据平台和住房公积金、医疗社保、人口大数据、交通秘书、全区政务云 5 个省级数据平台。成为"智慧宁夏"建设的核心网络，带动了智能电网、新能源、智能交通、智能城市、高端装备制造等新兴产业的发展，在服务民生等方面发挥着不可替代的作用，树立了全国典范。大数据平台的建成和完善都将为今后网络宁夏文化会展搭建平台、奠定基础。

除以上会议展览外，2016 年全区还举办了银川稻草人文化旅游节暨稻草人创意展、气球展等特色创意展览，房车展、渔具展、珠宝展等消费型展览，这些展会不仅丰富了市民节假日生活，还促进了全区各地节庆旅游产业的发展。全区还将在 12 月举办"一带一路"2016 中国宁夏（银川）国际会展教育论坛暨宁夏会展业颁奖盛典，论坛主题将涉及"中国会展业发展形势及会展教育"等中国会展业发展的热点问题。总体来看，全区文化会展业呈现出蓬勃生机，发展潜力巨大。不仅带动地方经济发展，促进相关产业转型，而且对全区优势产业的带动效应更加明显。

二、宁夏文化会展业发展中存在的问题

文化会展业应坚持具有文化内涵的办展理念。目前宁夏文化会展业在发展中还是与其他文化产业较发达地区的会展业存在很大差距，这些差距主要表现在：第一，文化会展企业目前仍存在规模小、竞争力弱、抗风险能力差等问题，企业规模较小，举办的文化会展活动较少。除银川地区的文化会展活动较多外，吴忠、中卫、石嘴山、固原地区的会展活动都少。第二，在会展过程中的国际化程度上，国际参展商所占比例较低、国际展览数量相对较少，品牌展会建设仍需努力。第三，全区除银川和吴忠地区新建国际会展中心外，其他三个地级市还没有会展场馆。全区在会展场馆的数量和质量上相比国内其他会展业发展良好的地区，有着明显差距，无法适应规模性会展的办展要求。另外展会辅助设施条件也相对薄弱。如在银川国际会展中心举办的 2015 年中阿博览会期间的展示中，停车困难，入

厕卫生差，餐饮休息区域设施简单等问题，会对展示交易形成影响。

三、推动宁夏文化会展业发展的对策建议

基于以上发展现状和存在的问题，从总体看宁夏会展业的发展思路应该是围绕转型升级实施三化战略，即以中阿博览会为契机，以文化会展业的国际化、品牌化、专业化发展为目标，强化政府对文化会展业发展的规划、引导和扶持。坚持政策支持和行业协调并重、会议和展览并举，通过整合全区各地会展资源和产业特色，营造良好的企业发展环境，实现全区文化会展业差异化、特色化发展。

（一）推动建立市场化、专业化办会机制

全区文化会展业仍处于会展业发展的初级阶段，因此，市场化运作与政府主导应协调发展，先由政府给予会展项目支持，将其中一些具体的服务项目交给展览公司进行市场运作，待打造成为会展品牌并扶持展览公司逐步壮大后，再完全进行市场化运作。在市场化过程中，要引入竞争机制，鼓励外地文化会展企业与本地文化会展企业合资、合作，尽快提高本地企业的商业运作能力，充分调动会展企业的积极性。并通过加快引进和培育国际化、国家级、专业化展会，力促会展行业的不断发展完善。宁夏文化会展业在近几年的发展中，政府主导型展会比例正在逐渐降低，如银川时尚消费博览会、银川车展嘉年华等一批新兴市场主导型展会已初见成效。今后政府作为会展业的规划者和监督者，要营造出健康有序的会展业生态环境；会展行业协会应发挥专业职能，积极对接政府资源，对行业的前瞻性发展进行深入研究，给企业提供更多务实的服务和帮助；借鉴国外先进办展经验，优化配置展览资源，走国际化、专业化、品牌化、网络化发展道路。

（二）完善会展产业链

会展产业链主要由会展公司或政府组展、场馆经营、施工搭建、展览物流和配套服务五方面构成。一个完善的产业链是完美会展项目的基础条件。所以宁夏文化会展业首先应为组展商、参展商、搭建商、运输商、参观者提供良好的场所和良好的服务。良好的服务，来自于会展企业主体，

因此要提升宁夏文化会展企业的实力和能力，为展会的顺利进行夯实基础。宁夏从事会展行业的企业从最初的不足 10 家，发展到如今已超过 30 家；从业人员从不足 200 人，增加到 1000 余人。[1]目前银川市新增和引进了宁夏中会展国际展览有限公司、宁夏中展世通展览服务有限公司、宁夏展联会展管理有限公司、宁夏银展会展服务有限公司、宁夏西联创展国际展览有限公司等一批实力雄厚、专业化程度高、竞争力强的专业组展公司及搭建服务公司。这些办展经验丰富的会展公司，应在政府和市场的双重培育机制下，取得更大的进步，成为全区会展业发展的主体力量。其次，打造智能化场馆建设，践行节能环保，建设绿色场馆。依靠科技提高会展场馆设计和设备配套系统，因此，在不断提高办展水平的过程中，尤其需注意配套服务的跟进，具体有以下几方面：一是卫生清洁服务，卫生清洁度应体现在参展主体能够接触到的每一处，如洗手间、餐饮场所、休息区、过道等方面；二是就餐安排服务，可考虑为参展商定制工作餐或提供与目前餐饮服务具有竞争性的其他餐饮服务，改善参展主体对餐饮服务的评价；三是人员服务，主要体现在增加工作人员的数量、提高工作人员素质，确保在人力、物力方面足够满足或是解决参会者的需求；四是高度重视展会安全问题、做好展会突发事件的应急处置管理。会展期间需要面对的不仅仅是商流、物流、人流、资金流，拥挤的人群、众多的车辆、复杂的环境，还有随之而来的许多风险和不确定性因素等，要建立应急预案，防患于未然，注重经验的积累和提高应急的能力，做好细节，做好每一次展会。

（三）促进大数据与文化会展行业的融合，发挥会展加速器和创新引擎的作用

会展行业的产业链各环节不仅是大数据的使用者和受益者，也是大数据会展创新的组成部分。会展大数据应用产品可以通过分析潜在参展商、观众的群体特征、信息渠道、偏好类型等数据，进行大数据市场调研，拓宽会展企业的意向客户数据库；通过关联分析、因果分析实现精准营销和精细化运营，改善企业的运营管理，让参展商和观众有更好的会展体验，

---

[1] 助推经济发展——银川会展大有作为[EB/OL]. 银川新闻网,2016-04-18.

增进双方更高效率的贸易合作。会展大数据应用还可以实现会展舆情监测管理，使企业调整市场战略策略，改善自身的产品和服务，实现有效传播和精准营销。因此，要加大对宁夏信息基础设施的投入，开展宁夏与阿拉伯国家之间的信息光缆建设，打通中阿国际网络通道，要注重对阿拉伯国家的大数据建设，全区社科研究应开展对阿拉伯国家国情的研究，积极推动中阿智库建设和理论研究工作。

纳家户回族文化产业发展案例解析

杨学燕

一、纳家户回族文化产业发展背景

(一) 国家文化产业发展带来的产业发展机遇

当今时代，文化产业成为和平时期各国展示国力的软实力，越来越多的国家开始将文化产业视为一种战略产业，文化产业成为 21 世纪最有发展前途的产业之一。我国目前文化对经济的驱动能力还很弱，文化产业发展起步晚，文化消费水平低，但人们对于文化商品和文化服务需求将会呈现长期增长的趋势。发展文化产业可以促进社会投资、吸引外资，创造和增加就业机会、调整产业结构、提升经济可持续发展的能力，以及增强民族认同感和文化自豪感。宁夏回族自治区政府积极响应国际国内经济发展趋势，大力发展文化产业。纳家户也不失时机地参与到了国家竞争的大环境中，传承地域特色民族文化、发展文化产业，因此，纳家户是幸运的，但这能否形成前途无量的发展势头，需要时间来雕琢和验证。

(二) 纳家户回族历史文化资源优势给予的产业发展基础

今宁夏银川市永宁县的纳家户村，是元朝贵族赛典赤·赡思丁的后

作者简介　杨学燕，宁夏大学回族研究院副教授，博士。

人居住的地方，纳氏祖先最早于13世纪末14世纪初定居于如今的银川市。"吾家弃秦移居西夏，吾寺起建于明嘉靖三年（1524年），圣迹永存"的牌匾，清晰地呈现了纳家户清真大寺的久远历史，也间接地暗示出了纳家户人与陕西、云南、青海、甘肃、河北、江苏等赛典赤家族后人的血缘关系。承载和见证纳家户发展历史的纳家户清真大寺是纳家户回族文化的核心载体。1958年前的纳家户村是纯回族村，2011年纳家户总人口有4723人，其中，回族人口所占比例为97.42%。[1] 纳家户人在日复一日生活中经历、体验和理解回族文化，他们是回族文化的"活文化"。如此一个富有鲜明历史文化特征的回族聚居区，是纳家户发展文化产业的坚实根基。

（三）纳家户回族文化产业的产生是对回族商业传统的传承与突破

纳家户在改革开放以后曾是有名的富裕村，"以家庭为本位、紧贴市场，充分发挥民族传统文化和地理条件的优势，以单一产业为主、多种产业并举的混合经营发展"的"纳家户发展模式"，是纳家户人民依靠自身优越的自然和地理条件在改革开放初期探索出的成功经验。这种模式是特定历史条件下形成的，当市场经济大潮不断地影响纳家户时，纳家户的发展必须要突破原有粗放式的经营模式，寻求适应时代发展的经济的发展模式，纳家户立足自身文化资源的基础，以中华回乡文化园和纳家户商业街的建设，开启了纳家户回族文化产业的发展篇章。

二、纳家户回族文化产业的发展现状

纳家户回族文化产业是以纳家户清真大寺、中华回乡文化园、中华回族第一街和纳家户村为产业发展的内容，主要以发展文化旅游业为核心。

（一）以纳家户清真大寺为主文化旅游发展历程

1. 产业无意识发展阶段

纳家户清真大寺是纳家户回族穆斯林进行宗教活动的重要场所。纳家

---

[1] 杨占武. 中华回乡纳家户[M]. 银川：宁夏人民出版社,2012:7.

户清真寺融阿拉伯风格和汉唐建筑艺术于一体，是中国伊斯兰建筑艺术的智慧结晶之一，也是人类历史上的珍贵文化遗产。改革开放以后，历经几次修复的纳家户清真大寺先后接待世界各国多位政界名流和知名人士。1988 年该寺被列为宁夏回族自治区重点文物保护单位，更增加了其在中华大地上的知名度和美誉度，自此以后，来此处参观游览的国内外宾客络绎不绝。该阶段，清真寺还没有产业发展的意识，除了回族穆斯林在此行进宗教活动之外，也只是接待外宾的友好参观而已。

2. 产业自觉发展阶段

从 2006 年 9 月中华回乡文化园在纳家户试营业开始，纳家户清真大寺便开启了文化旅游的篇章。起初，随着中华回乡文化园知名度的提高和后期纳家户商业街的建成营运，以及旅行社的相应关注，清真寺迎来了旅游快速发展的小高潮，每年有近 4 万人次的游客免费参观，既提高了纳家户的知名度，清真寺的经济情况也得到改善。但 2010 年以后，随着纳家户商业街运营的每况愈下，清真寺游客量开始锐减。2014 年以后在清真寺管委会商议下，开始对外销售门票，每张票价 10 元，但清真寺不提供任何与旅游相关的导游服务，每年清真寺在门票上收入近 2 万元。

（二）中华回乡文化园发展现状

中华回乡文化园旅游发展是以门票、餐饮、演艺和场地租赁为主要收入来源。根据中华回乡文化园旅游统计数据，从 2009 年到 2014 年，中华回乡文化园的旅游接待人次和门票收入一直呈现上升趋势，分别增长了 2.63 倍和 4.18 倍。同期宁夏全区旅游接待人次和旅游总收入分别增长了 2.67 倍和 1.84 倍。[1] 可以看出，中华回乡文化园的整体旅游接待人次和全区差距不大，旅游收入中门票比例明显过高，旅游经济结构中的单一要素比重过大，说明其旅游产业发展过程中的多种服务功能还有待提升和挖掘。从具体的产业收入比例上看，以 2013 年为例，中华回乡文化园的旅游总收入中，门票收入和餐饮收入各占 40%，演艺收入占 15%，其他场地租赁收入占 5%。[2] 文化旅游与文化演艺产业初步实现融合发展，2014 年底《月上

---

[1][2] 数据来源：中华回乡文化园。

贺兰》舞剧累计演出 450 场次，演出收益共计 345 万元。2015 年，中华回乡文化园的旅游人次较前一年多了近 6.5 万人次，门票收入增加了 215 万元，产业稳步发展。[1]

回族文化资源的挖掘深度有待提高。博物馆的首要功能是教育功能，这是国际上在此领域人所共知的事实。回族博物馆作为中华回乡文化园的主要内容，目前的影响力和传播力相对较弱，博物馆上档次的真品数量极为有限，所展内容多为复制品。展品的文化内涵的挖掘、展览的策划、藏品架构、组织、设置、实施等层次有待于进一步提升。博物馆缺乏专业策展人员，结合回族历史、文化、人物、藏品、手段、衍生品等一系列内容的文化输出成果极少，造成博物馆回族文化内容不够全面。

（三）中华回族第一街的产业发展

中华回族第一街位于中华回乡文化园和纳家户清真大寺之间，是一个集回族文化的展演、展示和学术交流的场所，也是回族非物质文化遗产项目及清真饮食，回族民俗开发、生产、保护和展示基地。目前共有五大功能区，即旅游纪念区、餐饮区、土特产区、民俗文化区和配套商业区。

调查中得知，由于游客逐年减少，商业街经营日渐惨淡，许多商铺打算退租。2014 年 10 月，商业街中正常营业的店铺有 107 家，且还有许多贴着"店铺转让"，关门店铺 55 家，空置店铺 75 家。[2] 至 2016 年 10 月 1 日，正常营业的商铺不足 50 家，余下近 170 家处于待租、关门和空置状态。[3] 整个商业街主街道被玉器商所占，商业街此时或许可以更名为玉器街了。那些仍然营业的商铺叫苦连连，尽管生意日渐萧条，仍要面对暖气费、包租费和物业费等，生意开始出现入不敷出的局面，甚至有店铺一个月内都没有开张。

商业街萧条的原因。中华回乡文化园和商业街虽然同属中华回乡文化园的一期工程，但彼此实质性的合作非常有限，游客是否进入商业街游览，

---

[1] 数据来源：中华回乡文化园。

[2] 数据来源：2014 年 10 月笔者调查统计。

[3] 数据来源：2016 年 10 月笔者调查统计。

完全取决于旅行社的时间安排。文化园的整修影响了客源，商业街也无法分流游客。旅行社在此无利可图，游客抱怨服务太差，居民抱怨游客干扰生活的声音交织在一起，纳家户商业街的产业变成了孤岛，旅游业的可持续发展亟待关注和整改。调查中商户也谈到，2016年政府所做的临时节庆对商业街的经营有很大的促动作用。商业街新开发的前三年，商户着实看到了发展的希望，但随着时间的推移，商业街和清真寺逐渐退出旅游者视线的时候，稀疏的游客无法形成规模效益，商业街的经营每况愈下，使纳家户商业街渐入萧条。

三、纳家户回族文化产业发展对策和思路

（一）亟须出台区域文化产业发展的整体规划

纳家户回族文化产业发展的四个主体部分，既相互支撑又相互制约。解决目前存在的问题首要是完成纳家户回族文化产业发展规划，从纳家户历史和当地文化的独特性出发，结合文化产业发展规律及市场需求特点，从时间和空间角度为纳家户的长远发展和回族文化的代际传承，奠定产业开发的保障。

（二）四个主体部分的发展规划及行动计划的完善

依据目前存在的主要问题，逐个解决当前紧迫的问题，如纳家户清真寺的导游及讲解词的问题；纳家户商业街的商户承租制度调整、商业街节庆活动的策划问题；中华回乡文化园的旅游产品质量提升问题；纳家户居民的生计改善与传统文化的传承问题等。

（三）处理好文化产业、政府、企业及农民的关系问题

首先，纳家户回族文化产业的发展依托的是地域文化，忽视了这一点，回族文化产业的发展将会成为无根之水、无本之木，纳家户独特的地域文化是纳家户回族文化产业最大的卖点。只做产业不挖掘地域文化的文化产业最终会因产品缺乏特色而失去市场发展机遇。

其次，政府在文化产业发展中是引导者和监督者的身份，政府要善于运用优秀的科研成果，将其与产业发展相结合，政府应通过搭建企业和科研成果之间衔接的桥梁，促进社会资本、智力资本转化为文

化资本。

再次，处理好纳家户农民和纳家户回族文化产业之间的关系。纳家户农民是纳家户回族文化的承载者，是回族文化传承的实践者，也是回族文化的坚守者，更是回族文化产业发展的依托者。纳家户回族文化产业离不开纳家户村和纳家户农民。

区域篇
QUYUPIAN

2016年银川市文化建设发展报告

程利云

　　2016年是实施"十三五"规划的开局之年，一年来，银川市加大精神文明建设力度，推动文化体制改革和文化发展，文明创建和文化建设取得了新成效，实现了新突破。

一、文化建设成果

（一）社会主义核心价值观培育践行，社会文明程度不断提升

　　习近平总书记始终把社会主义核心价值观建设放在重要位置，多次作出深刻阐述，用一系列新思想、新观点、新论断，科学回答了社会主义核心价值观建设的重大理论和实践问题，为培育和践行社会主义核心价值观指明了方向。银川市深入贯彻习总书记系列重要讲话精神，坚持将精神文明建设和社会主义核心价值观培育践行融入到各项具体工作之中，坚持落小落细落实，在潜移默化中约束人、影响人、教育人，推动市民素质持续提升、文明城市向城市文明深化。

　　一是社会监督不断加强，市民文明行为逐步提高。持续开展不文明行为整治曝光活动，发动市民通过抓拍、举报等方式对突出交通违法行为和公共场所不文明行为进行监督。通过电视、报刊、网络及手机APP客户

作者简介　程利云，银川市委宣传部副调研员。

端、微信公众平台等媒体对不文明行为进行持续曝光。2016年共收到各类举报视频、图片1万余条，曝光视频近2000余起。通过不文明行为"随手拍"活动，引导市民广泛参与社会治理，扩大了对不文明行为的监督，增强了市民践行文明的自觉性。

二是评选"最美银川人"，引领培育城市人文精神。在全市各行各业常态化开展"最美银川人"评选活动，把评选活动作为提升公民道德素质、推动美好银川建设的重要载体来抓。从全市基层、服务行业一线和公民思想道德建设领域中涌现出"最美银川人"等先进模范百余名。为"最美银川人"免费体检、赠阅报刊，为有困难的"最美银川人"解决住房困难、孩子入学、就医就业等问题，引导全社会形成关爱和帮扶"最美银川人"的浓厚氛围。通过全媒体集中宣传，并利用宣讲会、道德讲堂、善行义举榜等形式开展日常宣传，以"最美人物"为素材拍摄微电影，举办微电影大赛，并在优酷、腾讯等各大网络平台播放；编辑出版《最美银川人》，讲好"最美故事"，使"最美银川人"的先进事迹广泛传播，在全市凝聚起见贤思齐、崇德向善的道德力量，凝聚起建设美好银川的可贵精神。

三是建立志愿服务网络平台，智能化管理全面推行。开发了宁夏首个以"互联网+"思路开展志愿服务工作的网络平台，建立了"网站+微信+手机APP"的工作模式，实现了志愿者管理网络化、智能化。志愿者在网上进行实名注册、项目发布对接、工时核计及信息交流。在网上设立了积分兑换商城，并在三区194个社区普遍建立志愿服务积分、嘉许、回馈、激励机制，志愿者可自由选择在线上或线下兑换各类物品。采取以奖代补的方法，对社区志愿服务活动开展情况进行考核，对活动开展好的社区进行奖励。每月组织机关干部和社会各界群众开展"全民公益日"活动，并将活动开展情况纳入党建和精神文明建设绩效考核之中进行赋分考核，发挥党员干部的模范带头作用。截至目前，银川市网上实名注册志愿者达到22万人、团队943个，组织活动3万余次，服务时长达74万小时。

四是开展社区减负，社区工作环境得到改善。开展清理进入社区服务事项专项行动，严格执行准入清单。对三区194个城市社区《准入清单》执行落实情况开展专项督查，对执行《准入清单》不力的单位通报批评并要求限时清理，对不准进入社区的事项逐一进行排查和明确，使社区工作人员集中精力投入服务群众工作上，服务社区居民的能力和群众满意度不断提高。同时，倒逼相关部门转变思维模式和工作方式，创新改革，减少证明审批事项，加大事中、事后的监管力度。对三区社区工作用房不足500平方米的社区进行摸底、清理、配置，对117个不达标社区进行了拉网式清查，逐一研究并制定每个不达标社区的解决方案。制定出台了《银川市社区工作用房和居民活动用房建设管理实施细则》，对实现社区用房最优配置，提升社区服务能力提供了制度保证。

五是建立公共信用信息共享平台，诚信体系逐步完善。全市各部门借助网络平台，以信息化为支撑，深化行政审批改革，30多个部门的审批整合到一个局，审批网络化，流程全公开，倒逼政务公正。在全市14家龙头企业推行农产品质量安全追溯体系；通过各类媒体和微信公布"老赖"名单，实现了"老赖"信息全国联网共享，限制"老赖"在全国范围内的高消费，限制乘坐飞机、高铁，限制出境、招投标、银行贷款等。在全市开展文明旅游排行榜测评，对全市187家A级景区、星级饭店、星级农家乐、旅行社进行测评排名，对存在问题进行通报并在媒体曝光。在建筑领域开展农民工工资支付诚信承诺企业和拖欠农民工工资典型案例评选活动，对拖欠农民工工资的建筑企业在媒体曝光，并将其列入企业诚信档案中。同时，与工信、地税、劳动监察、住建等部门建立联动机制，推动企业诚信建设，形成一处失信处处受限的有利态势。

（二）文化事业全面发展，文化软实力快速提升

党中央、国务院以及自治区党委和政府《关于加快构建现代公共文化服务体系的意见》《基本公共文化服务指导标准（2015—2022年)》等政策出台以来，银川市结合实际，研究制定了一系列政策措施，全市公共文化机构和场所的建设、管理、服务及监督评价进一步规范。

一是以《银川市加快构建现代公共文化服务体系的实施方案》《银川市基本公共文化服务实施标准》等的制定出台，健全完善公共文化管理体制机制。成立了银川市公共文化服务体系建设协调小组，研究制定了《银川市加快构建现代公共文化服务体系的实施方案》《银川市基本公共文化服务实施标准》《银川市关于推进基层综合性文化服务中心建设实施方案》《银川市政府向社会力量购买公共文化服务实施方案》等政策，公共文化考核评价体系、公众需求反馈机制、群众满意度测评体系及公共文化服务保障机制不断完善。

二是进一步建设完善利民惠民的公共文化设施。银川公共文化数字平台上线运行，设立了图书馆、文化馆、美术馆、博物馆、非物质文化遗产、文化演出等栏目，开通了银川市图书馆自动语音电话服务，完善移动图书馆、微信公众平台和短信平台的建设和服务。首批建成 30 个集宣传文化、党员教育、科学普及、普法教育、体育健身等功能于一体的基层综合性文化服务中心，新建 20 个示范性农民文化大院、12 个农村电影放映固定点，全市农村电影放映固定点达到 44 个，基础设施建设向基层和农村倾斜。

三是营造"书香银川·银川书香"的浓厚氛围。成功举办第三届银川阅读节，著名作家与市民现场交流推荐优秀书目；发布"书香银川"微信公众平台，举办"西部放歌黄河诗会"、第四届中华经典诵读电视大赛、开卷读书沙龙、"你买书·我买单"等系列阅读活动 146 项，书香银川活动线上线下同步开展；表彰选树"书香校园"、优秀示范项目、全民阅读优秀推广人等先进典型 54 项，奖励各类阅读竞赛获奖者百余名；每月向车站、机场、宾馆、旅游景区、社区等 100 多个公共场所免费赠阅《黄河文学》6000 本，每日投放《银川晚报》《银川日报》各 600 份，营造浓郁的书香城市氛围。

四是全面实施重点文艺项目，推动文艺事业发展繁荣。立项资助重点文艺项目 14 项，投入扶持资金 401 万元。举办"丝路中国·美好银川"中国（银川）国际艺术创作营暨罗马尼亚艺术展活动，展出 149 件罗马尼亚艺术作品，26 个国家 30 余位艺术家创作艺术作品 200 余幅；举办"银川对话 2016 中国·美国版画作品联展"，展出 51 位中美版画艺术家 150 余幅版画作品，为期 20 天的展览吸引了近五万人次的观展与对话。举办第二届"最美银川"微电影大赛，运用新媒体传播优秀文艺作品。全国安全生产优秀宣传作品、舞台剧《平安是福》在区内外累计巡演 115 场；新编舞蹈《向往》参加"第十一届全国优秀舞蹈节目展演"获得优秀节目奖；杂技节目《高车踢碗·回族姑娘》和《钻地圈·追日的脚步》参加"首届西北五省杂技大赛"获得金奖。

五是举办精彩纷呈群文活动，充实市民精神文化生活。第三届中国文化馆年会在我市成功举办，工作会议、主题论坛、博览会、文化活动四大板块内容丰富，全国各省（区、市）3500多人参加盛会，招商参展企业500家，参与人数约6万人，创银川本地文化类博览会规模新高。"唱响银川·十强歌手争霸赛"、"千人广场舞"、西北毗邻城市文艺交流展演、全国少数民族文艺展演、文化馆年会一元剧场、银川市专业院团展演、农民文化大集专业院团送演出、塞上明珠美好银川群众文艺精品展演等十大系列群文活动惠民利民，全年完成送演出1000场、送图书52场次、送电影10405场次。

（三）加快文化产业发展，稳步提升经济效益

文化产业是智力、创意密集的领域，是发展创新型经济的战略重点。根据中央、自治区出台的文化产业政策，银川市研究制定《关于加快推进银川文化产业发展的意见》，组织开展《银川市文化创意产业发展对策》等课题研究，进一步整合资源，搭建平台，产业实力不断壮大。全市已有国家级文化产业示范基地6个、自治区级文化产业示范基地21个。2015年，银川市文化产业实现增加值55亿元，占GDP比重达2.92%，比上年提高0.22个百分点，实现了"一年一个新台阶，年年都有新变化"的发展目标。

一是初步形成文化产业集群规模。电竞产业规模和影响力显著扩大，WCA成为全球持续时间最长的高质量赛事，总决赛在银川成功举办。银川iBi育成中心进驻企业80家，从业人员1000余人，2015年完成主营业务收入10亿元，税收1700万元，容纳了文化创意、动漫制作、微电影拍摄、广告设计、制作、发布、大型活动策划、新媒体广告开发等，园区综合发展实力不断增强。新科动漫、盛天彩、宏强、动感飞扬、视博数字、蓝平企划等龙头企业入驻园区。

二是促进文化与旅游产业的融合发展。我市一批具有拉动作用和示范效应的文化旅游项目顺利实施。三沙源国际生态文化旅游度假区项目按"一轴、两片、两心、五湖"规划布局，着力打造文化旅游产业、健康医养产业、观光农业及综合配套。各产业相互独立、相得益彰，形成产城一体、产产融合发展的示范区。瑞信·镇北堡温泉养生文化产业项目致力于建设宁夏最大的温泉养生文化复合主题度假集散地，已开发建成西夏文化演艺中心、葡萄酒博物馆、温泉养生中心、美食街，接待游客 35 万人次。

三是国有演艺院团稳步发展。组建成立银川市文化投融资公司，投入建设银川市演艺中心项目。银川艺术剧院有限公司创排的回族舞剧《月上贺兰》赴阿尔及利亚、韩国、新加坡、马来西亚交流演出，并作为国家艺术基金资助项目在国内各大城市巡演，目前已累计演出 680 场次；举办了"中阿合作论坛——文化部第四届阿拉伯国家舞台技术人员研修班培训"，对来自阿拉伯国家的 23 名舞美技术人员进行培训，对外文化交流、合作渠道不断拓展。

四是搭建"媒体+"的产业发展平台。打造"媒体+文化""媒体+会展""媒体+论坛""媒体+教育""媒体+旅游"等品牌，通过市场化运作，加大会展、论坛、品牌活动及社会公益活动的举办力度，品牌活动影响力凸显。全国青少年航海模型锦标赛、"西夏王陵"杯山地自行车越野赛、智慧银川·2016阅海湾首届无人机展演暨"最美阅海湾"无人机摄影大赛、乐堡音乐节、西部大漠音乐节等活动成为银川地区和周边地区影响力较大的品牌活动，吸引了众多观众的参与，也为产业发展融资搭建了平台。

二、存在的问题

一是精神文明创建工作的内容和载体创新不够，方式和方法有待于改进。创建工作仍存在着重形式、轻效果，重建设、轻投入，重引导、轻惩戒等一些问题；市民素质教育工作有待于加强，市民不文明行为时有发生，一些领域道德失范、诚信缺失的现象依然存在；志愿服务常态化的长效管理机制有待于继续完善。

二是公共文化管理和服务能力有待于提高。基层公共文化硬件设施日益完善，但管理和服务能力不达标的问题仍然普遍存在；区域之间公共文化服务还存在不均衡的现状，公共文化体系的均等性、共享性不足；基层文化馆（站）无机构、无人员编制现象没有根本解决，临时搭台、应付唱戏的现象依然存在。

三是文化产业规模有待提升，综合发展实力不强。文化及相关产业增加值占 GDP 比重仍然较低，文化产业聚集水平仍处于起步阶段，园区产业经济主要依靠服务需求带动，支柱型产业比例有待提升，还存在市场发育程度较低、自主创新能力弱的问题，产业集群之间竞争合作和互动性不强。

四是演艺娱乐产业层次较低，发展活力不足。国有演艺院团自我创收、自我发展能力较弱；歌舞娱乐和游戏游艺等传统文化娱乐行业经营模式陈旧、产品类型单一、消费人群狭窄、管理和服务水平不高等问题仍然存在，违法违规行为时有发生，不仅导致行业形象和社会评价不佳，也严重影响和制约了行业发展。

三、对策和建议

文化是区域综合实力竞争的重要因素。进入新时期，我们必须顺应文化发展的新趋势，更好地发挥文化引领风尚、教育人民、服务社会、推动发展的作用。

（一）推进社会主义核心价值观建设

培育和践行社会主义核心价值观是一项综合性的系统工程，是党委、政府和全社会的共同责任，必须最大限度地动员和凝聚各方力量，形成工作合力。

一是将培育和践行社会主义核心价值观融入各个领域。要充分发挥新闻媒体的导向作用、文明创建的引领作用、文艺作品的熏陶作用和实践活动的养成作用，将核心价值观的要求融入到具体文明规范之中。继续扩大对不文明行为的监督面，调动群众参与城市治理和社会管理的积极性和责任感，建立社会普遍参与、自律共管文明约束机制。

二是要深化文明城市建设。加大督查测评工作力度，围绕市委、政府的中心工作，细化测评标准和内容，认真查找不足，逐项推进整改，着力解决文明城市建设过程中的重点、难点、薄弱环节和市民关心的问题。进一步量化指标、严格条件，加大随机暗访督查力度，确保文明创建有足够的"含金量"和权威性。

三是要广泛开展"最美银川人"评选表彰活动。从全市基层、服务行业一线和公民思想道德建设领域深入挖掘各类凡人善举，持续加大奖励和关爱力度。通过多种形式宣传各类模范的先进事迹，凝聚崇德向善的强大正能量。

四是要扎实推进志愿服务常态化。强化"全民公益日"活动品牌，完善志愿银川网络平台建设，充分发挥平台共建共享的资源信息化优势，实现线上线下无缝对接。完善志愿服务奖励激励机制，全面推进志愿服务工时网上核实、登记制度，建立完善全市志愿者礼遇优待制度，营造人人参与、乐于奉献的志愿风尚。

（二）推动文化事业繁荣发展

文化事业是社会的灵魂工程。繁荣发展公益性文化事业，必须坚持政府主导，按照公益性、基本性、均等性、便利性的要求，加强文化基础设施建设，完善公共文化服务网络，让群众广泛享有免费或优惠的基本公共文化服务。

一是要完善基层文化设施网络。集中实施农民文化大院改造提升、农村少儿公益艺术培训、移民村文化示范点建设等一批文化扶贫项目，完善公共文化数字服务平台，健全文化信息网络服务体系，注重群众需求，实施政府向社会力量购买公共文化服务。健全文化设施管理和使用动态监测考核体系，提升各级公共文化设施标准化服务水平。

二是要推进群众文化活动常态化、体系化、品牌化。推动文化惠民项目与群众文化需求有效对接，推进各级文化馆站规范服务内容，扩大培训力度，拓展服务项目，提升服务效能。举办"文化志愿·温暖银川"文化志愿者服务等群众文化活动，丰富人民群众精神文化生活。

三是要全力打造"书香银川"。办好第四届银川阅读节，持续开展"开卷有益读者沙龙"、"书香银川"大讲堂等周末学习课堂，培育一批全民阅读示范项目和活动品牌，深入开展书香校园、书香之家等创建活动，鼓励市民群众自发组织读书会、朗诵会，表彰奖励全民阅读示范项目，加大宣传推广力度，办好书香银川专栏、专题、专版，倡导市民群众多读书、读好书，把读书培养成市民的生活习惯。

四是要全面加强文艺项目管理。繁荣文艺创作，健全完善文艺精品创作生产激励机制，鼓励多出精品、多出人才。组织实施重点文艺项目扶持奖励工作，认真做好全市重点文艺作品申报评审和立项扶持工作。办好第二届贺兰山文艺奖评选活动，对年度获国家级和自治区级奖项文艺作品进行表彰奖励。

（三）促进文化产业快速发展

文化是软实力，也是生产力。发展文化产业是推动经济结构调整、转变发展方式的重要抓手，要动员、激发全社会发展文化产业的活力，共同开创我市文化产业快速发展的新局面。

一是要切实加大政策扶持力度。尽快出台《关于加快推进银川文化产业发展的意见》，实施"十百千"文化企业发展计划，着力打造一批文化产业集聚区、推进一批文化产业项目、培育一批骨干文化企业，支持、扶持大中型文化企业，培育小微文化企业，关注三沙源、瑞信小镇、新科动漫等有业绩、有实力的文化企业，对接引导政策，不断提高文化产业规模化、集约化、专业化水平。

二是坚持文化与制造业、科技、金融、旅游、节庆、会展等互联互通，深度融合。借助 iBi 育成中心的优势企业资源，借鉴其企业培育模式，进一步加强资本、资金和项目的有效融合，拓宽文化产业发展投融资渠道，实施文化企业培育孵化融资平台，解决文化企业投融资难问题。引导社会资本以多种形式投资文化产业，培育多层次文化产品和要素市场。完成"银川演艺中心"项目建设，依托银川文化投融资公司助推国有文艺院团多元发展。

三是要促进文化消费。按照《文化部、财政部关于开展引导城乡居民扩大文化消费试点工作的通知》要求，培育文化消费成为新的经济增长点和经济转型升级新的支撑点，从扶持创作生产、扩大有效供给、激发市场活力、提高公共文化服务水平和效能等多方面着手，形成若干行之有效、可持续和可复制推广的促进文化消费模式，培育银川及周边城市文化消费市场。

四是要推动文化娱乐业转型升级。根据《文化部关于推动文化娱乐行业转型升级的意见》要求，在全市开展游艺娱乐场所新业态、综合业态试点工作，举办银川电子竞技网吧联赛，鼓励游戏游艺场所改造服务环境、创新经营模式，支持其增设电子竞技、音乐书吧、休闲咖啡区、亲子活动区等服务项目；鼓励歌舞娱乐场所逐步向多功能文化娱乐体验中心升级改造；鼓励在大型商业综合设施设立涵盖上网服务、电子竞技等多种经营业务的文化娱乐综合体。

2016年石嘴山市文化建设发展报告

葛建华　赵晋宁

2016年，石嘴山市认真贯彻落实中央、自治区关于文化建设和文艺繁荣发展的各项决策部署，坚持先进文化的前进方向，落实文艺发展的"二为方向"和"双百方针"，积极健全完善公共文化服务体系，创新繁荣文艺创作，不断深入推进文化体制改革，大力夯实文化产业发展基础，使全市文化文艺工作呈现出繁荣发展的良好局面，为推进产业、民生、生态"三大转型"和建设"四个石嘴山"提供了有力的精神动力。

一、文化建设基本情况

（一）坚持服务民生，公共文化服务体系迈上新台阶

2016年，石嘴山市成功创建第二批国家公共文化服务体系示范区，验收成绩位列西部地区13个创建城市第二名。创建工作启动以来，全市各级党委、政府高度重视，不断加大财政投入力度，抓好公共文化设施网络建设、公共文化服务供给及文化人才队伍建设。坚持将整合基层宣传文化、党员教育、科学普及、体育健身等设施，建设综合性文化服务中心列入全市深化改革事项，率先在全区开展了整合基层科教文体资源、建设综合性

作者简介　葛建华，石嘴山市委宣传部宣传科科长；赵晋宁，石嘴山市文化新闻出版广电局办公室主任。

文化服务中心项目，将部门、企业、学校等文化资源进行整合，形成共建共享和向市民免费开放的机制。在市文化馆、图书馆推进组建理事会试点工作，召开理事会会议，初步搭建起了"理事会行使决策权和监督权，管理层执行理事会决议"的管理架构。实行文化辅导员下派制度，常年组织开展"广场文化艺术节""元旦、春节秧歌社火展演"和百姓健康舞大赛等活动，积极打通公共文化服务一公里。依托"智慧城市"，实施了石嘴山市公共文化服务数字化系统建设。截至目前，全市已建成图书馆4个、文化馆4个、文化共享支中心4个，建成乡镇（街道）综合文化站35个、电子阅览室36个、社区电子阅览室100个、农家书屋238个，全市90%以上的乡镇（街道）、社区、村都有群众自发成立的文艺团队，健全完善了覆盖城乡的四级公共文化设施网络，公共文化服务供给能力进一步提高。经过测评，我市公共文化服务体系建设群众满意度达93.63%。

（二）积极打造亮点，文化品牌形象进一步凸显

一是节庆活动品牌得到巩固提升。成功举办了2016年中国·宁夏石嘴山"锦绣杯"国际标准舞（文化）艺术节，共有来自33个国家和地区及国内20多个省（区、市）的3000多对选手同场竞技，参与选手及观众达2万多人次。与内蒙古艺术剧院合作，引进了"北疆天籁"民族交响音乐会和情景歌舞《草原上的乌兰牧骑》在我市演出。

二是群众文化品牌活动蓬勃发展。举办了全市第四届戏曲票友大赛、"金猴闹春 百姓春晚"大型文艺晚会、2016石嘴山市"丝路欢歌闹元宵"秧歌社火展演比赛、元宵花灯节、全市少儿美术书法手工艺作品大赛、全市群众美术书法摄影手工艺作品展、2016年"欢乐宁夏"全区群众文艺会演石嘴山赛区活动和第十四届中国西部民族（花儿）歌会宁夏赛区石嘴山赛区比赛活动等一系列群众参与度高、覆盖面广的文化活动。截至目前，全市共完成"广场文化艺术节"演出145场次，完成"我为乡亲送戏来"演出317场次，"舞动石嘴山"百姓健康舞培训1900余人次。

三是"三大主题"系列文化活动深入开展。围绕"两学一做"学习教育、建党95周年和红军长征胜利80周年"三大主题"，组织开展了"奉献'十三五'、唱响中国梦"主题系列文化活动。举办了"我们的中国梦"全市文化科技卫生"三下乡"集中志愿服务活动、"乐享端午、情粽九街——我们的节日"、"忆党史、颂党恩、跟党走——颂歌献给党"市直机关合唱比赛和"不到长城非好汉"全市纪念红军长征胜利80周年大型主题文艺晚会等文化活动；市委宣传部牵头组成的市直宣传思想文化系统合唱队取得全市合唱比赛第一名；在市书画院、市博物馆举办了庆"七一"书画展、"筑梦路上迎国庆"书画邀请展和"不到长城非好汉"纪念红军长征胜利80周年书画邀请展。协调宁夏京剧院在我市所有乡镇免费开展了"送戏下乡"演出。开展了全市社会主义核心价值观主题微电影大赛，共征集符合要求的微电影20部，并通过石嘴山网和手机微信平台广泛进行了网上投票评选。完成了"石嘴山十景"文艺创作系列活动，印制发放《贺兰山"石嘴山十景"特刊》5000册。主办了以"美丽石嘴山·诚邀天下客"为主题的《石嘴山沙湖》邮票首发暨"石嘴山十景"集中推介宣传系列活动，使石嘴山人文景观首次进入国家邮票中，让《石嘴山十景》搭乘邮政专列走向全国，进一步扩大了石嘴山的知名度和美誉度。举办"美丽中国梦、文化进万家"文化精准扶贫慰问演出，邀请相声表演艺术家冯巩率领的中国广播艺术团到平罗县红崖子乡红瑞移民村演出，并在中央电视台晚间新闻播出，让广大群众共享文化惠民成果。

（三）实施多措并举，文艺事业持续有力推进

一是持续推进"深入生活、扎根人民"主题实践活动。组织各文艺协会和广大文艺爱好者深入社区、移民村、企业、农村学校、监狱、看守所、广场等场所，广泛开展"深入生活、扎根人民"主题实践活动80多场次。开展"向人民汇报"元宵节书画精品展、"美丽石嘴山"摄影展、"全国土地日"美术书法作品展等各类大型书法、美术、摄影、民间艺术展览12次。共展出书法作品1000余幅、美术作品900余幅、摄影作品400余幅、民间艺术品200余件，参观群众达3000多人次。二是扶持优秀文艺作品创作力度不断加大。以全新的视角，用散文的笔触，采取图文并茂、艺术化的制作模式精心编辑出版《石嘴山名片》；推荐报送的长篇小说《活着就好》《中国西部最后一个匪王——郭栓子覆灭记》和《盛宴》，微电影《爱传承系列》，秦腔小戏《镜子》，舞台剧《圆梦》，音乐作品《浮华沧桑》

《国旗颂》和《赞歌飞遍宁夏川》，书法类《中国梦、大美宁夏》和美术作品《梁山泊一百零八将》等 10 个文艺作品入选 2016 年度自治区重点文艺作品扶持选题参评项目。经层层筛选推荐，确定了数字电影《矿嫂》、电视连续剧《贺兰山深处》、打造社会主义核心价值观主题公园和石嘴山市美术馆布展等 4 个自治区成立 60 周年文艺项目上报自治区。对《俞德渊史籍》《石嘴山文学史》、长篇小说《红牛湖》和《欢乐的宁夏川——马永山民乐曲论》等 4 部文艺精品给予 8 万元扶持，推动优秀作品出版发行。

三是涌现出了一批优秀文艺作品。2016 年，我市先后有 40 余名文艺家作品入展、获奖自治区和全国各类展览展演及艺术大赛。编排的舞蹈《红舞鞋》入选第十七届全国群星奖决赛并参加了第十一届中国艺术节演出；舞蹈《串铃声声》入选 2016 国家艺术基金资助项目；舞蹈《硝烟中的花儿》荣获中国宁夏第四届回族舞蹈展演大赛"沙枣花"奖（二等奖）。韩绍芳篆刻作品入展"百年西泠·湖山流韵"西泠印社诗书画印大展，并荣获"中国梦 劳动美"全国职工书法美术展优秀奖（最高奖）；何占福国画作品荣获"迎新春"全区第二届群众书法绘画摄影大赛一等奖。

（四）强化规范引导，文化市场综合管理稳定有序

创新文化市场监管手段，探索实行了"一户一档"安全管理模式，借助全国文化市场技术监管与服务平台，将网络监管与文化市场实际监管相结合，在实体经营单位建立"一户一档"管理档案，实现了网上网下双重监管，确保了文化市场稳定健康发展。2016 年，我市被文化部批准成为全国 12 个文化市场移动执法系统试点城市之一，也是全区唯一的试点城市。加大监督检查力度，实行日常检查与专项行动相结合，先后开展了教辅教材及出版物市场专项整治、歌舞娱乐场所音乐曲库专项检查整治、中高考期间及暑期文化市场专项整治、高校及其周边复印店专项治理、打击利用云盘传播淫秽色情信息专项整治、文化市场"双随机"抽查集中整治、打击治理"黑广播"违法犯罪专项整治等一系列行动，出动执法人员 1630 余人次，检查文化市场经营场所 910 家次，警告 45 家次，下发整改通知书 11 家次，立案查处违法行为 13 起。做好重大案件查办，与公安部门配合，办理了"惠农区庙台乡省悟村五组的全国重点文物保护单位省嵬城遗址被挖掘、破坏并偷盗案",与四川省文化市场稽查总队联合办理"梦幻仙灵"网络游戏涉嫌欺骗消费者案件,成为宁夏跨省办理的首例手机类网络游戏案件。

(五)注重夯实基础,文化产业发展水平稳步提升

目前,石嘴山市共有文化经营单位1596家,从业人员9000多人,其中规模以下文化企业225家,规模以上文化企业5家,自治区级文化产业示范基地2家,示范户7家。

为进一步明确产业发展方向,会同相关部门编制了《石嘴山市文化产业发展"十三五"规划》和《石嘴山市文化产业改革发展意见》,并组织进行了全市文化产业普查,摸清了我市文化产业的发展现状和底数。加大帮扶引导力度,协助宁夏天天为民文化旅游开发公司金岸红柳湾二期建设项目、石嘴山市碧草洲饮食有限公司、中华奇石山文化旅游区、宁夏煤城记忆文化旅游等项目申报中央和自治区的优惠政策及专项资金。加强园区建设,依托星海湖国家级文化产业试验园区,积极争取政策资金。

(六)加强文化遗产保护和非遗交流

一是全力做好文化遗产保护工作。开展了全市工业遗产调研,起草了《石嘴山市工业遗产保护与管理办法》,并为全市已确定的27处工业遗产制作安装了保护标识;开展了国际博物馆日、文化遗产日等系列宣传活动;在宁夏工业学校、市十六小、市二十一小、市十九小、府佑小学等学校开展了文化遗产进课堂课外实践、"保护长城我先行"主题班会等活动;组织开展古建筑摄影采风,摄影作品《天上人间玉皇阁》入选"中国古建筑保护成果摄影展"大赛二级作品;积极申报国保单位保护性设施建设项目,石嘴山红果子段和平罗段明长城、省嵬城遗址三个项目已纳入国家项目库。加强长城保护工作,建立了文保志愿者队伍,对全市古长城及古建筑进行巡查保护,开展了全市长城执法专项检查。

二是非遗传承交流亮点频现。开展了第五批市级非物质文化遗产申报工作,协调帮助非遗传承人入驻汉唐九街等文化商业街区。积极组织各传承人主动走出去,在《中华手工》杂志开设我市非遗宣传专题,通过富有特色的文化产品对外推介石嘴山,产生了积极影响。泥哇呜传承人杨达吾

德先后接受了中央电视台、中央广播电台、《中华手工》杂志以及台湾媒体的采访报道；"非遗"传承人折红旭参加了全国剪纸名家邀请赛，并荣获三等奖；"非遗"传承人鲁卫东在第六届全国"非遗"联展中获得回族剪纸银奖，并在自治区剪纸创意大赛活动中获得金剪刀奖，剪纸作品《宁夏回族婚俗》被国家民族事务委员会民族文化宫永久珍藏；"非遗"传承人王洪喜在第二届全国诗书画文大赛中获得获一等奖，其作品被《宁夏日报》进行刊登；"非遗"传承人马忠民凭借着黄渠桥爆炒羊羔肉技艺在全国金牌小吃宁夏赛区获得第五名，并被评为"十大金牌小吃"之一。同时，我市还对"石嘴山迎春习俗""大武口酿皮制作技艺"等申报"非遗"项目进行了整理，完成了非物质文化遗产系列丛书《石嘴山谚语》《石嘴山民间歌谣》《石嘴山民间故事》《石嘴山民间剪纸》的前期工作。

二、文化建设中存在的主要问题

一是文化工作指标与小康指标还存在一定差距。主要是文化及相关产业增加值占 GDP 比重较低，城乡居民文化娱乐服务支出占家庭消费支出比重不高。二是还存在基本公共文化服务供给不足、城乡公共文化服务均等化水平有待提高、公共数字文化建设亟待加强等问题。三是影响力大的文艺精品力作少，新兴文艺领域创作不够，与当前意识形态的发展大局不相称。四是文化产业存在总体规模偏小，缺少领军企业，与科技、金融、制造业和旅游休闲等产业融合发展程度不高，产业之间的关联性不强，产业政策体系还需要进一步健全完善等困难。五是文化文艺专业人才缺乏，吸引和留住人才的保障机制不够健全，对于人才培养和激励机制还需完善，在文化单位人员能上能下的体制机制不成熟，缺乏年轻文艺骨干，虽有一些群众团体，但规模和演出水平都比较低，对于人才的培养和挖掘力度还有待提高等。

三、推动文化建设的基本思路

(一) 巩固提升国家公共文化服务体系示范区创建成果

继续完善公共文化服务设施网络。引导公共文化资源配置向城乡基层倾斜，加强市、县、乡、村四级公共文化设施建设，重点推进基层文化活动中心建设，夯实公共文化服务体系基础。拓展图书馆、文化馆（站）、博物馆等公共文化设施免费开放内容。支持社会力量参与公共文化服务体系建设，健全政府向社会力量购买公共文化服务机制，推动公共文化产品生产和服务供给市场化多元化。

（二）实施公共文化创新工程

实施数字文化服务工程，整合公共文化数字资源，建成石嘴山公共数字文化服务云平台，使公共文化产品的传播更加方便快捷。

（三）扶持我市文艺新领域创作发展

坚持把文艺评论摆上重要位置，筹备成立市文艺评论家协会，建立和完善文艺评论工作机制，集中组织重点评论项目，建立文艺评论阵地，把党的文艺主张融汇到文艺评论中，指导创作、引领思潮，不断营造有利于文艺评论繁荣活跃的良好环境。加大对文艺精品的扶持、宣传推介力度，组织开展本土文艺精品专题推介、展演、出版等活动，推动本土文艺"走出去"。加强对创作的指导，有计划、有重点地推出一批有影响的精品佳作，冲刺全国知名文艺奖项。

（四）培育文化产业发展主体

认真落实国家、自治区关于文化产业发展的各项决策部署，积极培育创新创业主体，拓宽文化消费空间。依托丝绸之路经济带建设，鼓励文化企业"走出去"，根据需求定制和生产文化产品。鼓励有实力的文化企业集中优质资产，实现产品和产业结构的优化升级，努力打造一批有较强自主创新能力、核心竞争力的文化企业。

（五）加大文化文艺人才队伍培养力度

开展多层次、多形式的文化人才培训教育，培养一批熟悉市场经济规律、懂经营、善管理的文化人才。建立以政府奖励为导向，用人单位奖励为主体等多元化人才激励机制，加大对民营文化企业优秀人才的政策倾斜，梳理和完善我市现有文化人才相关优惠政策，形成人才洼地。加大基层文化骨干的培养，扶持培育发展民间文化组织，发挥好其服务群众的"主力军"作用。充实壮大文化志愿者队伍，鼓励专业文化工作者和社会各界人士参与基层文化建设和群众文化活动，努力实现各级各类公共文化设施和各种公共文化活动都有文化志愿者参与，弥补现有队伍力量的不足，切实让基层宣传文化"动"起来、群众文化"活"起来。

2016年吴忠市文化建设发展报告

杨宗麒　石文芳

2016年，吴忠市文化建设以创建国家公共文化服务体系示范区为契机，围绕"文化强市"战略，深入贯彻落实习近平总书记在文艺工作座谈会上的讲话精神和中宣部部长刘奇葆来宁调研时关于文化发展的指示精神，在创新文化惠民形式、提升文艺精品创作、创建公共文化服务体系示范区、推进文化体制改革、培育文化人才项目等方面均有新进展和新成效。切实推动了文化建设工作水平的提升，进一步为建设"开放吴忠、富裕吴忠、和谐吴忠、美丽吴忠、智慧吴忠"提供了精神动力和文化支撑。

一、吴忠市文化建设基本情况

（一）文化体制改革整体推进，重点突破

一是2016年上半年，按照"整体推进、重点突破"的思路，明确重点改革责任单位、改革时间表和改革内容，并督促和指导有关单位的改革方向和进度。市文化馆法人理事会成立大会暨第一届理事会会议召开。这是吴忠市成立的首个文化事业单位理事会，也标志着吴忠市文化事业单位法

作者简介　杨宗麒，吴忠市委宣传部副调研员；石文芳，吴忠市委宣传部文化艺术科副主任科员。

人治理结构试点工作迈出实质性步伐，这是推动我市公益性文化事业单位体制改革创新和创建国家公共文化服务体系示范区的重要举措和重点突破。二是坚持政府购买公共文化服务。以以奖代补形式作为鼓励文艺院团、企业和个体开展文化创作和展演活动的常态。三是市图书馆依托总馆，探索建立市、县、乡三级总分馆制，设立了盲人阅览室和亲子阅览室。继续推进和完善数字化图书馆、流动图书车建设，在市区人员密集等地区探索设立 24 小时图书馆。

（二）文化惠民活动求实求新，落地生根

探索以更多的举措、更丰富的形式推动各项文化惠民活动落地生根。一是持续推动"三馆免费开放""文化八进""广场文化演出""文艺下基层"等惠民活动形成常态和带动效应。先后开展了 2016 "欢乐宁夏"群众文艺会演、全市广场舞大赛和创建国家公共文化服务体系示范区广场文艺展演等活动。全年完成送戏下乡演出 562 场次，广场演出 468 场次，其中"滨河回乡大舞台"演出 60 场次。开展"丹青墨韵·鱼水情深"书法美术创作笔会进军营、"非遗"项目"花儿"进校园（利通一小）等"文化八进"活动。同时积极组建吴忠地书协会，建立了活动长效机制，促使地书爱好者队伍从几十人上升到近百人，经常性地活跃在盛源广场、秦韵广场、开源广场等地。二是充分重视举办"我们的节日"、重大节庆纪念日系列文化活动及全国和自治区优秀文艺作品巡演、基层优秀文艺节目交流展演等。协调区演艺集团圆满完成了纪念红军长征胜利 80 周年吴忠地区 3 场巡演，举办了庆祝建党 95 周年地书比赛暨吴忠市第二届地书大赛。三是在"社区邻居节""王兰花爱心小组"志愿服务等品牌的基础上，又创设性提出鼓励各行业和单位开展厨艺大赛、礼仪大赛、行业知识竞赛、家庭才艺大比拼等形式多样、内容丰富的文娱活动。四是通过举办专项文化展览和比赛活动丰富广大职工和群众文化生活，推动优秀文艺作品交流，激发文艺创作灵感。先后举办了"丝路吴忠"宁夏第 9 届摄影艺术展、"机关文化周"职工书画展、"中国梦·黄河魂"徐文秀个人书法展。这些惠民文化活动的开展，一方面极大丰富并带动了市民文化生活，另一方面形成了睦邻友好、乐于助人的"品牌效应"。

（三）文艺作品创作百花齐放，增量提质

通过继续深入开展"深入生活、扎根人民"主题实践活动、下基层采风、文学笔会等主题活动，结合文艺工作者的个人创作，我市在文学、歌舞、书法美术等领域的作品创作数量有新提高，创作成绩也有新斩获，表现出传统文艺作品创作增量提质，新文艺作品创作厚积薄发。目前已出版报告文学《铁血铸魂》，文史类图书《吴忠与富平》《红色中国从同心走向世界——斯诺在同心》《血色苍鹰》《中共盐池县历史图鉴》《盐池革命人物录》等各类文艺作品100余件（不包含各类书画摄影展创作的作品）。其中，革命题材纪录片《盐池长歌》已开机拍摄，原创歌曲《盐池是个好地方》已录制发行；长篇小说《驼路》、诗歌集《去山阿者歌》入围2016年第十一届全国少数民族文学创作"骏马奖"参评作品；原创歌曲《亲爱的祖国》获得全国少儿歌曲展演优秀奖；舞蹈《夯墙乐》《口弦声声花儿情》入围第四届全国回族舞蹈大赛；打击乐《塞上鼓韵》获2016太原·全国锣鼓邀请赛银奖。微电影创作方面，自2013年我市首部微电影《麦燕的亲事1.2》催热原创微电影创作浪潮和2015年开展全市首届原创微电影评选奖励的基础上，今年又开展了以社会主义核心价值观为主题暨吴忠市第二届原创微电影征集评选活动，今年征集到《疯蘑》《爱在70.80》《村里有个管家婆》等21部微电影，并择优向中宣部推荐了其中15部，其中《殊途》《阿依舍的眼泪》《疯蘑》等在全区禁毒主题等各类微电影大赛和活动中获得奖项名次。如今，全市微电影在创作数量和创作水品、创作艺术性等方面都有了较大的提升，在繁荣吴忠本土文化、宣传真善美、传递核心价值观、弘扬社会正能量方面取得了成效。

（四）"扫黄打非"工作以点带面，聚焦基层

我市采取"试点先行、以点带面、逐步推广"的方式，把市场秩序规范、群众基础坚实的利通区12个乡镇作为第一批试点单位。一是做到"六有"，实行网格化管理模式。各乡镇以综合文化站为依托建立"扫黄打非"工作站，文化站站长兼任"扫黄打非"工作站站长。利用农家书屋、便民服务中心等阵地建立联络站，明确1名联络员。做到有机构、有阵地、有人员、有制度、有经费、有活动"六有"，实行网格管理，建立网格员队

伍，构建文化执法力量向基层下沉的"扫黄打非"网格化监管体系。二是结合专项活动，清理文化市场"盲区"。在"双创"活动期间，为扩大整治执法效果，不留"盲区死角"，共清理、没收各类非法出版物219册，责令下架1000余册。三是通过宣传、举报、评选等措施，聚集"微力量"。建立日常巡查制度和基层工作宣传阵地，公布举报电话、落实举报奖励、开展培训指导、评选激励先进等多种措施，将"扫黄打非"触角伸入到最基层，聚集起一个个"微力量"，形成"扫黄打非"工作全社会参与的管理局面。

（五）公共文化服务示范区创建全面启动，渐入状态

为创建国家级公共文化服务体系示范区，吴忠市制定了全市整体创建规划，年初全面启动了公共文化服务体系示范区创建工作。一是公共文化服务项目示范效应不断凸显。我市先期争取到的宁夏首个国家公共文化服务项目进园区示范项目——吴忠市公共文化服务进慈善产业园区的投入运行，不仅促进了全市公共文化服务建设水平，提高了吴忠市在全国公共文化服务的知名度，而且在促进地区及周边经济发展和社会和谐稳定方面的作用逐渐显现。二是信息化水平不断提高。积极推动数字图书馆建设，购置了包含人文、科学、经济等各领域100万册电子图书及数据库资源，在馆内安装4台自助读报机，可免费浏览200多种全国最新报纸期刊，建成全市首家亲子阅览室1个，极大方便了全市幼儿共享借阅公共图书文化资源。此外，图书馆流动图书车配置、美术馆规划建设等工作也在筹划对接和推进中。三是人才队伍建设步伐加快。先后举办延伸至村级的市、县创建国家公共文化服务体系示范区专题培训班、朝阳区文化馆学习班、吴忠文化大讲堂、联络员会议、非遗传承人培训等8期1500人。四是文化扶贫与基层公共文化设施建设和服务水平提升。将公共文化服务建设工作与文化扶贫政策紧密结合，全力配合中宣部和自治区宣传部开展了贫困地区"百县万村"综合文化服务中心和农民文化大院项目的申报、基本情况调研摸底、项目进展情况摸排等。目前，经过全面启动、科学部署、紧密实施和多次督查等，示范区创建工作已"渐入佳境"。

（六）文化对外交流推介工作借助平台，提升品质

顺利完成中埃文化年埃及艺术团、中韩文化交流团来吴文化交流演出

和接待等工作。2015年底，中央电视台中文国际频道文化专题栏目《远方的家——长城内外》走进吴忠进行了为期10天的取景拍摄和深度采访。专题片主要以青铜峡市和盐池县境内的两段长城遗迹为主线，以独特的视角介绍并记录我市境内几段长城的历史渊源、形制构造、保护现状以及长城沿线周边百姓的生产生活及与长城毗邻而居所发生的故事。专题片还展示我市独特的人文历史、风土人情、自然风光、特色美食等。拍成《古盐池的新长城》《寻找八十年后的你》两集专题完整播出，收到了广泛好评，取得了预期效果。这是一次以长城为线索，借助专业栏目组从文化历史、民俗旅游、人物故事等多角度全方位深入宣传吴忠的成功尝试。

（七）文博文物工作迎难而上，加大保护，扩大影响

董府陈展项目进入后期攻坚和布展阶段，预计明年正式向公众开放。积极争取文物保护项目，高坪堡长城修缮项目、兴武营古城保护规划编制项目等一批重点项目获国家文物局批复。进一步完善了博物馆3A级旅游景区基础设施建设，提升了公共服务水平，持续推进博物馆免费开放和公益布展、陈展等工作，上半年共接待行旅游团体80余家，观众26000余人次。"非遗"项目回族杨氏拳参加2016中国新乡南太行国际武术节，获得集体项目、个人单练、对练共三枚金奖。

（八）文化旅游产业发展"全域"，注重融合

为了推进全域旅游规划实施进度，注重文化旅游产业融合发展和区域化合作，在抓好重点基础设施建设、引导乡村休闲旅游发展、开展旅游宣传营销工作、策划举办旅游节会活动、提高旅游服务质量等方面下大力、出奇招、动真格、求实效。同时，进一步加快推进旅游业市场化进程，组建了吴忠市文化旅游产业投资公司。与宁旅集团、海航集团京旅盛宏投资公司、福建旅游投资集团、中国人寿投资公司等对接，重点就打造特色街区、推进景区资源整合、引进项目等方面进行洽谈。梳理了一批重点招商项目，策划印制了《吴忠旅游招商项目册》和招商项目折页。与北京市旅委、阿拉善盟旅游局签订了区域旅游战略合作协议。邀请网络大咖和马来西亚、中国台湾等地旅行商、全国铁道旅游联盟、中国自驾车户外旅游协会及区内等上百家旅行社来吴考察踩线。组织企业参加第25届中国西部商

271

品交易会暨中国宝鸡"一带一路"旅游文化节、2016宁波国际旅游展会、2016中国·天津旅游产业博览会、首届中国（宁夏）国际旅游博览会、陕甘川宁毗邻地区经联会（庆阳）等。将景区观光、乡村休闲、美食节庆、地方民俗、特色活动等文化元素与旅游产业（活动）有机搭配组合。挖掘清真饮食文化，举办吴忠清真美食展，组织餐饮企业参加中国金牌名小吃评选，我市两个特色小吃入选宁夏十大清真名小吃，并在《中国旅游报》《宁夏日报》《新消息报》等发布。积极与商务部门对接，依托在北京、厦门、昆明、大连、深圳等城市设立的吴忠优质特色产品展示展销中心直销店，投放宣传资料，开展旅游宣传，不断扩大市民游客知晓率和知名度。加快开发工业观光旅游资源，指导伊利乳业、红山河清真食品公司、葡萄酒庄等创建国家3A级景区。将旅游活动与乡村休闲、文化体育、竞技赛事、演艺节目、科普教育等有机结合，举办黄河金岸国际马拉松、利通区赏花节、西瓜节、桃源采摘节、红寺堡航模大赛、青铜峡稻花香里艺术节、盐池黄花观赏节、荞麦花观赏节等，提升"黄河金岸·丝路回乡·水韵吴忠"美誉度和影响力。

二、吴忠市文化建设存在的问题

吴忠市文化建设工作取得了一些成就，但作为西北经济欠发达的少数民族地区，整体上、实力上仍相对滞后，地区发展不均衡、效能层次不高、创新活力不足等问题依然存在。一是政策保障措施不够。虽然中央和地方关于文化建设的指导性政策文件逐渐增多并细化，但是我市文化经费投入仍缺乏长效性、稳定性的制度保障，投入比例尚处于较低水平。吸纳和利用社会力量发展文化建设方面缺乏行之有效的方法。在研究和挖掘最新政策和改革导向，用足用活法律和政策红利解决地方实际问题方面的思路和手段比较单一，缺乏主动性和灵活性。二是文化建设发展不均衡。体现在城乡发展、行业发展等领域文化建设工作发展不均衡，具体表现为一些偏远山区的乡镇受自然交通地理条件和思想民俗习惯影响，文化硬件设施欠缺、文化活动匮乏。部分川区经济稍发达地区因地方领导重经济、轻文化的思想影响，文化建设工作不受重视，流于一般化、同质化，缺乏亮点、没有特色。三是文化产业整体处于较低水平、单一模式的发展层次。多数文化产业主体表现为小打小闹、相对分散的店铺经营模式，没有形成现代企业规范管理和经营模式，抵御市场风险能力弱，尚无规模化、链条化发展的整体规划和现实条件，规模化、规范化、稳定性的经营能力以及国内外市场拓展能力需不断挖掘锤炼。四是文化人才招纳和留用机制不健全、不成熟。地方文化整体发展水平和吸引力不足，招纳留用人才方式相对单一，机制不完善等因素，导致优秀文艺人才流失严重，使得文化产业从业人员较少，优秀文艺人才、技术人才仍然缺乏的局面一时难以改善，尤其是文化艺术管理人才、新兴产业的高级技术人才、具备文化经营才干和文化创新能力的人力资源相对匮乏，因此全市文化领军人物后继乏力，文化精品打造和文化创新能力前景不容乐观。五是文化体制改革虽取得了一些进展和成效，在主动探索改革模式和盘活文化企业资产和资源方面，既需要解放头脑、放开手脚、灵活机制、敢于担当，同时仍需进一步加快节奏，改变"守滩"状态。六是示范区创建工作与其他工作结合和挖掘不够。创建工作虽全面启动并稳步推进，但在创建方式多样化、创建效果转化以及创建特色亮点打造等方面存在挖掘不够、着色不浓、成效不明显的情况。近些年，吴忠城市文化内涵挖掘力度加大，文化类节目档次和品位逐渐提高，有一定的知名度和影响力，但仍然缺乏特色鲜明的主导性文化旅游景点和文化品牌，文化类项目（节目）的深度挖掘还不够，吸引力仍不足。没有形成与江西、陕北"红色文化"，福建"客家文化"，四川"藏羌文化"带动下产生的自然景观旅游和历史民俗文化相媲美的文化主打品牌。

三、推进文化建设的总体思路

"十三五"期间，吴忠市文化建设工作将继续紧紧围绕文艺工作座谈会讲话精神和文化体制改革指导精神，把握宁夏的文化现状和政策导向，结合吴忠的具体要求和工作实际，坚持把社会效益放在首位、社会效益和经济效益相统一。以"不到长城非好汉"的宁夏精神，借助"一带一路"和中阿合作论坛等战略平台与资源优势，以"深入生活、扎根基层"主题活动、"八城联创"尤其是"创文"工作、宁夏全域旅游规划、文化惠民工程、"百县万村"文化扶贫工程（村综合文化中心、文化大院）建设为载体，力争创建成国家级公共文化服务体系示范区，着力打造 1~3 部文艺精品，办好全市重大文化活动，促使非遗民俗文化项目生根发芽壮大，重视培育各类文化人才，完善优秀文化人才奖励机制，培树 3~5 名文化名家。践行好刘奇葆同志来宁讲话精神，全力做好文化扶贫工作，以文化扶贫助推全面小康社会实现进程，加快建设民族文化特色工程，注重"互联网+"思维应用，用好"文化+"模式，深入挖掘本土特色文化内涵，助推文化产业发展转型升级，逐步树立叫得响的文化品牌，不断满足人民群众日益增长的精神文化需求。

2016年固原市文化建设发展报告

王永玮

固原市共有文化行政机构6个，市级建有群艺馆，县（区）均有文化馆、图书馆、文物管理所（博物馆）。乡镇综合文化站62个，社区文化活动室32个，村级文化活动室及农家书屋848个，农村文化大院114个。截至目前，全市从事文化工作人员676人，其中市、县（区）直文化馆（群艺馆）、图书馆、文物管理所等文化机构473人，乡镇文化服务中心203人。具有大学以上学历者53人，大专学历者186名。全市有各类文化专业技术人员637人，其中高级职称58人，中级职称155人。原州区被命名为"全国文物先进县""全国民间文化艺术之乡"。西吉县被命名为"全国文化先进县"、首个"中国文学之乡"。隆德县被命名为"全国文化先进县""中国现代民间绘画画乡""中国书法之乡""中国社火文化之乡"。泾源县、彭阳县先后获得"全国文物工作先进县"荣誉。市、县（区）文化馆、图书馆、博物馆、乡镇综合文化站等公共文化场所和设施按要求全部免费向公众开放。

一、文化建设基本情况

（一）文化事业稳步推进

1. 以精彩纷呈的文化活动，丰富群众文化生活

第一，举办或承办各种节庆晚会或活动。一是围绕节庆举办的各种晚

作者简介 王永玮，固原市委宣传部文化艺术科科长。

会，举办了春节电视联欢晚会、社火大赛、秦腔精品剧目展演、古尔邦节茶话会，承办了建党95周年歌咏大赛、乐堡绿放音乐节、墨舞六盘"慕思杯"青少年书法电视大奖赛和"新春乐"群众性摄影、书法、绘画展览巡展等文化活动。二是组织开展了第四届群众广场舞大赛、第八届"花儿漫六盘"青年歌手电视大奖赛、第三届秦腔大赛、第四届小戏小品大赛等文艺赛事活动，营造了浓厚的文化氛。三是参加了"欢乐宁夏"全区文艺汇演活动。四是积极开展"三区人才培训计划"，已举办各类文艺培训班10期，共培养文艺骨干1200多名。

第二，着力于为民办文化实事，促进文化惠民工程。将文化惠民实事列入固原市20件民生实事中。现阶段，已建成4个乡镇综合文化站，1个正在建设中；完成了5个社区多功能运动场的建设，50套健身路径已全部安装到位（实际安装59套，超额完成）；完成送戏下乡218场次、广场文艺演出234场次、数字电影放映10038场次，受益群众100余万人次。免费开放公共图书馆、文化馆、博物馆和乡镇综合文化站，受益群众达到25万余人次。2016年，实施重点项目工程，即市文化"三馆"（市文化馆、图书馆、丝路文化展览馆）项目、丝绸之路（固原段）申报世界文化遗产项目、秦长城遗址公园项目和文化大院扶持发展项；围绕"1+21+X"精准扶贫规划，认真实施文化部公共文化服务进移民新村项目，争取资金96万元，为25个移民新村（其中贫困村7个）配备活动器材；建设完成的21个室内电影放映点已投入使用；为62个村级示范文化活动中心建设争取到每村安排文化基础建设和设备采购资金14万元，目前基础建设已基本完成，器材设备正在配备中；强化"种文化"理念，以实施国家"三区"人才工作计划为契机，市、县（区）共组织80余名文艺工作者到农村基层，在移民新村举办音乐、舞蹈、剪纸、刺绣、美术等培训班78期，为移民新村培养文艺骨干560多人，组织开展群众性文化活动，发掘了基层文化能人，培训了基层文化骨干。

第三，创新文化大院扶持发展模式，促进农村文化繁荣发展。今年，固原市通过扶持发展全市文化大院作为推进新农村建设、丰富农村的文化生活、改革创新农村文化发展方式的突破口，强化了文化大院在加强民族团结、繁荣农村文化、促进民风建设、弘扬社会主义核心价值观等方面的示范引领作用，为促进我市农村文化大发展大繁荣做出了贡献。首先，制定出台了扶持政策。出台了《固原市文化大院创建实施意见》等扶持政策，明确了今后3年全市农村文化大院创建的原则、标准、目标任务、扶持措施。确定在全市扶持发展全市60家县级标准文化大院和24家市级示范性文化大院，创建并完善了档案。统一制作了牌匾。其次，积极争取资金项目。一方面，争取到自治区财政安排我市文化大院建设专项资金460万元，本着"缺什么补什么"的原则，为24家示范性文化大院每家配备10万~15万元的灯光、音响、服装、幕布等器材设备。另一方面，积极协调县财政支持，各县区为60家县级标准文化大院建设了室内活动场地，修整了院落和房屋，并配套了乐器、音响等器材。再次，开展观摩交流活动。举办了全市文化大院互观互学并召开了经验交流会，为市级示范性文化大院举行了揭牌仪式，24家市级示范文化大院已全部挂牌。

第四，遗产保护逐步加强。以首次承办全区文化遗产日主会场活动为契机，向全市群众宣传了非物质文化遗产、文物保护知识及我市非物质文化遗产保护工作成果。活动当日，举办了文艺演出、"非遗"技艺展示，展出宣传展板100余块，发放文化遗产保护宣传资料3000多份，向全市99名非物质文化遗产传承人授牌并发放以奖代补资金26.48万元；积极做好非物质文化遗产自查、督查，对全市传承人、传承基地发展情况进行了检查指导；积极推动"非遗"项目走出去，组织魏氏砖雕、刺绣、剪纸等固原市"非遗"代表性项目和代表性传承人参加了在银川举办的2016年中国文化馆年会文化艺术博览会展览展览；近期将组团赴北京参加宁夏固原生态文化展，我市参展民间艺术专题展。

（二）文化产业逐步发展壮大

针对固原市文化产业小、散、弱的现实情况，以培育扶持文化企业，推动文化产业发展。2016年，全市新创办文化企业9家、文化个体户39家。截至目前，全市共有文化企业327家，个体户1369家，2016年文化产业增加值3.84亿元。积极培育示范性文化产业经营单位，通过典型示范带动，推动文化产业的专业化和市场化水平不断提高。固原古韵雕塑有限责任公司被评为自治区文化产业示范基地，隆德县魏氏砖雕有限责任公司等4家企业被评为自治区文化产业示范户，争取文化产业专项奖励资金40万元；积极申报产业扶持发展项目，即彭阳县茹河瀑布风景区基础设施建设项目、宁夏瑞丹苑油牡丹产业有限公司的宁夏瑞丹苑·黄土情文化旅游休闲农业示范园项目、宁夏三禾文化创意产业有限公司的《丝绸之路·秀美六盘》彩绘剪纸百米长卷及系列产品开发项目。加强产业培训。通过集中培训、委托培训等多种方式，邀请专业培训机构，在原州区彭堡镇惠德村、西吉县新营乡育苑新村等项目村举办了剪纸、刺绣等文化产业培训班，先后培训农村妇女460多人。利用电子商务平台，将回族服饰系列产品成功打入中东阿拉伯市场，年销售额突破400万元，为"智慧新村"建设树立了新样板。

（三）以"扫黄打非"专项整治行动，保持文化市场平稳有序

实施"扫黄打非""护苗""清源""固边""净网""秋风""扫黄打非进基层"专项整治行动，加大文化娱乐场所的联合执法和整治力度；加强文化市场综合执法检查，针对重点场所、重点内容、重点部位，积极开展安全隐患"大排查大整治"、文化市场安全生产大检查、高校及其周边出版物专项整治、黑广播及网络淫秽色情信息和网络侵权盗版专项整治；认真开展"3·18"全国文化市场法制宣传日活动，散发法律法规宣传单1600余份，聘请了社会监督员86名，与所有文化市场经营户签订了《消防安全承诺书》，确保了文化市场安全稳定；与东莞联合举办文化市场执法培训班2期，培训全市文化市场执法人员85人次；截至今年底，全市共出动执法检查人员10462多人次，检查文化经营场所3303家次，下发责令改正通知书29份，受理举报1起，立案调查10件，办结案件5件，警告22家，责令停业整顿4家次，罚款31000元，协调市网信办依法对8家微信公众号给予禁言30日处罚，全市文化市场健康发展。

二、文化建设中存在的问题

（一）公共文化建设资金投入不足

固原是贫困地区、革命老区，市、县（区）地方财政非常困难，公共文化服务基础设施和设备投入严重不足，成为制约文化事业发展的最大瓶颈。例如，2014年度，市级财政投入公共文化经费2133万元（含人员工资），其中，投入公共文化活动经费约 240 万元，占总经费的 11.2%。原州区图书馆建于 20 世纪 80 年代，现已破旧不堪，成为危楼，严重影响了各项业务的正常开展。

（二）文化队伍建设亟待加强

公共文化事业单位编制少，文化专业人员队伍老化，人才结构老龄化，青黄不接，断层严重；专业人才匮乏，尤其是文艺创作、文化创意和文化管理等专业人才紧缺，制约文化事业的发展。固原市群艺馆艺术团（原固原市秦剧团）现有职工 53 人，其中 50 岁以上人员占 51%，人员老化严重（40 年以上工龄 16 人，占 30%；30~39 年工龄 21 人，占 40%），创排精品剧目后继乏人，除招聘的 7 人外，目前能上台演出的不足 10 人。

（三）公共文化服务体系不完善

乡、村文化阵地设施配置不全，功能作用发挥较差，与群众需求差距较大。全市 62 个乡镇综合文化站中，达标的 39 个，占总数的 63%。

（四）文化产业发展层次低、规模小

2014 年，全市文化产业增加值占 GDP 比重只有 1.1%，低于全区平均水平 1.34 个百分点。原因在于：一是民营文化产业初期投入少，后劲不足；二是金融部门为规避信贷风险设立门槛限制，大多数文化产业经营单位很难融到扩大再生产的资金；三是市、县（区）政府没有安排文化产业发展专项资金。

三、推动文化建设发展的思路

（一）加强公共文化设施建设，实现基层网络全覆盖

按照"整合资源、分步实施"的原则，对照西部标准，整合提质县、乡、村三级公共文化设施，形成便民惠民、运转高效的公共文化服务网络。

一是建立健全文化扶贫管理体系。充分发挥县（区）文化主管部门的职能作用，将乡镇文化干部实行归口管理，使其脱离乡镇日常事务，专门从事文化发展、文化扶贫等工作。每个贫困村确定一名专（兼）职文化管理员，以财政支付方式给予一定的补助资金，组织村民就近就便参与各项群众性文体活动，切实从组织机构和人员保障上为文化扶贫工作奠定坚实

基础。

二是完善贫困村基层文化阵地建设。在乡镇、行政村现有公共文化服务体系的基础上，着力抓好乡镇、贫困村文化活动室（中心）建设。严格按照《乡镇综合文化站建设标准》5 年内改建提升乡镇综合文化站 62 个（其中新建 20 个，提升 42 个）。依托现有村级文化活动室，5 年内改建提升贫困村综合文化活动中心 624 个，改建提升 624 个露天剧场；实施农家书屋提升工程，每年为每个农家书屋补充出版物购置费 3000 元，探索推进为贫困村建成公共电子阅览室 624 家；提升广播电视户户通工程服务质量，实现贫困村广播"村村响"，着力解决偏远地区农民收听收看广播电视节目难的问题，全面消除广播电视覆盖盲区；充分利用智能手机逐渐普及的契机，积极发挥现代传媒官方平台作用，通过微信、微博等发送一些群众喜闻乐见的农业养殖知识、风俗传统趣闻及"三农"方面的政策法规等，提高广大农民的阅读量，拓宽其知识面；完善体育基础设施，改建提升 624 个篮球场和 300 个多功能运动场，实现贫困村普建"一场一路径"目标，即一个标准篮球场、一套 10 件以上健身路径，提高全民体质，满足广大群众的健身需求；确保到 2020 年实现贫困村公共文化服务体系全覆盖。

（二）实施文化惠民工程，推进公共文化服务上水平

一是公共文化"进村入户"工程。首先是合理利用现有资源，发挥村活动室、文化大院和文化示范户等作用，积极组织群众开展丰富多彩的群众文化活动，鼓励、引导、扶植民间艺人（包括文化户、文化大院）办文化。其次采取政府购买公共文化服务的方式，结合多年来坚持开展的"三下乡""文化六进""为民办实事"等惠民活动，开展送戏、送电影、送图书、送展览、送讲座、送文艺节目、送文化辅导进贫困村等"七送"文化惠民工程。组织实施广播电视"户户通"、农村电影放映"2131"文化信息资源共享等公共文化服务工程，促进城乡文化建设、管理、服务一体化。

二是文化体育活动普及工程。组织开展贫困村节庆重点文化活动及群众文化活动的示范性会演、展演等，指导协助贫困村每村每年举办群众文艺演出活动 12 场（次）以上，满足广大群众精神文化需求；组织开展经常性全民健身活动，每村每年举办体育活动不少于 2 场次。

三是地方文化品牌培育工程。坚持"突出特色、一村一品、因地制宜"的原则，大力实施地方特色文化品牌战略，宣传推介一批文化活动先进村。依托各县（区）现有的文化资源，开展独具特色的广场文化活动，如群众广场舞、健身操、广播体操比赛等。每村建立 1 支业余文艺队伍（30~50人），争取发展 1 家文化大院，支持文化能人托管村文化活动室。

四是公共文化"数字服务"工程。提升农家书屋（电子阅览室）内容质量和服务档次。依托县（区）图书馆和文化馆馆藏及现代网络平台，实现信息资源共享；依托现代信息处理技术和文化信息资源共享工程，积极探索拓展手机终端服务项目，推动建设贫困村数字资讯中心，为村民提供即时资讯、信息咨询等服务，让群众便捷地使用现代信息资源服务。

五是基层文化人才队伍培养工程。以贫困村现有文化人才队伍为基础，采取"重点培养、规模培训、临时聘请"等方式，逐步建立贫困村文化人才队伍。"重点培养"是在对贫困村文化艺术人才摸底调查的基础上，筛选出一批具有较好文艺基础的村民，采取跟班学习、"一对一辅导"方式进行长期培训；"规模培训"是积极开展"三区"人才培训计划，由市、县（区）文化馆派出专业人才对贫困村文化管理员或文艺骨干进行集中培训；"临时聘请"是指盘活全市优秀文艺人才队伍，为贫困村临时组织或举办大型文艺活动提供专业人才，开展载体活动，提升文化水平。为具备条件的每个乡镇扶持和培育企业化运作的文艺团队 1~2 个；对贫困村文艺爱好者免费进行艺术培训，内容包括音乐、舞蹈、美术（绘画、书法、剪纸、刺绣）等，每个贫困村培养 30~40 名文艺骨干；每村培养 2~3 名社会体育指导员，提升技能、提高档次、壮大队伍，带动全民健身活动开展。

（三）实施文化产业发展带动工程

固原文化资源丰富，地方特色鲜明，剪纸、刺绣、泥塑、砖雕、草编等民族民间工艺品制作水平较高，口弦、回族服饰、踏脚、牧羊鞭等回族文化代代相传，原生文化特色鲜明，次生文化逐步形成。通过政府购买服务等方式鼓励引导非物质文化传承人到贫困村传授技艺，培育相关业态从业队伍和技艺水平，带动发展特色品牌文化产业。发挥文化产业大户带动作用，发挥"智慧新村"文化产品交易平台作用，积极向外推介销售文化产品，使剪纸、刺绣、草编、雕塑等文化产品成为村民创收致富的重要渠道。

2016年中卫市文化建设发展报告

中共中卫市委宣传部

2016年，中卫市坚持以人为本，坚持文艺"二为方向"和"双百方针"，坚持社会主义先进文化的前进方向，坚持经济发展和文化发展的协调与统一，围绕中心、服务大局，在新常态发展背景下，通过逐步落实"文化+"发展战略，扎实推进文化大发展大繁荣。

一、文化事业全面发展

目前，全市40个镇（乡），448个行政村，已初步建立了市、县（区）、镇（乡）、村四级文化工作网络，分布大型公共文化服务休闲场所10个，镇（乡）标准化综合文化站32个，村级文化室448个，社区文化室37个，专业文艺团体3个，文化中心户193个，业余文艺团队90个，各类社火表演队349个，农家书屋452个，专业体育场馆7个，各类体育健身广场63个，村级篮球场326个，基本满足了全市城乡群众的文化需求，保障了群众基本文化权益。出台了《中卫市重点文艺项目活动扶持办法（试行）》《中卫市获国家级和自治区级奖项文艺作品奖励办法（试行）》，通过演出补贴、配套奖励等方式，极大地鼓励了全市专业文艺团体和业余文艺团队创作演出积极性。

（一）坚持公益惠民，丰富群众精神文化生活

一是组织开展"文化下乡惠民工程"演出470余场次，演出节目5640

多个，观众达 12 万人次。完成"美丽中卫·消夏文化节"广场文化演出 100 场次和数字电影放映 7000 场次。二是组织开展"激情广场大家乐""百姓大舞台"文艺下基层、送文化下乡、进社区、进学校、进景区演出 147 场，演出节目 600 余个，观众达 2 万余人次。进一步丰富了人民群众的文化生活，营造了团结、和谐、喜庆的社会氛围。三是成功举办了中卫市春节军民联欢晚会、"杞红天下"第五届红枸杞原创音乐会、"最美杞乡人"颁奖晚会、"正月正"大型社火展演、"正月正"戏剧专场、第二届舞龙大赛、首届"欢乐中卫"群众文艺会演、廉政专场演出、文化遗产摄影大赛、庆祝建党"唱红歌"大赛、第六届元宵花灯展、"百春送福"文化大拜年活动、2016 年文化部"春雨工程"陕宁两省书画展和"神州大舞台·走进魅力中卫"大型慈善晚会等系列文化活动。其中，社火展演参演人数达 16000 人，居历年参演人数之最；"元宵节"花灯展有花灯 2000 余盏，灯谜 10000 余条；"正月正"大型戏剧专场演出效果之好、观众之多、水平之高，均创历届新高。

（二）坚持理念创新，不断完善公共文化服务体系建设

一是文化体制改革稳步推进。在专业及业余团队中推行"公建民营公助"运营模式，通过政府购买文体活动的形式，引进红宝民族歌舞团、中宁县和海原县艺术团等社会力量承办各类惠民下乡活动。在海原县召开了全市文化站"公建民营公助"现场观摩推进会，总结推广海原县乡镇文化站"公建民营公助"经验。在陕西省延安市安赛区、韩城市进行了文化交流和旅游推介会，大型花儿风情剧《回乡婚礼》赢得满堂喝彩。设立了市非物质文化遗产保护中心，成立了图书馆理事会和文化馆议事会。体育馆实行双轨式运行管理，实现了"管办分离"。实施文化馆、歌舞团融合发展，增强了对群众的文艺培训和大型文艺演出、文化下乡演出的指导。二是现代公共文化服务体系建设加快推进。按照"文化扶贫"要求，以保障贫困地区群众基本文化权益为根本，以群众需求为导向，共投入 402 万元，建成综合文化服务中心 23 个、农民文化大院 16 个，充分发挥民间文化能人带动群众自办文化、文化扶贫的能动性，成为实施脱贫攻坚和"离土"扶贫的有力抓手。成立了中卫市作家著作馆，馆藏图书 8800 册。为满足读者需求，在沙坡头区新建 3 家图书馆分馆，新购图书 4500 册，启用自助借还系统，实现借阅智能化、便捷化。文化馆、图书馆、体育馆进一步完善内部设施配备，提升服务质量，面向社会全面免费开放。同时与市新华书店合作在行政中心建设了"读客书苑"和职工阅览室，配置图书 19800 册，为干部职工读书提供了方便。成立了由 15 个体育社团组成的体育总会，社会团体办体育的模式逐步形成。对全市 429 家卫星数字农家书屋进行了整改升级，使其充分发挥作用。新建一座占地 35 亩中波试验台，建成后可转播发射 5 套中波广播。

（三）坚持品牌树立，不断推进文化事业发展

深入开展"深入生活、扎根人民"主题实践活动，出版了《瓜魂》《中卫历史文物》，电影《清水里的刀子》入围加拿大温哥华国际电影节"龙虎奖"竞赛单元、韩国釜山国际电影节"新浪潮"竞赛单元，电视剧《黄河黄·大地红》剧本已通过自治区党委宣传部审核并获国家广电总局批准，《金筏飞渡》《沙坡头唛叽得很》等荣获"欢乐宁夏"群众文艺会演创作奖和表演一、二等奖，《金筏飞渡》荣获第四届回族舞蹈大赛"沙枣花"奖，中卫深厚的文化底蕴进一步呈现。

（四）坚持保护传承，提升文化遗产保护水平

一是围绕"我们的节日"开展一系列传统文化和民俗文化教育普及活动。在春节、元宵节、清明节、中秋节等节日举办社火展演、舞龙大赛、龙舟赛、诗歌朗诵会等系列文化活动，使得一些优秀传统文化得到传承和弘扬。二是完成了《中卫市非物质文化遗产名录》的整理编辑和出版工作，共收录 73 个"非遗"代表性项目，其中"沙坡头的传说"等 15 个项目列入中卫市第二批非物质文化遗产保护项目名录。举办形式多样的"非遗"专项展览，展出了沙坡头区羊皮筏子等"非遗"代表项目、实物等，让广大市民感受到传统文化的魅力和价值所在。三是编辑出版了《中卫历史文物》。与陕西久远房地产开发有限公司合作在沙坡头水镇建立了海原县非物质文化遗产馆。加强了对高庙、鼓楼、瓦窑遗址、瓷窑遗址及长城等重点地段和各级文保单位的巡视检查。完成了大柳树水利枢纽工程淹没区的文物调查工作。树立长滩保护标志碑 20 多块，界桩 150 多个。举办了全市文博业务培训班，为更好开展文博工作打下了基础。

二、文化产业稳步推进

截至 2015 年末，全市文化产业增加值 7.23 亿元，占 GDP 比重 2.28%。全市形成了图书音像、造纸印刷、剪纸刺绣、奇石古玩、仿古地毯、回族服饰、演艺娱乐等行业在内的综合性文化产业体系，文化产业经营类别达 15 大类 20 多个行业类别，从事文化及相关产业法人单位 1200 余家（沙坡头区 700 家、中宁 300 家、海原 200 家），从业人员 3.5 万人。文化产业逐渐成为我市经济发展的重要组成部分和新的增长点。

（一）重大文化项目顺利建成

通过采取主管部门、市歌舞团、院线公司三方合作的 PPP 模式，投资 900 多万元，建成中影巨幕影院，可创排演出话剧、舞台剧、播放院线影片等，在旅游旺季每天可接待游客 500 人次，实现创收 150 万元。

（二）文化与旅游产业融合度提升

第二届全国全域旅游推进会在中卫召开，有力推动了我市旅游从景点旅游模式向全域旅游模式的转变。积极编制《中宁县全域旅游总体规划及核心节点设计方案》《中宁县全域旅游发展实施方案》及《中宁县发展旅游奖励范围及标准》；充分发挥自身地处沿黄城市带、清水河城镇产业带及中太银发展轴"两带一轴"交汇中心的区位优势，坚持以枸杞为"媒"、文化为"魂"，大力拓展旅游新景观。中国枸杞文化产业园、中国枸杞博览中心、枸杞文化广场、枸杞小镇、中华杞乡文化旅游博览园等项目设计方案正在进一步修改完善当中；投资 30 万元扶持了荣获第七批自治区级文化产业示范基地的大麦地文化产业园项目；沙坡头、通湖草原、金沙岛、南长滩、北长滩等旅游景区分别成为湖南卫视、浙江卫视、安徽卫视等影视媒体拍摄《爸爸去哪儿 4》《冲上云霄》《西游奇遇记》《非常驾期》等具有影响力的影视作品和节目的拍摄基地。中卫市凡客杰瑞影视传媒有限公司拍摄了微电影《梦回金沙》《少儿当自强》，纪录片《石头缝里长出的绿翡翠》《班子一团火 党员一面旗》等影视作品，标志着中卫市迈开了本土影视创作的步伐。指导旅游休闲产业开展优质服务活动，提高企业的服务档次，将功夫驴休闲农庄、龙泉山庄、红景天休闲山庄评定为四星级旅游农家乐，扶持兵王山庄、红欣农家乐、双井子生态园、黄河花卉基地等文化旅游产业成为三星级旅游服务点。协助宁夏朝天雀枸杞无果茶博物院向星级旅游景点方向迈进。

（三）扶持培育小微文化企业发展

投资 300 多万元，建成集刺绣剪纸加工、展示、销售、培训和旅游购物电商平台为一体的海原"非遗"文化产业孵化基地。目前，该工程已竣工并投入使用，可容纳公司、合作社 10 余户，解决 300 多人的就业。

三、文化建设中存在的问题

一是公共文化服务供需衔接不够。存在"送非所需、需不能送"等问题，送戏下乡、广场健身文化活动等还不能满足群众需求；农村"电影放映"存在影片内容老化，缺乏吸引力，加之新媒体传播途径多样化，出现一场电影放映下来只有放映员和少数群众观看的局面。

二是公共文化基础设施仍显薄弱。全市人均文体基础设施占有量偏低，市上还没有歌剧院等标志性、综合性文化设施。

三是文化产业发展相对滞后，规模不大、资源分散，集约化程度低。全市文化企业虽具有一定数量，但产业结构单一、规模小、资源分散，尚未形成聚集效应，对经济发展的贡献率不足，没有形成文化产业园区的基础。

四是文化专业人才队伍老化、匮乏。文化专业人才缺乏，出现青黄不接和断档现象。乡镇综合文化站缺少专职干部，大多数站长为兼职人员，也缺少文艺特长，不能胜任当前岗位职责的需求。

四、对策和建议

（一）以实现公共文化服务标准化、均等化为目标，构建现代公共文化服务体系

加快基础设施建设。进一步完善市县文化馆、图书馆等文化设施，新建沙坡头区、海兴开发区文化馆和图书馆，完成市博物馆布展工程。建设集宣传文化、党员教育、科学普及、普法教育、体育健身等功能于

一体的乡镇综合文化站和村（社区）综合服务中心，新建8个乡镇标准化综合文化站，扶持20个村（社区）级综合文化活动中心、民间文艺团队、农民文化大院，整合农村篮球体育场和健身路径资源，推进乡镇和村级文化广场建设。结合"智慧中卫"和"三网融合"等重大信息工程建设，大力推进文化信息资源共享、公共电子阅览、农村数字电影放映等公共文化数字化建设，加快数字文化馆、数字博物馆、数字图书馆建设，逐步建成文化馆、图书馆、博物馆等分工合作的数字资源加工和服务平台。

加大文化产品和服务供给。积极探索逐步推广以县（区）图书馆为中心的总分馆制和"馆外图书馆分馆"新模式，促进各类图书馆联盟，实行区域内图书通借通还、数字资源共建共享、展览讲座互联互通。加强农家书屋的日常管理，抓好农村中小学生"假期进书屋"活动，提高图书、报刊使用率。购置图书馆自助借阅设备，在图书馆、文化馆、博物馆、村（社区）等公共文化场所开办公共电子阅览室、"四点半学堂"，为农民工子女提供课外学习服务。市图书馆设立盲人阅览区、县区图书馆设立盲人图书室。深入开展"悦读中卫"全民阅读活动，引导人们养成良好的阅读习惯。全市文化馆、图书馆、博物馆等公共文化设施全部向社会免费开放服务，制定免费开放目录向社会公布，开展"菜单式""订单式"服务，公布服务内容，社会、群众可根据需要"点单"。

稳步推进文化体制改革。逐步建立健全政府向社会力量购买公共文化服务机制，将政府购买公共文化服务的资金纳入各级财政预算，推动公共文化产品生产和服务供给市场化、多元化。鼓励和支持社会力量通过投资、冠名和捐助设施设备、兴办实体、资助项目和服务等方式参与公共文化服务体系建设，鼓励党政机关、企事业单位和学校的各类文体设施向社会免费开放和优惠开放。进一步推进图书馆理事会、文化馆议事会运行机制的落实。在有条件的社区、车站等人员密集场所逐步探索建立图书馆分馆和主题文化艺术馆，方便读者和群众。推进文化馆和文艺专业团体的融合发展，开展文化志愿服务活动，加强对乡村、社区文艺团队辅导培训，以解决文艺专业人员缺乏的问题。

扎实开展创建第三批国家公共文化服务体系示范项目。按照国家公共文化服务体系示范项目，争取中宁县、沙坡头区创建成自治区公共文化示范县（区），进一步推进"公建民营公助"进程，支持文化类社会组织健康发展，支持秦腔、皮影戏、花儿等剧种和民族文艺节目的发展推广。加大社会主义核心价值观教育、法治教育、廉洁教育等主题公益广告生产量。提高微电影、微视频等网络文化生产能力，促进优秀传统文化和当代精品文化的网络传播。

（二）以文化产业的转型升级为突破口，推动文化产业成为新的经济增长点

把文化产业发展纳入全市经济发展总体规划，进一步完善文化发展相关政策，实施一批具有引导性的重大项目，提高文化产业规模化、集约化水平。

一是文化旅游产业。打造以休闲、度假、体验、运动为一体的文化旅游产业，大力开发休闲文化产品。推动沙坡头景区资源整合，加快演艺、文化与旅游的结合，推进丝路魔幻奇游为主题的嘉年华演绎；围绕黄河、沙漠、湿地等资源，着力打造南长滩党项文化、北长滩渔牧耕读文化、金沙岛国际休闲综合体、沙坡头户外营地、大漠风情园休闲大漠体育运动基地；以高庙、双龙山石窟、红岗子拱北为依托的宗教风情区以及海原非物质文化遗产基地等建设开发；整合中宁县枸杞文化资源，开展枸杞农业观光区、枸杞工业体验区、枸杞文化养生区、枸杞商贸流通区，强化对枸杞文化的挖掘，打造中华枸杞文化体验基地、中华枸杞养生基地、中国枸杞示范基地。以海原回族文化为主题，打造集节庆民俗、休闲文化、清真饮食文化为主体的体验游，促进旅游与民族民俗文化结合。

二是文化休闲娱乐产业。扶持建设一批文娱休闲设施（沙坡头水镇、香山湖儿童游乐园、文昌阁、应理书院等），形成门类齐全的文娱休闲产业，着力打造富有特色的演艺文化、酒吧文化。整合资源，适时组建艺术培训、文娱中介、娱乐演艺等产业集团，提升产业整体实力。重点扶持文化品位高、有特色、大众化的歌舞娱乐项目（中卫市歌舞团、宁红演艺公司、中宁红枸杞艺术团、海原民族艺术团），积极鼓励发展面向青少年和老年人的健康有益的文化娱乐活动；优化电影放映网络，在县（区）建成具有现代化设施、设备的中小型电影院；在农村积极探索开发电影市场的有效途径。

三是文化创意产业。依托中卫市沙漠文化、黄河文化、枸杞文化、边塞文化、回族文化等，进行创意产业发展，推动工艺与设计、行业发展。构建以沙坡头智慧产业园的智慧创意产品基地，促进手工艺品、旅游纪念品、丝路工艺品及传统工艺品、民间民俗艺术品、剪纸、刺绣、沙画、高级仿制艺术为主的创意产品；加快沙坡头丝路驿站文化产业园基地建设，推动创意设计向一、二、三产业延伸。

（三）以有效保护为前提，全面加强文化遗产工作，着力推动中华优秀传统文化创造性转化和创新发展

加强对文物本体保护，确保重点不可移动文物安全。全面完成全国可移动文物普查工作。进一步健全完善国家、自治区、市、县（区）级文物保护单位"四有"机制。做好高庙、鼓楼保护规划编制、消防、防雷、修缮等工作，启动各县（区）国家重点文物长城维修勘察设计修缮保护工作。建设沙坡头水镇非遗博物馆等一批非物质文化遗产传习馆、展示馆，组织传承人定期向公众进行展示与传承。重点整合全市文物资源，加强基于文物保护基础上的旅游开发，深入挖掘文物资源的内在价值，展现文物所代表的文化内涵。

（四）以加强文化交流为着力点，推动中卫文化走出去

坚持"争取国家项目，大力发展民间项目，重点拓展商演项目"的对外文化交流思路，实施中卫文化"走出去"和"引进来"的战略。加强与周边城市文化交流合作，组织开展与周边城市地区文化交流活动。通过缔结友好城市、互办文化周、政府组团、民间交流、商业演出、举办展览等多种形式，进一步拓展对外文化交流的渠道。拓展民间交流合作领域，鼓励民间团体、民间组织、民间企业和个人从事对外文化交流。扩大商业性展演展映和文化产品销售，通过节目交换、租用频道或时段、举办展播映活动等方式，扩大中卫在区内外的影响，提高对外宣传的层次水平。

附　录

FULU

2016 年宁夏文化发展大事记

任　婕

2015 年 12 月

2 日　宁夏繁荣发展社会主义文艺推进会在银川召开。

4 日　电视剧《灵与肉》剧本获 2015 年度优秀电视剧剧本奖。

6 日　2015 "经典诵读 书香宁夏" 优秀节目展演活动在银川举办。该系列活动于 2015 年 4 月下旬启动，为期 6 个多月，相继在全区 15 所学校开展，带动广大中小学生通过诵读经典，领略传统文化魅力。

8 日　张贤亮纪念馆在镇北堡西部影城正式开馆。当日，近百名文学评论家、作家、刊物负责人共同参加了 "张贤亮——文学与西部大地" 研讨会。

10 日　宁夏道德模范座谈会在银川召开。会议贯彻第五届全国道德模范座谈会精神，传达宁夏回族自治区党委书记李建华同志的重要批示，表彰宁夏第五届全国道德模范和提名奖获得者，对推进宁夏思想道德建设工作进行部署。

16 日　第二届宁夏民族团结进步模范人物颁奖盛典在宁夏大剧院隆重举行。

19 日　"走向西部——中国美术馆经典藏品西部巡展·宁夏" 在银川市当代美术馆开展。展览汇聚中国美术馆馆藏国画、油画、版画、雕塑水

作者简介　任婕，宁夏社会科学院文化研究所助理研究员。

彩等各类艺术经典 110 余件。

21 日 银川韩美林艺术馆在贺兰山岩画遗址公园正式开馆。这是国内第三座以陈列展示韩美林个人作品为主的艺术馆，馆内陈列 1000 多件艺术精品。当日，以"远古文明与当代艺术的生命联系"为主题的第三届韩美林艺术讲坛在银川举办。讲坛结束后，冯骥才、郑欣淼、樊锦诗、莫言、陈履生、刘诗昆、严歌苓、韩美林、余秋雨、白岩松 10 位文化、艺术界名人获聘宁夏"文化使者"。

22 日 宁夏新闻工作者协会第七届理事会第一次会议暨宁夏新闻道德委员会成立大会在银川召开，会议选举产生新一届宁夏记协常务理事和领导班子。同步成立宁夏新闻道德委员会。

28 日 大型史诗纪录片《神秘的西夏》，在第五届"光影纪年——中国纪录片学院奖"中获最佳系列纪录片奖。

2015 年 12 月中旬—2016 年 2 月底 自治区文化厅以"欢乐宁夏·幸福节日"为主题，组织全区开展音乐、舞蹈、戏剧、曲艺、社火、民俗、展览等 10 大类 237 项丰富多彩的文化系列活动，丰富群众元旦、春节期间的文化生活。

2016 年 1 月

8 日 2015 年度媒体联动"电视问政"活动《风正好扬帆——转作风 促发展 惠民生》在宁夏广播电视台举行。活动总结了 2015 年全区作风建设取得的成效，同时就群众集中反映的各地各部门机关和干部作风问题进行了现场问政。

11 日 唐荣尧《西夏史》新书发布会在北京举行。

15 日 第二十九次全国"扫黄打非"工作电视电话会议在北京召开。当月 27 日，第二十九次宁夏"扫黄打非"工作电视电话会议在银川召开。

19 日 2016 年宁夏宣传部长会议在银川召开。会议贯彻落实全国宣传部长会议精神，传达学习宁夏回族自治区党委书记李建华关于宣传思想文化工作指示精神，总结工作，分析形势，安排部署 2016 年工作。

是日 2016 年宁夏文化局长会议在银川召开。会议总结 2015 年工作，部署 2016 年全区文化工作。

21 日 2016 年宁夏文化、科技、卫生"三下乡"集中服务活动正式启动，为打赢脱贫攻坚战、加强农村基本公共服务贡献力量。

25 日 国家旅游局下发《关于公布首批"中国研学旅游目的地"和"全国研学旅游示范基地"》的通知，贺兰山岩画遗址公园跻身 20 家全国首批研学旅游示范基地之一。银川市依托厚重的贺兰山岩画远古人类文化资源，推出十大研学旅游产品和项目，率先在全区旅游景区开展修学旅游活动，取得良好的社会效益。

27 日 "迎新春·第二届宁夏群众书法绘画摄影大赛优秀作品展"在银川开幕。大赛历时 3 个多月，优秀作品展览充分展示了宁夏群众美术、书法、摄影创作的整体实力。

28 日 习近平出访中东后"中阿合作新形势"学术研讨会在银川举行。会议对宁夏与阿拉伯国家及穆斯林地区的务实合作等重大内容进行深入研讨，以期深化认识，提供决策咨询。

是日 《宁夏抗战》一书正式出版发行。该书的出版对于宣传和研究宁夏在全国抗战中的地位有着重要的作用。

29 日 宁夏文明办在银川召开全区 2016 年第一次文明旅游工作联席会议。会议传达学习中宣部文明旅游部际联席会议精神，总结 2015 年宁夏文明旅游工作情况，明确 2016 年文明旅游工作任务。

是日 吴忠市红寺堡区作家张治乾的散文作品《故乡的河》获中国美丽乡村论坛征文大赛散文组一等奖。

31 日 "中国文学之乡"西吉丛书出版发行。丛书包小说卷、散文卷、诗歌卷、评论卷等，收录了西吉近百名作者的作品。

是月 自治区国教办命名银川黄河军事文化博览园等 16 家单位为第三批自治区国防教育基地。

国家级"非遗"传承人纪录片拍摄开机仪式在宁夏灵武市郝家桥镇西渠村马兰花家举行，标志着宁夏国家级非物质化遗产传承人抢救性记录工作正式启动。抢救性记录工作将根据文化部的具体部署和技术要求标准展开，历时半年完成，成果纳入宁夏非物质文化遗产数据库，永久保存。

2月

1 日 自治区党委宣传部召开区属国有文化企业工作汇报会。自治区党委常委、宣传部部长、自治区政协副主席蔡国英出席会议并讲话。

2 日 中共中央政治局常委、国务院总理李克强考察智慧宁夏综合展示中心，强调要充分运用"互联网+"让政府服务变得更"聪明"。

24 日 "美丽中国·和谐家园——中国少数民族文化系列展"之"回乡漫步——宁夏回族民俗及文物展"在北京开展，展示回族悠久的历史、灿烂的文化以及宁夏回族独特的民俗风情。

26 日 宁夏话剧《回民干娘》在北京首演获得成功。这部作品反映了宁夏在推进扶贫开发和维护民族团结方面的好政策、好做法，是集思想性、艺术性和观赏性为一体的精品剧目。宁夏话剧院用"大篷车"将该剧送到群众家门口、大山深处，目前已在宁夏各乡镇、村等地演出 300 余场。随后，中宣部、文化部将搭建平台支持《回民干娘》在全国各地进行展演。

是日 中宣部、中央文明办在北京召开全国学雷锋志愿服务工作推进会。宁夏"红十字会造血干细胞志愿者服务队"等 8 个项目入选全国志愿服务"四个 100"先进典型。

宁夏 4 位穆斯林作家获得马来西亚吉隆坡国际伊斯兰大学举行的第七届新月文学奖。

27 日 银川市兴庆区法院干警自编自导自演的微电影《暖阳》荣获第十二届全国法治动漫微电影作品微电影类三等奖。

是月 由银川市地方志办公室编著的《中国史话·银川史话》《银川移民史研究资料汇编》等 6 本反映银川市地方历史文化的系列新书正式出版。

自治区文化厅会同财政厅、新闻出版广电局、体育局等部门出台了《关于做好政府向社会力量购买公共文化服务工作的实施意见》，对宁夏实施政府向社会力量购买公共文化服务工作作出顶层设计，积极有序推动政府购买公共文化服务工作。

宁夏文化系统推出主题为"欢乐宁夏·幸福节日"的十大类 237 项文化系列活动，广大群众在浓浓年味中乐享丰富精彩的文化生活。与 2015 年相比，2016 年系列文化活动项目增加 177 项，并呈现诸多新亮点。

3 月

1 日 中央电视台《远方的家——长城内外》银川特别节目在中央电视台中文国际频道播出。该栏目组于 2015 年 12 月完成在银川的拍摄，拍摄以银川境内现存的长城为主线，全方位展示银川的人文历史和城市风貌。

7 日 首届宁夏"西夏杯"微电影大赛在银川落幕，提升了西夏区对外的知名度和影响力。

8 日 宁夏文明委召开 2016 年第一次全体会议，会议传达了中央文明委第四次全体会议精神，审议了拟命名的自治区文明城市。

6—10 日 "弘扬中华传统文化，共圆民族复兴中国梦"大型公益讲座在中卫市体育馆举行，吸引当地 2 万市民进场聆听，场场爆满。这是西北地区首届传统文化公益讲座。

13 日 中国书协宁夏书法考级中心首次在隆德县设考点。

15 日 银川市图书馆第十一届"共享读书乐"活动启动。截至 2016 年 11 月底，"共享读书乐"活动组织了 7 次送书进校园活动。

27—29 日 由文化部外联局与宁夏回族自治区文化厅举办的"2016 中埃文化年"系列活动在宁夏拉开帷幕。埃及精彩剧目《埃及妇女》分别在银川、石嘴山、吴忠演出。该剧是"2016 中埃文化年"系列活动之一，表现了不同时期阿拉伯妇女为反对奴役、捍卫民族独立做出的贡献。

4 月

9 日 银川国际动漫艺术展"非常上瘾——日常生活美学的再延伸"在银川当代美术馆开幕。

13 日 宁夏广播电视台的 5 套广播节目在直播星平台正式播出，实现了在宁夏境内的全覆盖。

是日 布衣乐队 2016 全新专辑《21 号公路》在北京首发，并进行全国巡回演出。

19 日 自治区网信办开展"扫黄打非"专项活动，依法查处了一批违规微信公众号。

21 日 "中国—阿拉伯国家政党对话会"在银川开幕，会议主题为"中阿共建命运共同体——政党使命"。2016 年是中阿开启外交关系 60 周年，该对话会旨在探讨政党如何在中阿合作中发挥政治引领作用，并为深化中阿务实合作、共建"一带一路"建言献策。

是日 宁夏集中销毁侵权盗版及非法出版物 6.2 万余件，确保出版物市场健康有序发展。

22 日 "中国·宁夏'一带一路'伊斯兰风情文化国际摄影精品展"在巴基斯坦首都伊斯兰堡国立现代语言大学孔子学院展出，展出作品集中反映了我国 2000 多万穆斯林享有信仰自由、民族平等、生活幸福、团结和谐的生动画面，以及世界各国穆斯林聚居地的风土人情、绝美风光等。

是日 全区调查研究和舆情信息工作培训班在石嘴山举办。

中卫新华书店"读客书苑"正式开业，标志着中卫地区第一个人文跨界书店投入使用。

23 日 银川市开展多项活动庆"世界读书日"。银川市图书馆推出"你买书我买单"活动，兴庆区举办图书捐赠、交换活动，金凤区举办"倡阅读·咏金凤"诗歌朗诵大会，西夏区举办"书香润泽西夏、阅读点亮人生"宣传活动，永宁县举办"书香为伴·集邮同行"邮票首发活动，灵武市举办"全民阅读"特种邮票发行启动仪式等。

25 日 "回族文化微展馆"落户银川火车站。

是日 歌曲《走咧走咧去宁夏》入列第十届中国音乐金钟奖推荐名单。

30 日—5 月 1 日 "第十四届 China Joy Cosplay 嘉年华西北赛区"活动预选赛在银川当代美术馆举办。赛事晋级赛于 6 月 9—11 日在华夏河图银川艺术小镇举行。

是月 为加快可移动文物普查工作，保证普查信息质量，宁夏文物局先后组织召开可移动文物普查工作推进会、普查报告编制培训班等，为完成文物普查工作提供动力和保障。6 月，盐池县全面完成全国第一次可移动文物普查工作，文物储量为宁夏县一级之首。10 月，隆德县完成全国可移动文物普查调查。

5 月

6 日 2016 年"清凉宁夏"广场文化活动在银川光明广场举办启动仪式。历经 14 年, "清凉宁夏"已成为宁夏文化惠民工程的知名品牌。

9—20 日 第十二届六盘山山花节暨须弥山丝路佛光·魅力须弥民俗文化旅游节在固原市原州区举办, 主题是寻访丝路古道、探秘须弥圣境、体验民俗风情。旨在继续提升须弥山旅游的知名度、美誉度和影响力, 弘扬民间民俗文化, 保护非物质文化遗产成果, 打造须弥山文化旅游品牌。

14 日 第六届"中国·宁夏宝玉奇石观赏节"在宁夏地质博物馆举行。

18—22 日 自治区文化厅围绕"博物馆与文化景观"宣传主题, 组织全区文物系统扎实开展"5·18 国际博物馆日"宣传活动。

20 日 宁夏区直宣传文化系统学习贯彻习近平在哲学社会科学工作座谈会讲话精神。李建华就学习贯彻作出批示。

23—29 日 银川举办中韩艺术家文化交流作品展, 通过作品的展示与交流, 增进双方在艺术思想和绘画创作等方面的相互了解, 共同提升创新能力和学术品位。

27 日 文化部驻莫斯科文化中心和自治区文化厅合作项目启动仪式暨"东方神韵·魅力宁夏"文艺表演在莫斯科举行。

是日 "《神秘西夏》《正说西夏系列》首发式暨出版座谈会"在银川举行。《神秘西夏》一书通过追述西夏王朝的整个过程, 给西夏王朝一个较为客观的定位, 理清了西夏文化的源头。《正说西夏系列》的四部著作从不同侧面解读西夏、诠释西夏文明, 生动展示了西夏在古丝绸之路历史变迁中的重要作用。

28 日 2016 银川贺兰山国际旅游节开幕。活动历时 1 个月, 展示和提升银川西线贺兰山旅游带影响力。

30 日—6 月 1 日 2016 中阿博览会走进埃及活动在埃及开罗举办, 这是中阿博览会首次走出国门, 标志着"单年在宁夏举办, 双年在阿拉伯国家举办"的办会机制正式启动。

是月 随着中河乡文化站的开建, 固原市原州区实现乡镇文化站全覆盖。

宁夏4部新创戏曲剧本获扶持。即"花儿"音乐剧本《六盘红云》、秦腔现代戏《王贵与李香香》、眉户戏剧本《爱有你我他》和《甜村新梦》，入选文化部全国戏曲剧本孵化计划。

文化部公示了第四次全国文化馆评估定级结果，包括宁夏文化馆、银川市文化艺术馆在内的宁夏16家文化馆获评一级馆，10家文化馆获评二级馆。

6月

2日 自治区党委宣传部召开"两学一做"第一专题学习讨论会。自治区党委常委、宣传部部长、自治区政协副主席蔡国英以"坚定理想信念，补足精神之钙"为题讲党课。

4日 宁夏首部公益纪录片《求学》预告片发布会在银川举行。这是宁夏第一部由本土作家自筹资金，通过互联网众筹的纪录片。

6日 宁夏回族自治区党委宣传部在银川召开以五大发展理念统领"四个宁夏"建设理论研讨会。会议围绕贯彻五大发展理念、建设"四个宁夏"特别是美丽宁夏建设主题进行深入研讨。

是日 宁夏首部大型战争史诗秀《西夏盛典》首演。填补了银川市西线旅游无夜间旅游演出项目的空白。

7日 宁夏网络宣传工作座谈会在银川召开。会议表彰奖励网络宣传工作先进单位和先进工作者，总结部署全区网络宣传工作。

9—11日 宁夏各市县、各文博单位围绕"加强文化遗产保护、振兴传统工艺、让文化遗产融入现代生活"主题积极开展"2016文化遗产日活动"。开展系列活动30余场（次），发放宣传资料2000余份，带动近万公众参。

12日 全球设计大奖颁奖典礼在美国西雅图举行，银川韩美林艺术馆的环境标识设计获最高荣誉奖。

19日 在北京举行的中国汽车工业协会房车委会二届一次会议，一致通过宁夏成为中国国际房车旅游大会永久举办地，宁夏日报报业集团成为长久承办单位。

20日 《水洞沟：2003—2007年度考古发掘与研究报告》获首届中国考古学大会"金鼎奖"（研究成果奖）。

22日 宁夏回族自治区党委宣传部、自治区文化厅等8部门联合印发《贯彻落实"十三五"时期贫困地区公共文化服务体系建设规划纲要实施方案》，部署"十三五"贫困地区公共文化服务体系建设工作，针对宁夏中南部9县（区）公共文化服务体系短板，提出采取精准措施构建公共文化服务体系，促进贫困地区基本公共文化均衡发展。

25日 旨在"理清宁夏文献档案'家底'"的重大项目"《朔方文库》编纂与出版"正式启动，专家们将从今年起至2024年，全面、系统地保护、抢救、整理、研究、出版宁夏特色珍稀文献档案。

27日 宁夏召开主席办公会，专题研究中阿文化园项目建设方案。

是日—7月3日 国家文物局首期长城保护管理培训班在宁夏举办。旨在贯彻落实全国长城保护工作会议精神，提升长城保护理念、方法，推进"十三五"长城保护管理工作。8月初至9月底，宁夏全区开展长城执法专项督察工作，切实提升长城保护管理水平。

29日 庆祝建党95周年暨纪念红军长征胜利80周年"颂歌献给党"大型演唱会在宁夏大剧院举行。

是月 石嘴山市被文化部文化市场司批准成为全国12个文化市场移动执法系统试点城市之一，是宁夏唯一的试点城市。试点工作的开展，对提高宁夏文化市场技术监管与服务平台应用水平起到积极促进作用。

由宁夏广播电视台拍摄制作的7集纪录片《丝路印象》在中央电视台阿拉伯语频道和宁夏影视频道陆续开播。

7月

1日 庆祝中国共产党成立95周年大会上午10时在北京人民大会堂隆重举行。中共中央总书记、国家主席、中央军委主席习近平在大会上发表重要讲话。宁夏宣传文化系统各单位组织干部职工收看大会实况直播。

是日 中国作协"草原丝绸之路"采访活动在银川举行了启动仪式。活动旨在配合国家"一带一路"建设战略布局，感知"一带一路"沿线历史文明和时代变化。

2日 宁夏社会科学院固原分院成立暨揭牌仪式在宁夏师范学院举行。

是日 宁夏召开保护古村落研讨会，盘点宁夏村落建筑遗存资源。

6日 中国首个动漫会展联盟在上海成立，银川 iBi 育成中心成为联盟成员。

是日 国家艺术基金管理中心近日公示了 2016 年度资助项目立项名单，宁夏 18 个项目入选国家艺术基金 2016 年度资助项目，总资助资金达 1575 万元。

7日 文化部公布第一批国家文化消费试点城市名单，银川市被确定为首批国家文化消费试点城市。这对推动宁夏文化消费总体规模持续增长，带动旅游、住宿、餐饮、交通、电子商务等相关领域消费将产生深远影响。

13—17日 为深化闽宁交流合作，纪念"闽宁合作"20 周年，宁夏交通广播联合福建交通广播推出"八闽亲人游宁夏"大型公益活动。

16—20日 宁夏书画院在俄罗斯莫斯科中国文化中心举办以"东方神韵"为主题的文化交流美术作品展。这是宁夏书画院首次在莫斯科办展。

18日 习近平总书记到宁夏考察，首站到固原将台堡，冒雨向红军长征会师纪念碑敬献花篮并参观三军会师纪念馆。

是日 2016"春雨工程"——全国文化志愿者宁夏行启动仪式在银川市光明广场举行。天津市河西区文化志愿者团队带来的精彩演出，拉开了为期一周的文化志愿服务系列活动的序幕。19—21 日，宁夏贫困地区文化骨干走进"春雨工程大讲堂"参加文化发展工作培训。

19日 宁夏成立非物质文化遗产发展协会，旨在传承和发扬宁夏"非遗"文化，搭建传播、销售平台，推动"非遗"行业整体发展。

22日 宁夏文化馆少儿合唱团成为唯一的少数民族合唱团参加第七届全国少年儿童合唱节。合唱团表演的宁夏原创作品《那坨坨》充分展现了宁夏少年儿童阳光活泼、积极向上的精神面貌。

25日 宁夏卫视节目正式落地迪拜。

28—29日 大型民族舞剧《西夏轶事》在宁夏大剧院演出。该剧将西夏人劳动、习武、商贸等生活形态汇入歌舞之中。

29日　2016年中国宁夏（沙坡头）第七届丝绸之路大漠黄河国际旅游节在中卫市各旅游景区举办，打造全域旅游节庆品牌。

是月　宁夏作家马金莲获首届"茅盾文学新人奖"。该奖项的奖励对象为文学创作和文学评论成绩优异的青年作家、评论家。每两年一届，每届奖励10人。

8月

13—15日　"2016中阿国际动漫文化节"在银川国际会展中心举行。13日，中国—阿拉伯国家动漫影视高峰论坛暨动漫影视洽谈会在银川iBi育成中心举行。动漫节的系列活动对全面提升中阿文化交流合作水平，提升宁夏文化创业产业水平产生积极影响。

14日　丝绸之路暨秦汉时期固原区域文化国际学术研讨会在丝绸之路重镇固原启幕。研讨会围绕"丝绸之路暨秦汉时期固原区域文化"展开探讨，为丝绸之路宁夏固原段申报世界文化遗产工作提供文化支撑。

16日—9月1日　"文化中国·神奇宁夏"慰侨文艺演出在美国举行。"文化中国"是由国务院侨办创立的一个以侨为桥，推动中华文化走向世界的国家级文化活动品牌。在国务院侨办的大力支持下，宁夏首次承办慰侨文艺演出，这是宁夏首次组派大型艺术团访问美国，也是宁夏借助国务院侨办平台"走出去"的又一成功实践。

28日　"2016中国文化馆年会·文化艺术博览会——中国书画名家走进美丽银川书画论坛笔会暨名家书画展"在银川市美术馆开展，百余幅名家作品亮相银川。

29日—9月6日　宁夏两台大型剧目——回族歌舞诗《九州花儿美》、史诗话剧《丝路天歌》亮相第五届全国少数民族文艺会演，展示民族地区文化建设成就。

30日—9月2日　第十四届中国西部民歌（花儿）歌会在永宁县中华回乡文化园举办，歌会以"讴歌西部腾飞，追寻丝路文脉"为主题，传承优秀民族民间音乐艺术。中国西部民歌（花儿）论坛同期举办。

31日　国家公共文化服务体系示范区创建工作会议在银川召开，总结公共文化服务体系示范区前期的创建工作，部署下一步工作任务。

是日—9月2日 以"文化馆——创新发展，服务基层"为主题的2016中国文化馆年会在银川举办。该年会是继宁波、重庆之后的第三届活动，也是首次在西北地区举行的全国文化馆年会，旨在推动西部地区的文化事业、文化产业迅速发展。

是日—9月3日 2016年中国文化馆年会·文化艺术博览会暨银川"一带一路"特色文化产品博览会在银川国际会展中心举行。该展会以"文化馆——创新发展，服务基层"为主题，以一带一路"展示交流、交易、发展"为办会宗旨，着力注重文化新业态的培育，推动"文化+"焕发出蓬勃的产业活力。

是月 宁夏银川贺兰山岩画景区山洪后新发现7幅岩画。其中3幅是人面像岩画，贺兰山人面像岩画的总数从715幅增至718幅。

9月

2日 自治区十一届人大常委会第二十六次会议批准了银川市人大常委会提请修订的《银川市西夏陵保护条例》。《条例》在保护规划、范围、增补文化遗产保护等方面增加了新的内容，将西夏陵文物、自然景观的保护和合理利用真正纳入法制管理的轨道。

3日 第三届中国（宁夏）伊斯兰风情国际摄影展在宁夏博物馆开幕。该摄影展已经成功举办了两届，成为中阿摄影界交流沟通的有效平台，也是中阿文化交流的一座桥梁。

4—6日 中共中央政治局委员、中央书记处书记、中宣部部长刘奇葆在宁夏调研时强调，要深入学习贯彻习近平总书记系列重要讲话精神，紧紧抓住提高基层公共文化服务标准化、均等化这条主线，以文化扶贫助推全面小康。

5日 2016年发展中国家文化管理研修班在银川举行，来自亚、非、欧、美四大洲20个国家的60名学员参加研修活动。该研修活动旨在促进各发展中国家在文化管理领域的学术交流与合作，共同推进各国在文化管理领域的改革与发展。

是日 第三届银川阅读节启动。活动为期 3 个多月，期间举办了"书香银川"第四届中华经典诵读电视大赛展演、"西部放歌·诗语阅海湾"中秋诗会、"西部放歌·黄河诗会"、国学讲堂、图书漂流、书友汇等十二大主题阅读活动，更加注重群众参与和交流。

6 日 中卫市公安旅游分局成立，严厉打击旅游行业违法行为，确保全域旅游产业规范健康发展。据悉，全国目前仅有海南和云南两省成立了旅游警察队伍，宁夏是全国第 3 个设立相同机构的省（区），旅游分局这一管理体制在全国尚属首次。

8 日 2016 出版界图书馆界全民阅读年会在宁夏图书馆举行，来自全国各地图书馆界、出版界的 200 多名代表齐聚一堂，围绕"全民阅读与社会进步"展开深入交流。

8—12 日 "2016 中美旅游高层对话"在宁夏隆重举办，这是 2016 年"中美旅游年"最重要的活动之一。本届"中美旅游高层对话"以"互学互鉴，共谋发展，开创中美旅游交流新时代"为主题，精心设置了开幕式等主题活动，旅游资源推介及线路产品考察、友城论坛、葡萄酒推介会、文化旅游交流等系列活动，中国（宁夏）国际旅游博览会和 2016 贺兰山东麓国际葡萄旅游博览会。中外嘉宾 200 余人参与了"对话"，共谋旅游发展。

10 日 第二届全国全域旅游推进会在宁夏中卫隆重召开。来自全国各省（区、市）旅游部门的主要负责人和相关部委代表参加了会议。会议就推进全国全域旅游公众进行再动员、再部署，扎实全域旅游。当日，国家旅游局宣布《国家旅游局关于同意宁夏回族自治区创建国家全域旅游示范区的复函》，宁夏成为全国第二个省级全域旅游示范区创建单位。

是日 由自治区档案局（馆）编纂的《红军长征在宁夏——档案史料汇编》一书正式通过专家评审。该书主要收录了 1934 年到 1936 年中国工农红军长征与宁夏有关的重要档案史料 300 件、历史图片 56 幅。其中，116 件档案史料是首次公布，反映了红军长征在宁夏的革命历程和这一时期的宁夏在中国革命历史发展中的地位和作用。

21 日 大型科技创新类节目《极客出发》在中卫市沙坡头景区开机拍摄。

21—25 日 "丝路中国·美好银川"2016 中国（银川）国际艺术创作营

成果展暨闭营式在银川文化城举行。据悉，所展作品是30多位外国艺术家在了解银川文化历史、市井民俗的基础上，进行的艺术创作。

22日 宁夏启动贫困地区"百县万村"综合文化服务中心建设及文化扶贫工程，针对606个未建成综合文化服务中心的贫困村制订计划，将争取于2017年10月前完成全区606个贫困村综合文化服务中心建设工程。

24日 "驾越丝绸之路·中阿巴友好万里行"活动启动，队员们从银川出发，沿陆上丝绸之路，途经甘肃、青海、新疆3个省（区），由红其拉甫出关，穿越巴基斯坦全境，探访阿曼海上丝绸之路港口，最后抵达阿联酋迪拜。历时34天、驾越26个城市、行驶11000多公里，达成多项旅游交流战略合作框架协议。此举对于弘扬丝路精神、服务"一带一路"建设，深化中阿、中巴友谊，推动中阿、中巴旅游线路相通、民间友好交流交往、旅游经贸合作，实施宁夏旅游"走出去"，打造"驾越丝绸之路"国际自驾车精品旅游线路和品牌具有重要意义。

是日 宁夏砚文化研究会正式挂牌成立，并于次日举办了宁夏砚文化高峰论坛。这将对贺兰砚文化的保护、传承和发展产生深远意义。

25日 第十二届宁夏少儿"希望杯"舞蹈大赛暨第九届"小荷风采"全国少儿舞蹈展演选拔赛决赛在宁夏人民会堂开幕。宁夏少儿"希望杯"舞蹈大赛创办于1992年，每两年一届，已成为宁夏少年儿童喜欢的特色舞蹈艺术品牌。

28—29日 2016贺兰山音乐节暨大学生艺术节在银川市西夏区隆重开幕。本届音乐节以"魅力西夏情 激情贺兰山"为主题，是继2004年摇滚音乐节之后，在贺兰山脚下举办的又一场音乐盛事。旨在打造银川西夏贺兰山文化品牌，促进经济社会和文化旅游融合发展。对丰富居民的文化生活，提升宁夏贺兰山知名度和美誉度都起到积极作用。

10月

9—29日 "银川对话——2016中国美国版画名家提名作品联展"暨"艺术与城市，版画与生活"国际艺术论坛在银川美术馆举办。该展览被中国国家画院列为2016年度重要展览之一。

17 日　盐池县举行盐池革命纪念馆开馆仪式，原盐池县革命历史纪念馆更名为盐池革命纪念馆。

19 日　"情系乡村·文化扶贫"2016 年银川市文化志愿服务团农民文化大集送欢乐下乡村启动仪式在银川市月牙湖乡举行。该活动时间将持续到 12 月 20 日，通过在全市各乡镇举办 2016 年农民文化大集"你点单我送戏"、2016 中西部"送戏下基层"演出等 136 场活动，进一步繁荣农村文化，为打赢脱贫攻坚战营造良好社会氛围。

是日　宁夏首部以关爱农村留守儿童为主题的公益纪实微电影《期盼》杀青。

23—24 日　第五届"黄河大合唱"全国合唱邀请赛在宁夏大剧院举办，该赛事是近年宁夏倾力打造的品牌文化活动。该届比赛是历年来参赛省区和人数最多的一届。

26 日　石嘴山市被授予国家公共文化服务体系示范区。

27 日　2016 年中小文化企业投融资路演·宁夏站活动在银川 iBi 育成中心举行，7 个成长性高、前景好的优质项目进行现场路演展示。该活动以推动文化与金融融合，打造文化投融资平台为主题，旨在增进文化企业和投资机构相互了解，促进双方项目对接与合作，打造新的投融资平台。

27—28 日　中卫市召开全市乡镇综合文化站"公建民营公助"观摩推进会。旨在创新乡镇综合文化站管理运营模式，有效推动全市基层公共文化服务体系建设。

31 日　中央美术学院"丝绸之路艺术研究协同创新基地"签约及挂牌仪式在银川当代美术馆举行。

是日　宁夏秦腔表演艺术家李小雄夺得第十五届文华表演奖，参评剧目是由其领衔主演的大型秦腔现代剧《狗儿爷涅槃》。文华奖由文化部设立，专门用于奖励专业舞台表演艺术家，是目前该领域级别最高的政府奖。

是月　为隆重纪念中国工农红军长征胜利 80 周年，宁夏组织开展了形式多样、内容丰富的系列宣传纪念活动，包括征文、知识竞赛、演讲、楹联诗词征集、文艺巡回演出等主题活动。例如，17 日，盐池县举行纪念红军长征胜利暨盐池解放 80 周年座谈会。19 日，吴忠市利通区举办"诗情飞扬颂伟绩不忘初心忆党恩"诗朗诵比赛。20 日，宁夏召开纪念红军长征胜利 80 周年暨"加强党的建设、继续走好新的长征路"研讨会，"我是长征精神传承人"纪念红军长征胜利 80 周年主题演讲比赛活动决赛在银川举行。21 日，纪念红军长征胜利 80 周年文艺晚会《不到长城非好汉》在宁夏大剧院举行，《红旗漫卷——宁夏革命文物陈列》展览在宁夏博物馆开展。22 日至 27 日，固原市"将台杯"纪念红军长征胜利 80 周年暨文化扶贫全国诗词、楹联、书画交流展在西吉县举办……系列活动旨在缅怀党的光辉历史，弘扬伟大长征精神，激发全社会爱国主义热情。

宁夏广电传媒集团晴彩宁夏频道《晴彩故事》栏目播出的《飞蛾蹈火——银川 3·04 抢劫杀人案纪实》微电影，荣获 2016 年第四届亚洲微电影艺术节"金海棠"奖。

11 月

5 日 "自治区文学六十年"学术座谈会在银川举行，区内著名作家、评论家和文学爱好者等参加了座谈会，并进行互动交流。

7 日 第四届亚洲微电影艺术节"金海棠"奖颁奖典礼在云南省临沧市举行，宁夏获七项大奖。

11 日 宁夏演艺集团京剧院的艺术家们走进银川市西夏区第十一小学，进行表演和国粹艺术知识普及讲座。

12 日 纪念孙中山先生诞辰 150 周年"天下为公 世界大同"书画名家作品展在宁夏博物馆展出。

18 日 银川市百名文化专家志愿者服务团慰问演出拉开帷幕。

19 日 银川市总工会选送的作品《寻耳》获第三届"中国梦·劳动美"全国职工微影视大赛故事类银奖。

21 日 宁夏智慧宫互联网文化传播有限公司在的第三届世界互联网大会互联网国际高端智库论坛上，与埃及文化部签订了"建设埃及国家图书信息管理系统"和"中国图书推广计划"项目意向书，中阿文化交流搭建友谊桥梁。

24 日 覆盖中图分类法 22 个分类，包含 120 万种图像图书目录和 4

万种纯文本图书书目的宁夏总工会"电子职工书屋"正式开通，供职工免费阅读。

27 日 由 CCTV 央视网综艺频道和宁夏、甘肃两省区有关部门共同打造的"吉祥中国·2017 农民春节联欢晚会"正式拉开帷幕。

28 日 中宣部、中央文明办在北京召开"推动移风易俗、树立文明乡风"电视电话会议。宁夏认真贯彻落实会议精神，召开电视电话会议，安排部署全区移风易俗工作。

是日 首届"宁夏互联网+文化商品产业峰会暨宁夏蓝图商品交易市场发售模式启动仪式"在银川举行。探讨文化商品的"互联网+"融合发展新模式，为宁夏未来产业发展献计献策。

是月 由宁夏雕刻师郭效杰和文化爱好者吴俊共同设计制作的 12 枚宁夏著名旅游景点贺兰石印章作品，获国家专利认定证书，旅游产业又多一套独具特色的收藏品。

是年

银川市公益电影放映总场次达 9355 场，其中市辖三区 5109 场，永宁县 1237 场，贺兰县 1210 场，灵武市 1331 场，宁东基地 468 场；放映地点遍及市辖三区的 22 个固定点、县城的广场及宁东基地的煤制油生活区，保证了每个行政村每月能放映一场电影。

玉皇阁文艺演出自 5 月 8 日至 10 月 15 日持续举行，共为市民奉上169 场丰富多彩的文艺演出。据了解，本年度玉皇阁广场演出季中，参加演出的社会民间文艺团队达到 50 支以上，参演人数 5000 余人，参演节目2100 多个，观众达 33 万多人次。

注：本年大事记主要来源于宁夏日报、宁夏文化厅网站、宁夏旅游局网站、《学习与宣传》、新华网、凤凰网、人民网等。

（时间截至 2016 年 11 月 30 日）